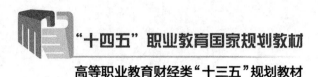

"十四五"职业教育国家规划教材

高等职业教育财经类"十三五"规划教材

银行柜员基本技能

附微课视频 第3版

雷玉华 余滢 ◆ 主编

弓晓军 林少徽 ◆ 副主编

Basic Skills of Bank Teller

人民邮电出版社

北京

图书在版编目（CIP）数据

银行柜员基本技能：附微课视频 / 雷玉华，余滢主编. -- 3版. -- 北京：人民邮电出版社，2020.6
高等职业教育财经类"十三五"规划教材
ISBN 978-7-115-51814-9

Ⅰ. ①银… Ⅱ. ①雷… ②余… Ⅲ. ①银行业务—高等职业教育—教材 Ⅳ. ①F830.4

中国版本图书馆CIP数据核字(2019)第170236号

内 容 提 要

本书依据我国商业银行的柜台业务与实际处理流程，结合现代金融服务业的创新与发展，系统地介绍了点钞技术，货币鉴别技术，居民身份证及护照识别技术，数字书写与错数订正技术，计算器和计算机小键盘的使用，传票算、账表算与票币计算，文字录入，银行柜台服务礼仪，银行柜员基本技能综合实训等内容。本书是在第2版的基础上，参考最新研究成果和实践经验修订而成的。

本次修订未改变第2版的体例，仍然采用项目式体例。即除项目九外，每个项目分为若干任务，每个任务又统一分为"相关知识"和"任务实训"两大部分。其中，"相关知识"重点介绍本任务应知应会的相关理论及业务知识；"任务实训"列出训练内容，帮助学生强化技能训练。各项目都提出了明确的教学目标及重点、难点，且图文并茂、深入浅出。

本书既适合作为高职院校财经类专业的教材，也适合企业财经工作者使用，并且特别适合作为银行等金融机构刚入职的新员工的培训和学习用书。

◆ 主　　编　雷玉华　余　滢
　　副 主 编　弓晓军　林少徽
　　责任编辑　刘　尉
　　责任印制　王　郁　马振武
◆ 人民邮电出版社出版发行　　北京市丰台区成寿寺路 11 号
　　邮编　100164　电子邮件　315@ptpress.com.cn
　　网址　https://www.ptpress.com.cn
　北京九州迅驰传媒文化有限公司印刷
◆ 开本：787×1092　1/16
　　印张：17　　　　　　　　　　2020 年 6 月第 3 版
　　字数：447 千字　　　　　　　2024 年 9 月北京第 9 次印刷

定价：56.00 元

读者服务热线：(010)81055256　印装质量热线：(010)81055316
反盗版热线：(010)81055315
广告经营许可证：京东市监广登字 20170147 号

第3版前言

为深入贯彻党的二十大报告关于"统筹职业教育、高等教育、继续教育、协同创新，推进职普融通、产教融合、科教融合，优化职业教育类型定位"重要精神，适应高等职业院校财经类专业课程教学和银行等金融部门培训员工的需要，应广大读者需求，我们编写了本书。

本书第1版自2011年6月面世以来，深受广大教育工作者、财经类专业学生以及相关专业工作者的喜爱，主要特色如下。

一是依据我国商业银行柜台业务与实际处理流程，紧跟现代金融服务业创新与发展步伐，系统介绍了点钞技术，货币鉴别技术，居民身份证及护照识别技术，数字书写与错数订正技术，计算器和计算机小键盘的使用，传票算、账表算与票币计算，文字录入和银行柜台服务礼仪等业务知识及操作实务。

二是在体例编排上，每个部分均以项目的形式出现，将知识和技能很好地融合。

三是各项目都提出了明确的教学目标及重点、难点，深入浅出，通俗易懂，图文并茂，操作性强。

作为编者，我们始终保持着清醒的头脑。读者的肯定，我们都当作鼓励和鞭策，所以，我们坚持的一项重要原则就是"读者至上"，一切从有利于读者的学习和使用角度出发。此次修订，我们保留了原书的体例和框架结构，以及主要的理论阐述、知识介绍与任务实训内容。修订部分主要集中在以下五个方面。

一是插入了大量示范性图例，便于师生和自学者参照。

二是随着时代变迁，在"点钞技术"项目中补充了新的点钞技术，在"货币鉴别技术"项目中补充了新的假币识别方法，并增加了票币计算的内容。

三是融入信息化技术，针对点钞内容，加入微课视频，让内容呈现得更加直观。

四是配套资源补充和更新。参考答案补充完整，方便检验学习效果；附上PPT课件供读者参考。读者可登录人邮教育社区（www.ryjiaoyu.com）自行下载这些资源。

五是校订了上一版发现的错误。

本书由深圳信息职业技术学院管理学院雷玉华副教授担任主编，由深圳信息职业技术学院财务处处长弓晓军副教授、管理学院林少徽讲师担任副主编。其中，雷玉华提出了全书的总体框架，编写了项目一、项目二、项目三、项目四、项目五、项目六、项目九，并负责全书统稿等工作；林少徽提出项目七的编写提纲，并撰写该项目；弓晓军提出项目八的编写提纲，并撰写该项目。

本书的编写，得到了深圳信息职业技术学院管理学院万守付院长的大力支持，并且万守付院长对本书的编写提出了宝贵意见。以下同志也在本书的编写过程中给予过大力支持：深圳信息职业技术学院管理学院副院长邓之宏和秦军昌，同事肖俊豪、赵萌、黄慧强、陈伟聪、肖俊斌，财经学院姚琼、国资处莫莉莎，在银行工作的姚国庆、黄荣林、刘惠民、谢春娴、黄舒靖、黄嘉凤、黄黎黎，深圳市红白蓝企业管理咨询有限公司徐春以及深圳市聚融鑫科科技有限公司的门雪萍等。本书的编写参考了很多相关的书籍和资料。在此，谨向所有关心、支持和帮助本书编写、出版的同志以及参考资料的作者，一并致以真诚的感谢！

由于编者水平有限，书中也难免存在不足之处。恳请广大读者不吝赐教，便于及时改正。

编　者

2023年6月于深圳信息职业技术学院

目 录

Contents

项目一　点钞技术

教学目标及重点、难点

本项目要求读者了解点钞的基础知识和钞票捆扎的方法；掌握手持式单指单张点钞法、手持式四指四张点钞法、手按式单指单张点钞法和手按式三指三张点钞法的基本操作技巧、要点与步骤；熟悉其他点钞方法；熟悉机器点钞法和硬币整点法。

教学重点是手持式单指单张点钞法、手持式四指四张点钞法、手按式单指单张点钞法和手按式三指三张点钞法。

教学难点是手持式单指单张点钞法、手持式四指四张点钞法和手按式三指三张点钞法。

思政目标是理解熟能生巧的现实意义。

任务一　点钞基础认知

第一部分　相 关 知 识

所谓点钞，即整理、清点钞票，目的是保证进出钞票的数量和质量。在银行，点钞泛指清点各种票币，又称票币整点。现在，与金融机构一样，其他单位的现金流量也都很大。因此，点钞不仅是前台柜员以及出纳员的一项经常的、大量的、技术性很强的工作，也是所有从事财会、金融、商品经营等工作人员必备的基本技能。此外，点钞的质量和效率还是考核前台柜员和出纳员业务素质的重要指标。所以，掌握点钞技术是做好前台柜员和出纳工作的基础，也是前台柜员和出纳员的一项必备素质。

一、点钞技术的产生和发展

点钞技术是随着纸币的产生而产生的。1933 年中国银行和交通银行发行了纸币，纸币的大量流通替代了银元的流通，从此，我国进入了使用纸币的新时代，点钞技术也开始在银行兴起。我国货币产生和发展的过程如图 1-1 所示。

点钞技术随着纸币的产生和金融事业的发展而发展。银行现金业务的与日俱增，为点钞技术的发展开辟了广阔天地，各种点钞方法相继出现。到 20 世纪 80 年代，已逐步形成具有银行特点的一套点钞方法。我国由于地域辽阔，点钞方法有很多，常用的有 20 多种。究竟哪种方法最好，目前尚无定论。因为好与差都是相对的，在一个时期内某种点钞方法被认为较好，经过一段时间，就可能被另一种方法所代替；在此地适用的方法，在另一个地方不一定适用；另外，不同的金融机构往往也采用不同的点钞方法。

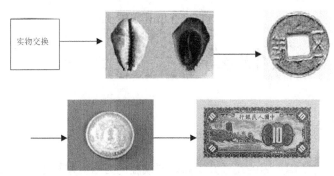

图 1-1　我国货币产生和发展的过程

二、点钞的基本程序

前台柜员和出纳员在办理现金收、付和整点业务时，一般应按下列程序进行。

① 审查现金收、付款凭证及其所附原始凭证的内容，看是否填写清楚、齐全，两者内容是否一致。

② 依据现金收、付款凭证的金额，先点大数（即整数），再点小数（即零数）。具体来讲，就是先点主币（大额票面），再点辅币（小额票面），并且先点成捆和成把、成卷（指硬币）的，再点零数。在点数过程中，一般应边点数，边在算盘或计算器上加计金额。点数完毕后，算盘或计算器上的数字和现金收、付款凭证上的金额应相同。

③ 从整数至零数，逐捆、逐把、逐卷地点数。在拆捆、拆把、拆卷时，应暂时保存原有的封签、封条和封纸，以便发现差错时进行证实和区分责任，点数无误后才可扔掉。

④ 点数无误后，即可办理具体的现金收、付业务。

三、点钞的基本要求

出纳员在办理人民币收、付和整点工作时，应以准确、快速为前提。

首先是"准"，即清点和记数要准确。要做到点数准确，除了平时勤学苦练基本功外，在操作过程中要做到"一集中、二坚持、三准备、四对清"。"一集中"，即精神集中；"二坚持"，即定型操作、坚持复核；"三准备"，即思想、款项、工具准备；"四对清"，即凭证金额看清、钞票当面点清、号单对清、钞票付出当面交代清。

其次是"快"，即在"准"的前提下，努力提高工作效率。

最后是"好"，凡经清点整理的票币，应达到"五好捆钱"标准，即做到点数准确、残钞挑净、平铺整齐、把捆扎紧、盖章清晰，也就是"点准、挑净、墩齐、扎紧、盖章清晰"的点钞"五要求"。

四、点钞的基本要领

要达到点钞"五要求"，首先要掌握点钞的基本要领。以下几点对于任何一种点钞方法都是适用的。

（1）姿势端正。点钞的坐姿会直接影响点钞技术的发挥与提高。正确的姿势应该是身体坐直、挺胸，全身肌肉放松，双肘自然放在桌上，持票的左手腕部接触桌面，右手腕部稍抬起。另外，在进行手工点钞时，捻钞的手指与钞票的接触面要小。如果接触面过大，一是手指往返动作的幅度随之增大，导致手指动作的频率下降；二是钞票不易捻出，最终影响点钞速度。

（2）操作定型。用具放置要定位，点钞需用的算盘（或计算器）、簿册、笔、海绵缸（或点钞蜡）、印泥、印章、扎条（也称纸条、腰条、扎钞纸条）或点钞机等用具要按使用顺序摆放在右边。一般将扎条放在捻钞的一侧（大多放在右侧），以使用顺手为原则。

（3）清理整齐。

① 在清点钞票之前，要将某些破裂、质软和不符合要求的钞票挑拣出来，对弯折、折角、揉搓过的钞票要将其整直、抹平。

② 每张钞票都清理整齐、平直后，再按券别、版别分类，将 100 张同面额的钞票第一张正面朝上，最后一张背面朝下扎成一把。

③ 对于不足百张的同面额钞票，应以 10 张为单位起"叠"，每 10 张为一叠，即用 1 张钞票拦腰包住其余 9 张钞票。对于成叠的钞票，应用扎条捆扎好并将实际金额写在扎条上；对于不成叠的各券别零散张数，应用另一扎条捆扎好，并将实际金额写在扎条上。

④ 整点损伤币，除按上述规定整理外，必须将扎条在票币的 1/4 处捆扎；整点两截、火烧等损伤币，必须用纸粘贴好，严禁用金属物连接。

⑤ 整点标准是钞票要达到七成新，即票面完整无损，没有缺口、裂角、洞孔或严重裂边、裂缝；票面整洁、干净，不能有墨迹、油迹、汗迹等污物的污染；钞票纸质挺括，不能绵软或较旧；票面图案清晰，不能模糊不清。

⑥ 将钞票清理好后，成坡形整齐堆放在桌面上。对手工点钞来说，一般将钞票置于持钞的一侧（大多放在左侧）。整齐、平直的钞票有利于点钞的准确性，这是点准钞票的前提。

（4）扇面均匀。不管用哪种点钞法，钞票在清点前，都要把票面打成扇形，使票面有一个坡度，也就是扇面上每张钞票都露出一定宽度的边，其间隔距离必须均匀一致，使之在捻钞过程中不易夹张，便于捻动。

（5）点数准确。点钞技术的关键是"准"，清点和记数都要准确，点数时精神要集中，点钞动作要正确，手点、脑记，手、眼、脑要紧密配合。

（6）钞票墩齐。墩齐一是点完一把钞票在进行扎把之前，要把钞票墩齐，其标准是四边对齐，不露头、不卷折，即前、后、左、右四面的钞票不得凸出超过 0.5cm；二是在每把钞票点好之后，将其整齐放置于捻钞的一侧，便于盖章。

（7）扎把捆紧。首先是小把要扎紧。用扎条扎好钞票，扎把成型后以提起把中第一张钞票不被抽出，或把捆扎好的钞票轻轻扔一下不会散把为合格。其次是大捆要捆紧。将 10 把钞票墩齐，按"#"字形捆扎，以用力推不变形、抽不出钞票为合格。

（8）盖章清晰。凡经复点整理的票币，应逐把（卷）在扎条侧面加盖带行号的经办员名章，不得打捆后再补章。盖章是点钞过程的最后一环，是分清责任的标志，表示对此把钞票的质量和数量负责。因此，盖章要清晰可辨，以看得清行名、姓名为合格。

（9）动作连贯。一是点钞过程要连贯。即拆把、持钞、捻钞、墩齐、扎把、盖章等各个环节必须密切配合，环环紧扣，保持连续性。如用手持式单指单张点钞时，左手取钞票拆小把持钞，右手拇指沾水或点钞蜡；整点中轻点快弹，右手捻钞，左手向前送钞；点完 100 张墩齐钞票的同时左手持票，右手取扎条，随即使左手的钞票跟上去迅速扎好小把；在右手放钞票的同时，左手取另一把钞票等，以此类推，连续完成。不管是手工点钞还是机器点钞，第 1 组连续动作和第 2 组连续动作之间，要尽量缩短或不留空隙时间。当第 1 组的最后一个动作即将完毕时，第 2 组的第一个动作应该快速跟上。二是捻钞的动作要连贯，即捻钞时双手动作协调、速度均匀，切勿忽快忽慢。如用手持式四指四张点钞时，每次捻动的张数要一致，不要忽多忽少，以免记数不准。另外，在整点过程中尽量减少不必要的小动作，如蘸水次数过多，墩齐钞票时间过长，都会影响动作连贯，以致影响点钞速度。

总之，点钞的基本要领可概括为：

平铺整齐，边角无折；同券一起，不能混淆；

券面同向，不能颠倒；验查真伪，去伪存真；

剔除残币，完残分放；百张一把，十把一捆；

扎把捆捆，经办盖章；清点结账，复核入库。

五、点钞的基本方法

点钞包括整点纸币和硬币。按照是否自动化，点钞可以分为手工点钞和机器点钞两大类。根据持票姿势的不同，手工点钞又可划分为手持式点钞法、手按式点钞法和其他点钞法等。手持式和手按式点钞法又可分为单指单张、单指多张、多指多张等方法。要根据地域的不同选择不同的方法。例如，我国北方地区普遍采用扇面式点钞法，南方部分地区采用手持刀切式、手持推捻式等点钞法。整点硬币的方法有手工整点法和工具整点法两种。手工整点法是基本的整点方法，不受客观条件的限制，只要熟练掌握，在工作中与工具整点速度相差不大。

点钞基本方法的分类如图1-2所示。

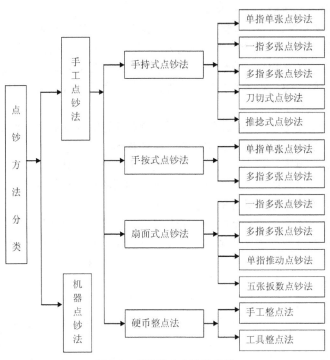

图1-2 点钞基本方法的分类

六、点钞的操作流程

点钞的操作流程主要包括6道工序（手工、工具和机器点钞操作流程基本相同），如图1-3所示。

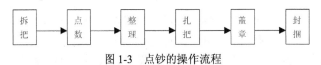

图1-3 点钞的操作流程

1．拆把

拆把即把待点的成把钞票的封条拆掉。需要注意的是，在款项没有清点完毕之前，扎条不能丢掉，如图1-4所示。

2．点数（持钞、捻钞）

点数即用手点钞，眼看捻动的钞票，脑记数，点准100张，如图1-5所示。

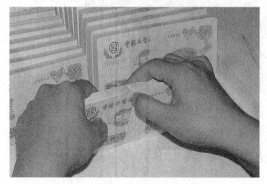

图1-4 拆把

图1-5 点数

3．整理（墩齐）

整理即将已清点无误的钞票清理整齐，将折叠的钞票抚平，将钞票上、下、左、右墩齐。

4．扎把

扎把即把已点准墩齐的100张钞票用扎条扎紧，如图1-6所示。

5．盖章

盖章即在扎好钞票的扎条侧面加盖清点人员的名章，以明确责任。盖章工序一般留在每笔款项全部清点完毕后，如图1-7所示。

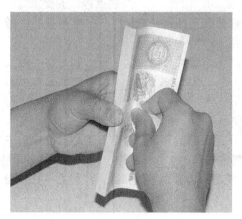

图1-6 扎把

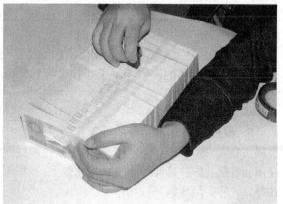

图1-7 盖章

6．封捆

封捆就是将已扎好的10把钞票用绳子打成一捆，并贴上封签，如图1-8所示。成捆票币应在绳头接口处贴封签，注明行名、券别、金额、封捆日期，并加盖封包员、复核员名章；整捆损伤票应在封签上加盖"损伤"字样戳记，以便识别。

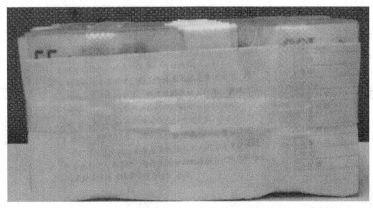

图 1-8　封捆

第二部分　任务实训

任务实训 1-1　点钞基础认知实训

日期_____ 班级_____ 学号_____ 姓名_____ 成绩_____

一、填空题

1. 点钞的基本要求，首先是_____，其次是_____，最后是_____。凡经复点整理的票币，应达到"五好捆钱"标准，即做到点数准确、_____、_____、_____、盖章清晰，也就是"_____、_____、_____、_____、_____"的点钞"五要求"。

2. 大捆就是以点准的_____钞票为一捆，将钞票墩齐捆紧，应以_____字形捆扎，做到用力推不变形，抽不出钞票。

3. 点钞包括整点_____和硬币。按照是否自动化，点钞可以分为_____和_____两大类。根据持票姿势的不同，手工点钞又可划分为_____点钞法、_____点钞法和其他点钞法等。

4. 整点硬币的方法，有_____硬币和_____硬币两种。

5. 要将 100 张同面额的钞票扎成一把；对于不足百张的同面额钞票，应以_____为单位起"叠"，每_____为一叠，即用 1 张钞票拦腰包住其余_____张钞票。对于成叠的钞票，应用扎条捆扎好并将实际金额写在扎条上；对于不成叠的各券别零散张数，应用另一扎条捆扎好，并将实际金额写在扎条上。

二、简答题

1. 点钞技术是怎样产生和发展的？
2. 点钞的基本程序是什么？
3. 点钞有哪些基本要领？
4. 点钞的操作流程包括哪几道工序？

任务二　手持式点钞法

第一部分　相关知识

　　手持式点钞法是不将钞票放在桌面上操作的方法。一般有手持式单指单张点钞、手持式一指多张点钞、手持式多指多张点钞、手持刀切式点钞、手持推捻式点钞等方法。手持式点钞法速度远比手按式快，是一种更为普遍使用的点钞方法。

一、手持式单指单张点钞法

　　手持式单指单张点钞法是用左手持钞，右手用一根手指一次点一张钞票。它是一种最常用的方法，使用范围广泛，效率较高，适用于柜台收、付款和整点各种新旧、大小票币以及残破币等，也是出纳员必须掌握的基本点钞方法。

　　手持式单指单张点钞法的优点是持票面小，能看到票面的 3/4，便于识别假钞和剔除残破券，准确度高。其缺点是一次只点一张，劳动强度大。具体操作有以下几个步骤。

拆把方法 1

　　1. 拆把

　　方法 1：初点拆小把，也叫右手拆把法。将钞票横执，使其正面朝向身体，持票时左手拇指放在钞票正面的左侧约占票面的 1/4处，食指和中指放在钞票背面与拇指一起捏住钞票，无名指和小指自然弯曲；捏起钞票后，左手食指伸向票前压住钞票的左下方，中指弯曲稍用力，与无名指、小指卡紧钞票，食指伸直，拇指向上移动按住钞票的侧面将钞票压成瓦形，并使左手手心向下，然后用右手拇指和食指迅速将捆扎条拉掉放在桌上，如图 1-9 所示。同时，左手将钞票往桌面轻轻一擦，如图 1-10 所示。拇指借用与桌面的摩

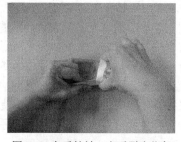

图 1-9　左手持钞，右手脱去扎条

擦力将钞票向上翻成微开的扇形票面，如图 1-11 所示。

右手拇指、食指、中指蘸水或点钞蜡做点钞准备。这种拆把方法不必撕断扎条，便于查看图章。

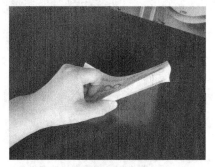

图 1-10　将钞票往桌面轻轻一擦

图 1-11　微开的扇形票面

　　方法2：复点拆小把，也叫左手拆把法。将钞票横执，使其正面朝向身体，用左手的中指和无名指夹住钞票的左上角，拇指按在钞票的下边沿处，食指伸直，中指稍用力把钞票放在桌面上，使钞票的左上角翘起成瓦形，然后左手食指前伸勾断扎条，并抬起食指使扎条自然落在桌面上，再用左手拇指翻起钞票成微扇形票面，左手食指在钞票后面伸直协助拇指打开扇面后支撑钞票，右手拇指、食指、中指蘸水或点钞蜡做点钞准备。这种拆把方法左右手同时操作，拆把速度快，但勾断的扎条不能再使用。

　　方法3：左手横执已墩齐的钞票，使其正面朝向自己，将拇指放在钞票内侧，中指、无名指、小指放在钞票外侧，食指伸直放在钞票的正面中心处，并用力往下压，前后手配合把钞票压成瓦形，右手的拇指与食指、中指将原扎条退下，不损坏原扎条，如图1–12所示。

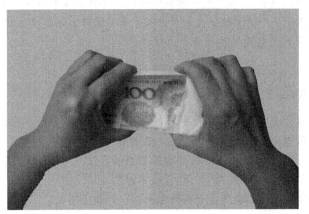

拆把方法3

图1-12　左手横执，右手拆把

　　采用缠绕捆扎法的，拆把可在扎把结束时，用左手拇指将原扎条向外拉；采用拧扎法的，拆把可在点钞之前，在持钞过程中将钞票向上翻之前用左手食指勾断扎条。

　　2. 持钞

　　左手中指、无名指夹紧钞票的左端中央，使钞票尽量靠近手指根部，将食指、中指放在上面，无名指、小指放在下面并自然弯曲，如图1–13所示。将拇指按住钞票正面左侧约占票面的1/3处，用力将钞票向上推，使钞票向上翻转成约120°弧形，并捏住钞票左侧边缘，再向外推，顺势将钞票捻成向上微开的扇面形，使钞票成约70°角立起；有时也可用右手帮忙将钞票打成一个扇面形，左手食指伸直抵住钞票背面，以便捻钞，如图1–14所示。

持钞

图1-13　左手中指、无名指夹紧钞票的左端中央

图1-14　左手食指伸直抵住钞票背面

3. 捻钞

左手持钞稍斜，使其正面对着胸前，持钞定型后，右手拇指、中指蘸水或点钞蜡，做捻钞准备。蘸水时注意不要过多，否则会将钞票浸湿而不易下张。食指和中指在下面托住部分钞票的右上角，配合拇指工作。右手拇指指尖捻钞票的右上角，将钞票向右下方逐张捻动。捻动时，用拇指的大关节带动小关节配合活动，拇指不要抬起，捻动的幅度要小而轻，如图 1-15 所示。拇指每捻一张，无名指将捻起的尚未下滑的钞票往身体一侧弹下，它与拇指配合，交错地一捻一弹，有节奏地清点，如图 1-16 所示。右手食指在钞票背面适当用力，以利于捻钞时下张均匀，同时左手拇指按捏钞票不要过紧，要配合右手起自然助推的作用。

捻钞与记数

图 1-15　捻钞拇指手势

图 1-16　捻钞无名指手势

4. 记数

记数采用分组记数法。每捻动一张默记一个数，不要念出声，要心、眼、手三者密切配合，这样既快又准。单指单张点钞的记数通常有两种方法，一种是单数分组记数法，另一种是自然记数法。

（1）单数分组记数法。

方法 1：按照"1，2，3，4，5，6，7，8，9，1（即 10）；1，2，3，4，5，6，7，8，9，2（即 20）"，以此类推，数到"1，2，3，4，5，6，7，8，9，10（即 100）"的规律，一直记到最后一个数是"10"，就是 100 张。这种方法是把 100 个数编成 10 组，每组都由 10 个数组成，前面 9 个数表示张数，最后一个数既表示这一组的第 10 张，又表示这个组的组数（即第几组）。这样将 2 位数字变成 1 位数字，点数记数的频率容易吻合，省脑易记，不易出错，建议用此法。

方法 2：按照"1，2，3，4，5，6，7，8，9，10；2，2，3，4，5，6，7，8，9，10；3，2，3，4，5，6，7，8，9，10……"的规律来记数，这种记数方法的原理与方法 1 相同，不同的是把组的号码放在前面，所以仍然可行。

（2）自然记数法。

自然记数法即按照"1，2，3，…，11，12，13"到"98，99，100"的规律记数。因为在"1"到"100"的数中，绝大部分是两位数，往往记数速度跟不上捻钞速度，建议不用此法。

如果在点完钞票之后，发现有多余或缺少，则可在原扎条或点钞成绩记录单上写"0""+1""+2""+3""-1""-2""-3"或"100""101""102""103""99""98""97"等字样，并放在旁边。

5. 挑剔

在点钞过程中对于发现的残破券不要急于抽出，应按剔旧标准，将其挑剔出来。为了不影响点钞速度，点钞时随手向外一扭，使钞票伸出外面一截，如图 1-17 所示。此残破券要记数，待点完一把后，抽出残破券，补上完整券。

挑剔

6. 墩齐

双手将点完的 100 张钞票竖起墩齐，把钞票的边缘整理整齐，然后左手持票做扎把准备。

7. 扎把

（1）缠绕捆扎法。这种方法也叫缠绕折掖法，临柜收款采用此种方法，它又分两种方法。

方法 1：将墩齐的钞票横执，将左手拇指放在钞票前，中指、无名指放在钞票后，捏住钞票 1/3 处。拇指捏住钞票向下压，使钞票呈瓦状；食指放在钞票上侧，把 100 张钞票分开一条缝，如图 1-18 所示；右手将扎条一端在票面 1/2 处插入缝内，抽出左手食指并压在扎条上，然后用右手拇指、食指、中指将扎条由外向里（身体一侧）缠绕两圈，如图 1-19 所示；将扎条一端留在钞票正面上侧，沿着上侧边向右折 45°，如图 1-20 所示。折时，左手食指按住上侧扎条，用右手拇指、食指捏住扎条（扎条长度一般为票面宽度的 6 倍）再向右折掖，顺势用拇指或食指将尾端插入圈内，最后将钞票按平即可。

扎把方法 1

图 1-17　挑残破券

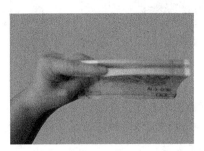

图 1-18　在票面 1/2 或 1/3 处插入缝内

图 1-19　缠绕两圈

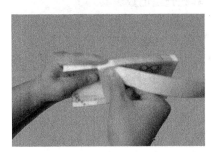

图 1-20　沿着上侧边向右折 45°

方法 2：将墩齐的钞票横执，左手拇指在内、其余四指在外握住钞票左端，五指一起用力，使钞票向内弯曲，弧度不要过大；右手将扎条一端贴于钞票上侧或背面中间（水平中间），左手食指或中指将扎条一端压住；右手拇指在内，中指、食指在外持扎条由背面向身体一侧缠绕，绕至下端，如图 1-21 所示；中指移到拇指一侧，与食指夹住纸条继续上绕，快速缠绕 2 圈；绕至下端时，右手腕向右侧翻转，使扎条形成 45° 折角，如图 1-22 所示，用拇指（或食指）顺势将扎条插入钞票正面下端圈内；也可用左手拇指或食指

扎把方法 2

接拉过来,最后将钞票按平即可。

 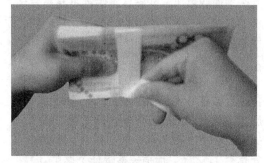

图 1-21　持扎条由背面向身体一侧缠绕,绕至下端　　图 1-22　右手腕向右翻转,使扎条成 45°折角

　　(2)拧扎法。拧扎法也叫拧结法,比赛时可采用此种方法。

　　具体方法是:左手握住已墩齐的钞票,使其正面朝向自己,拇指放在钞票前,中指、无名指、小指放在票后,食指伸直放在钞票的上侧面,使之捏成瓦形;右手将扎条(长度一般约等于票面宽度的 6 倍)从钞票凸面放置在钞票 1/2 处,将两扎条头绕到凹面,左手食指、拇指分别按住扎条与钞票的交界处;右手拇指、食指夹住其中一端扎条头,中指、无名指夹住另一端扎条头,并合在一起,右手顺时针转 180°,左手逆时针转 180°,将拇指和食指夹住的那一头从扎条与钞票之间绕过、打结,如图 1-23 所示,用食指将扎条掖在扎条圈形成的"斜瓦"里,使扎条卡在下部,并将钞票压平。

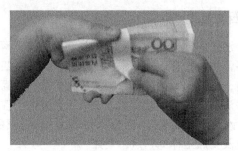

图 1-23　食指将扎条掖在扎条圈形成的"斜瓦"里

　　8. 盖章

　　点完的钞票都要盖上经办人的名章,名章应盖在侧面的扎条上,一般初点盖经办章(头章),复点盖复核章(腰章)。盖章要求用力均匀,行号姓名清晰可辨。

　　以上是手持式单指单张点钞法的操作过程。单指单张点钞法训练的口诀如下。

　　左手夹紧斜度好,右手捻拨幅度小;

　　蘸水一次点一把,点数忌口要用脑;

　　捻钞读数合节拍,单数编组办法好;

　　两手配合紧协调,左拿右放争分秒;

　　准中求快练硬功,确保优质高工效。

二、手持式一指多张点钞法

手持式单指单张点钞法完整过程

　　手持式一指多张点钞法是在手持式单指单张点钞法的基础上发展而成的,即一指可点两张或两张以上钞票的方法。目前有人做到了一指点 7 张。

这种点钞法的优点是记数简单、省力、效率高；缺点是一指捻下几张钞票，能看到的中间几张钞票面幅度小，残破票、假钞不易被发现。它适用于收、付款，整点各种主币、辅币。

这种点钞法除了捻钞和记数外，其他均与手持式单指单张点钞法相同，只是持票时钞票的倾斜度稍大。

1. 捻钞

图1-24 拇指肚捻第1、2张，拇指尖紧跟往下捻第3张

将右手食指放在钞票背面右上角，右手拇指肚放在钞票正面的右上角，拇指尖超出票面，点两张时拇指肚捻第1张，拇指尖紧跟往下捻第2张；点3张时，拇指肚先捻第1、2张，拇指尖紧跟往下捻第3张，如图1-24所示，以后依此连续操作。点4张以上时，拇指均衡用力，捻的幅度不要太大，食指、中指在票后配合拇指捻钞，无名指向身体一侧弹，弹的速度要快。在右手拇指往下捻动的同时，左手拇指稍抬，使票面拱起让钞票下落，点数时眼睛从左侧看，这样看的幅度大，便于看清张数。

2. 记数

点钞时采用分组记数法，如点两张，则两张为一组记一个数，50组就是100张；如点3张，则3张为一组记一个数，33组余1张就是100张；如点4～7张或以上者，均以此方法计算。

三、手持式四指四张点钞法

手持式多指多张点钞法是一种用一个以上的指头、一次捻下两张以上钞票的点钞方法。这种类型的点钞方法很多，手持式有双指双张、三指三张、四指四张、五指五张点钞法等，这些方法各有特点。目前，手持式四指四张点钞法较为先进，下面将重点介绍。

手持式四指四张点钞法是用小指、无名指、中指和食指依次各点1张（一次点4张，称为"一手"），一手点4张钞票，循环清点，直到点完最后1张钞票的点钞方法。它应用广泛，适合柜面收、付款业务以及整点工作的初点、复点。

这种点钞法的优点是省力、省脑、速度快，时数（每小时点钞数）可达3万多张。操作时主要手关节活动，动作范围小，可减轻劳动强度；四指同时动作，一次4张，下张均匀，票面可视幅度较大，便于挑剔损伤券、识别真假钞；点数时不必先拆扎条，只须将扎条挪在票面左侧1/4处，这样发现问题可以保持原状，便于追查。其缺点是初学时动作难度较大，钞票不整齐，不易点准。要掌握这种方法，必须刻苦训练。其操作分以下几个步骤。

1. 持钞

持钞

图1-25 中指在前，其他指在后夹紧钞票

将钞票横立，用左手持钞，手指向下，掌心向内，中指在前，食指、无名指、小指在后，呈"V"形交叉，"V"形口向下，从钞票的上侧边，票面约1/4处插入，将钞票夹紧，无名指按在钞票左端边沿，如图1-25所示。然后左手以中指为轴并自然弯曲，使中指背面顶住钞票，向外用力；食指、无名指、小指同时向内

（手心）用力，将钞票弯折呈"∩"形，如图 1-26 所示。"∩"形口朝里，手心转动 90° 朝身体一侧，使钞票的一侧向外，另一侧向里，凸向右，即由"∩"形变成"⊃"形；中指和无名指夹住钞票，食指移到钞票侧边，拇指轻轻按住钞票的外上角，向里、向下推动，使钞票展开成一个坡形扇面，坡向手心，扇向里开，扇幅较小，食指用指尖在侧边管住钞票，以免滑出，如图 1-27 所示。最后将夹好的钞票移到离前胸 20cm 左右的位置，做捻钞准备。

图 1-26　将钞票弯折呈"∩"形

图 1-27　拇指按住钞票外上角，食指指尖在侧边管住

2. 捻钞

左手持钞在下，右手在上，右手拇指贴在钞票的右里角，其余四指同时弯曲并拢，小指稍叠在无名指内；小指在下，食指在上，4 个指尖呈一条斜线；从小指开始捻下第 1 张钞票，接着无名指、中指、食指按顺序各捻下一张，依次下滑 4 个手指，每次下滑动作共捻下 4 张，叫"一手"，如图 1-28 所示。一手捻完接着捻第 2 手、第 3 手……直至捻完第 25 手共计 100 张。

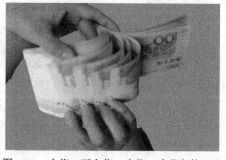

图 1-28　小指、无名指、中指、食指各捻 1 张

捻钞时动作要连贯迅速，同时右手拇指要向前移动，手指与钞票的接触面要小，以指尖接触票面为佳。指甲要剪短，使指头肌肉凸出，直接摩擦钞票；捻钞幅度要小，四指一起动作，加快点钞频率。右手捻钞时，左手要配合动作，每捻出一手，左手拇指要推动一次，食指适时松开，使捻出的钞票自然下落，然后按住未点的钞票，循环操作。两手之间、手指之间应紧密配合，否则点钞无法顺利进行。右手指不能紧张，肌肉要放松，下张时一张紧接一张，一下紧接一下。当食指下张时，小指马上跟上，前一手与后一手之间不间歇，一气呵成，沙沙有声，很有韵律。初学者要注意指法的衔接，一定要点准，精学多练，不能只图形式。

捻钞与记数

3. 记数

四指点钞是采取点钞和计算相结合的方法记数。每次点 4 张为一手，记满 25 手为 100 张，即手数乘以"4"，得出总张数。

手持式四指四张点钞法完整过程

4. 墩齐、扎把与盖章

与手持式单指单张点钞法相同。

四、手持式五指五张点钞法

整点时，右手 5 个手指依次各捻一张，一次整点 5 张钞票的点钞方法叫五指五张点钞法。

这种方法适用于收款、付款和整点工作。其优点是点钞效率高，记数省力。操作时主要依靠手指关节活动，动作范围小，可减轻劳动强度，其操作方法有以下3种。

方法1：具体操作如下。

① 持钞。拆把后左手持钞，左手小指在钞票下面，无名指在钞票上面，夹住钞票左端，中指、拇指夹住钞票上端两侧，拇指要高于中指，中指稍用力，使钞票向后弯曲成瓦形，食指稍弯曲顶住钞票背面上端中间。

② 捻钞。先用右手拇指从左上角向下方拨起第1张，如图1-29所示。接着用食指、中指、无名指、小指依次从右上角向左下方拨起第2张、第3张、第4张、第5张，完成一次整点后再用拇指拨钞……反复循环操作，直至点完，如图1-30所示。

持钞、捻钞与记数

图1-29　右手拇指从左上角向下方拨起第1张

图1-30　右手食指、中指、无名指、小指各捻1张

③ 记数。采用分组记数法，每次点5张为一组，点20组为100张。

④ 墩齐、扎把和盖章。与手持式单指单张点钞法相同。

五指五张点钞法要求右手腕协调，每个手指从侧面捻钞，左手食指要将钞票顶起，便于右手捻钞。另外，左手拇指和中指配合要密切，否则两指捏得过紧，钞票不易捻动；捏得过松则会造成钞票脱落。右手五指捻钞时，用力要均匀，手、眼要密切配合。

方法2：除点数外，其他均与手持式四指四张点钞法相同。点数时，先从拇指开始捻钞，然后按食指、中指、无名指和小指的顺序逐一点数，向身体一侧下方拨钞，手腕旋转连续拨动钞票，每5张为一组，记1个数。

方法3：持钞与手持式单指单张点钞法基本相同。不同的是左手食指伸出票面与拇指夹住钞票两侧上端，如图1-31所示。右手五指同时蘸水或点钞蜡后，从小指开始，依次是无名指、中指、食指、拇指逐一触及钞票上端，轻轻向外推动，到拇指收尾，各指推点1张。每5张为一组，记1个数。

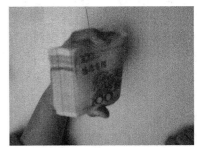

图1-31　左手食指伸出票面与拇指夹住钞票两侧上端

五、手持刀切式三指三张点钞法

手持刀切式点钞最常用的是三指三张点钞法。手持刀切式三指三张点钞法是用左手持钞，右手3个指头捻钞，因捻钞的动作像用刀切菜一样而得名。

这种点钞法的优点是速度快，其手指捻钞的动作和手按式三指三张点钞法相同，简单易学；缺点是所能看到的票面较小，不宜整点残破券多的钞票。其操作方法分以下几个步骤。

1. 持钞

将左手中指放在钞票正面，与食指、无名指、小指（在钞票背面）夹住钞票的左下角，如图 1-32 所示。将钞票横立，使钞票右侧边正对胸前，左手拇指在钞票的上侧边 1/2 处稍用力管住钞票。

持钞、捻钞与记数

图 1-32　左手中指与食指、无名指、小指夹住钞票左下角

2. 捻钞

右手肘向下稍抬起，掌心向下，右手拇指带起钞票右上侧角的部分钞票（不宜过多或过少），使钞票呈"S"形，如图 1-33 所示。无名指向下，像刀切菜似地先捻起第 1 张，随后中指、食指跟无名指捻钞动作一样依次捻起第 2 张、第 3 张，然后将捻起的 3 张钞票一起迅速放开，由左手自动夹住。每指各捻下 1 张，三指共捻 3 张，如图 1-34 所示，称为"一手"。一手捻完接着捻第 2 手、第 3 手……直至第 33 手，余 1 张，即 100 张捻完。其三指捻钞的方法与手按式三指三张点钞法相同，只是手指捻钞的方向不同，刀切式是向下捻，手按式是向外捻。点数时，注意动作的幅度要小，手指不宜抬得过高。

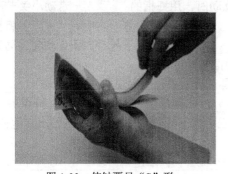

图 1-33　使钞票呈"S"形

图 1-34　右手无名指、中指、食指各捻起 1 张

3. 记数

采用分组记数法。每 3 张为一手，记到 33 手，最后剩下 1 张，即为 100 张，点钞只记"手"数。

4. 墩齐、扎把、盖章

与手持式单指单张点钞法相同。

六、手持推捻式单指单张点钞法

手持推捻式点钞最常用的是单指单张点钞法。手持推捻式单指单张点钞法是用两手的中指、无名指夹住钞票，用两手拇指轮番向上推捻或用右手拇指推捻，左手拇指接住并送于食

手持刀切式三指三张
点钞法完整过程

指、中指之间。此法目前使用较少，只有在特殊情况下才使用，这里不做详细介绍。

第二部分　任 务 实 训

任务实训 1-2　手持式单指单张点钞法实训

日期_____班级_____学号_____姓名_____成绩_____

一、填空题

1. 单数分组记数法。按照"1，2，3，4，5，6，7，8，9，1（即 10）；_____；"以此类推，数到"_____（即 100）"的规律，一直记到最后一个数是"10"，就是 100 张。也可以按照"1，2，3，4，5，6，7，8，9，10；_____；_____；……；10，2，3，4，5，6，7，8，9，10"，这种记数方法是把组的号码放在前面。

2. 点完钞票之后，如发现有多余或缺少，应在原扎条或点钞成绩记录单上记录所点张数。如是"100"张可写成"0"，"101"张可写成_____，"102"可写成_____，"103"张可写成_____……如是"99"张可写成_____，"98"张可写成_____，"97"张可写成_____等字样。

3. 手持式单指单张点钞法的捻钞是左手持钞稍斜，正面对胸前，持钞定型后，右手_____，中指蘸水或点钞蜡，做捻钞准备。蘸水时注意_____，否则会将钞票浸湿而不易下张。食指和中指在下面托住部分钞票的_____，配合拇指工作。右手拇指指尖捻钞票的右上角，将钞票向右下方逐张捻动。捻动时，用拇指的_____带动小关节配合活动，拇指不要抬起，捻动的幅度要_____。拇指每捻动一张，右手_____将捻起的钞票往身体一侧弹，右手食指在钞票背面_____，以利于捻钞时下张均匀，同时左手拇指按捏钞票不要过紧，要配合右手起自然助推的作用。

4. 手持式单指单张点钞法的挑残破券方法是在点钞过程中发现的残破券不要_____，应随手_____，使钞票_____，此残破券要_____。待点完一把后，_____，补上好票。如果在点钞过程中急于抽出残破券，则容易带出其他钞票，使钞票松散，不利清点。

5. 扎把主要有两种方法，一是_____，二是_____。

6. 单指单张点钞法训练口诀：左手夹紧斜度好，_____；_____，_____；_____，_____；_____，确保优质高工效。

二、操作题

1. 操作要求。不管用哪种点钞方法，坐姿及点钞动作都要正确、规范。凡点过的钞票，必须保证质量，做到准、齐、扎紧（以提起把中第一张钞票整把不掉下来的紧度为标准），旧扎条一定要放入新扎把里。

2. 扎把、拆把练习。先用缠绕捆扎法扎把，再用手持式单指单张点钞法进行初点拆小把或复点拆小把练习，反复练习。要求 5 秒以内完成扎把、拆把。

3. 分小组集中训练手持式单指单张点钞法，每天至少练习 30 分钟，由小组长记录每天点 1 把的时间，包括点钞拆把、持钞、捻钞、记数、挑残破券、墩齐、扎把和盖章 8 个步骤。

4. 单把测试。手持式单指单张点钞法测试标准：每把（100 张）35 秒以内点对点完（包括扎把）为优秀，每把 40 秒以内点对点完为良好，45 秒以内点对点完为及格。

5. 多把测试。用时 5 分钟，给 5 把以上的钞票，要求连点带扎 5 把以上；点对 3 把为及格，点对 4 把为良好，点对 5 把为优秀（包括扎把、盖章）。

任务实训 1-3 手持式四指四张点钞法实训

日期_____ 班级_____ 学号_____ 姓名_____ 成绩_____

一、手持式四指四张点钞法张数和票币金额计算（见表 1-1，每手 4 张）

表 1-1 人民币张数和票币金额计算表

券别	第 1 题			第 2 题			第 3 题			第 4 题		
	手数	张数	金额	手数	张数	金额	手数	张数	金额	手数	张数	金额
100 元	25 手			25 手+1			25 手+2			25 手+3		
100 元	26 手			25 手-1			25 手-2			25 手-3		
100 元	24 手			24 手+3			24 手+2			24 手+1		
50 元	25 手			25 手+2			25 手+3			26 手		
50 元	25 手+1			26 手+1			24 手+2			24 手+1		
20 元	25 手			25 手+3			25 手+1			26 手+2		
20 元	26 手+1			26 手+3			24 手+2			24 手+1		
10 元	26 手			24 手+2			24 手+3			26 手+3		
5 元	25 手+1			26 手+1			24 手+1			26 手+3		
1 元	27 手+1			26 手+1			27 手+2			26 手+1		
5 角	23 手			23 手+2			26 手+2			23 手+1		
1 角	25 手			25 手+2			25 手+3			26 手+1		
	合计			合计			合计			合计		

二、操作题

1. 分组计时练习手持式四指四张点钞法的操作步骤。测试标准：每把（100 张）30 秒以内点对点完为优秀（包括扎把），35 秒以内点对点完为良好，40 秒以内点对点完为及格。

2. 点钞综合测试。准备 10 把以上的钞票，用时 7 分钟，要求连点带扎 8 把以上。点对 8 把为及格，点对 9 把为良好，点对 10 把以上为优秀（包括扎把、盖章）。

三、手持式单指单张点钞法和手持式四指四张点钞法综合操作题

某天客户张先生拿着一天的营业额到银行存钱，他给前台柜员一叠杂乱、弯折的钞票，金额是 33 500 元。其中 100 元面额的钞票有 260 张，有 2 张残破券；50 元面额的钞票有

120 张，10 元面额的钞票 150 张。请你清点。操作步骤及注意事项如下。

1. 审查现金收款凭证及其所附原始凭证的内容，看是否填写清楚、齐全，两者内容是否一致。

2. 注意姿势。点钞时身体笔直，胸部稍挺，眼睛和钞票保持一定距离，一般以 20cm 较适宜。点钞时，左手和肘放在桌上，右手肘部也放在桌上，手腕稍抬起，这样能减轻劳动强度，持久工作。

3. 每张钞票都清理整齐、平直后，再按券别、版别分类，将相同面额的钞票第 1 张正面朝上，最后一张背面朝下叠放在桌面左侧。

4. 依据现金收款凭证的金额，用手持式单指单张点钞法初点钞票，再用手持式四指四张点钞法复点钞票。

首先，清点 100 元面额的钞票。左手拿起待点的部分钞票，持钞、捻钞、记数，边点边将残破券随手向外一扭，使钞票伸出外面一截，点完 100 张后，把左手多余的钞票放在待点的 100 元钞票上，抽出 2 张残破券，补上 2 张好券；墩齐，采用缠绕捆扎法扎把，扎好后右手将钞票放在桌面右侧；左手拿起待点的钞票，再按上述步骤点完第 2 把钞票；将剩下的 60 张钞票，每点 10 张用 1 张钞票拦腰包住其余 9 张钞票打成"一叠"，共有 6 叠，用扎条捆扎好并将实际金额写在扎条上。

其次，清点 50 元面额的钞票。操作步骤与清点 100 元面额的钞票相同，点完 1 把和 2 叠钞票。

最后，清点 10 元面额的钞票。操作步骤与清点 100 元面额的钞票相同，点完 1 把和 5 叠钞票。

5. 边点数边在计算器或算盘上加计存款金额，点数完毕，计算器或算盘上的数字和现金收款凭证上的金额应相同，应是 33 500 元。

6. 点数无误后盖章。将扎好的 100 元面额的钞票 2 把、50 元面额的钞票 1 把、10 元面额的钞票 1 把，共 4 把钞票横执，在侧面纸条加盖清点人员的名章。

7. 办理具体的现金存款业务。

任务实训 1-4　手持刀切式三指三张点钞法实训

日期_____　班级_____　学号_____　姓名_____　成绩_____

一、手持刀切式三指三张点钞法张数和票币金额计算（见表 1-2，每手 3 张）

表 1-2　　　　　　　　　　人民币张数和票币金额计算表

券别	第1题			第2题			第3题			第4题		
	手数	张数	金额	手数	张数	金额	手数	张数	金额	手数	张数	金额
100 元	33 手			33 手+1			33 手+2			34 手		
100 元	34 手+1			33 手−1			33 手−2			32 手		
100 元	34 手+2			32 手+1			32 手+2			35 手		
100 元	35 手+2			35 手+1			36 手+1			36 手		
50 元	31 手			33 手+2			34 手			35 手+1		
50 元	31 手+1			35 手+2			33 手+2			32 手		

续表

券别	第1题			第2题			第3题			第4题		
	手数	张数	金额	手数	张数	金额	手数	张数	金额	手数	张数	金额
20元	36手			32手+2			33手+1			34手+1		
20元	35手+1			33手+2			35手+2			32手+1		
10元	33手+1			32手+2			33手+1			33手+2		
5元	33手			34手+1			34手			36手		
1元	34手+1			34手+2			35手+2			36手+1		
5角	33手+1			33手+2			34手			32手+2		
1角	33手			33手+1			34手			34手+1		
	合计			合计			合计			合计		

二、手持刀切式三指三张点钞法操作题

1. 单把练习及测试。测试标准：每把（100张）30秒以内点对点完（包括扎把）为优秀，35秒以内点对点完为良好，40秒以内点对点完为及格。

2. 多把练习及测试。测试标准：用时3分钟，给5把以上的钞票，要求连点带扎5把以上；点对3把为及格，点对4把为良好，点对5把为优秀（包括扎把、盖章）。

3. 选择一种适合自己的捆钞扎把方法进行练习，以提高扎把速度。

任务三 手按式点钞法

第一部分 相 关 知 识

手按式点钞法又称伏案式（或案台式）点钞法，是将钞票放在桌面上进行操作的方法，也是银行最传统、最常用的点钞方法。手按式点钞法一般可分为单指单张点钞法、多指多张点钞法、单指推动点钞法、五张扳数点钞法等。多指多张点钞法又分为双指双张点钞法、三指三张点钞法、四指四张点钞法。

一、手按式单指单张点钞法

手按式单指单张点钞法较适用于收、付款工作的初点和复点，以及整点各种新、旧、大、小钞票，尤其适用于不足100张零票的整点。因此，在整点辅币及残破券多的钞票时常用此法。

这种点钞法的优点是准确率高，清点时看到的票面较大，便于挑剔损伤券和识别假币。缺点是必须按在台面上清点，捻钞的手肘向上抬起，容易疲劳，导致点钞速度降低。与手持式单指单张点钞法相比，手按式单指单张点钞法的速度慢一些，劳动强度也大一些。其操作方法分为以下几个步骤。

手按式单指单张点钞法完整过程

1. 放钞、按钞、拆把

将钞票横放在桌面上，一般放在点钞员胸前。用左手小指、无名指微弯曲按住钞票左上角约占票面 1/3 处，食指伸向扎条并将其勾断，食指、中指自然弯曲，拇指呈自然放松状态，右手小指、无名指按住钞票右上角，做好点钞准备，如图 1-35 所示。

2. 捻钞

捻钞时，右肘向上抬起，掌心向下，右手拇指托起右下角的部分钞票（约 20 张），食指在右下角捻起钞票后，左手拇指快速接过，如图 1-36 所示，并送至左手的食指与中指之间夹住，以后依此循环操作。

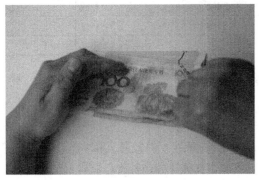

图 1-35　放钞、按钞、拆把

图 1-36　右手食指在右下角捻起钞票

3. 记数

记数采用单数分组记数法。

4. 墩齐、扎把与盖章

与手持式单指单张点钞法相同。

二、手按式双指双张点钞法

这种点钞法适用于收、付款和整点各种新旧主币、辅币。其优点是速度比手按式单指单张点钞法快一点；其缺点是不便于挑剔残破券和识别假币，劳动强度也较大。

手按式双指双张点钞法除了捻钞和记数外，其余操作方法均与单指单张点钞法相同。

1. 按钞、捻钞

把钞票横放在桌面上，左手的无名指、小指微曲按住钞票左上角约 1/4 处，右手食指、中指蘸水或点钞蜡，然后用拇指托起右下角的部分钞票，用中指向上捻起第 1 张，随即用食指捻起第 2 张，捻起的这两张钞票由左手拇指往上推送到左手食指与中指之间夹住。

2. 记数

记数采用分组记数法，两张为一组，记满 50 组即为 100 张。

三、手按式三指三张和四指四张点钞法

手按式三指三张和四指四张点钞法适用于收、付款和整点多种新旧主币、辅币。此法速度快，但由于除了第 1 张外，其余各张所能看到的票面较小，因此不宜用来整点残破券多的钞票。这种点钞方法可以分成放钞、按钞、捻钞、记数等步骤（扎把、盖章同前）。其操作过程如下。

手按式三指三张点钞法：放钞、按钞与捻钞

1. 放钞

把钞票斜放在桌面上，使其钞票最后一张右下角伸出台面边缘，椅子要斜放，使身体与

桌面成三角形，这样便于操作且省力。

2. 按钞

左手小指、无名指按住钞票左上角，按钞面积不宜过大，食指、中指自然弯曲，拇指呈自然放松状态；同时，右手的食指、中指、无名指和小指蘸水或点钞蜡准备捻钞。

3. 捻钞

右肘向上抬起，掌心向下，右手拇指托起右下角的部分钞票（不宜过多或过少），三指三张点钞是先用无名指捻起第 1 张，随即以中指、食指依次捻起第 2 张、第 3 张，如图 1-37所示；四指四张点钞是先用小指捻起第 1 张，无名指、中指和食指依次各捻起 1 张。捻起的3 张（或者 4 张）钞票，称为"一手"。用左手拇指向上推送到左手的食指和中指间并夹住，如图 1-38 所示。点数时手指不宜抬得过高，几个手指动作要均匀，与钞票接触面积要小。

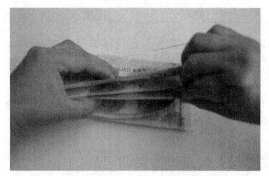

图 1-37　右手无名指、中指、食指依次各捻起 1 张

图 1-38　送到左手的食指和中指间夹住

4. 记数

采用分组记数法记数。三指三张点钞法以每 3 张为 1 手，记一次数，数到 33 手剩 1 张即是 100 张。四指四张点钞法是以每 4 张为 1 手，记一次数，数到 25 手时即是 100 张。

手按式三指三张点钞法完整过程

5. 挑残破券

整点时发现有残破券，待点完一组 3（4）张后，用右手将残破券暂时向外一扭折起，等到点完一把后再取出来。

四、手按式单指推动点钞法

这种点钞法的优点是效率高；缺点是清点零数和付款配票不方便，不易发现假币和剔出残破票。

操作方法：将钞票横放在桌上，左手小指、无名指自然弯曲按住钞票的左上角约 1/4 处，右肘靠在桌子上，右手 5 个手指自然弯曲，用中指第 1 关节托起部分钞票后，中指、无名指、小指垫入部分钞票下面；拇指从右下角推起数张钞票；食指按在钞票右上角配合拇指推动，同时也防止拇指推动时钞票向上移动。左手拇指根据右手推起的钞票进行记数，并将钞票送到食指、中指之间夹住，以后依此循环操作。记数可采用分组记数法。如一次推捻 4 张为一组，数 25 组即为 100 张。

五、手按式五张扳数点钞法

这种方法适用于整点各种主币及复点工作，新旧残破票混在一起时不宜用此种方法。其优点是速度快；缺点是看票面小，不便挑残破券及鉴别假钞。

操作方法：双手持票，两手拇指在票前，其余各指在票后，捏住钞票的下半部将其竖立；然后以左手拇指向右推，右手4个手指向左推，下端约伸出桌面2cm，左手中指、无名指、小指按住钞票右下角扳起钞票，使其向左散开；左手拇指在扳起的钞票中部一次扳5张，拇指扳起一用中指、食指夹住。记数时，5张为1组，记一次数，数到20组即为100张。

第二部分 任 务 实 训

任务实训 1-5 手按式单指单张点钞法实训

日期_____班级_____学号_____姓名_____成绩_____

1. 手按式单指单张点钞法练习，要求分小组集中训练、测试，每天练习至少30分钟。

2. 单把测试。手按式单指单张点钞法测试标准：每把（100张）35秒以内点对点完（包括扎把）为优秀，40秒以内点对点完为良好，45秒以内点对点完为及格。

3. 多把测试。用时8分钟，给10把以上的钞票，要求连点带扎8把以上；点对8把为及格，点对9把为良好，点对10把为优秀（包括扎把、盖章）。

任务实训 1-6 手按式三指三张点钞法实训

日期_____班级_____学号_____姓名_____成绩_____

一、操作题

1. 分组计时集中训练手按式三指三张点钞法的操作步骤。测试标准：每把（100张）30秒以内点对点完为优秀（包括扎把），35秒以内点对点完为良好，40秒以内点对点完为及格。

2. 点钞综合测试。给20把以上的钞票，用时11分钟，要求连点带扎16把以上。点对16把以上为及格，点对18把以上为良好，点对20把为优秀（包括扎把、盖章）。

二、手按式单指单张点钞法和手按式三指三张点钞法综合操作题

某天，某公司出纳员李女士到银行取钱给员工发工资，取款单上填写的金额是157 200元。特别要求要有50元、20元、10元面额的钞票各2 000元，5元面额的钞票1 000元和1元面额的钞票200元，请你办理取款业务，并写出操作步骤。

任务四 扇面式点钞法

第一部分 相 关 知 识

扇面式点钞法是指将钞票捻成扇形进行清点的方法。其优点是双手完全离开桌面，捻钞轻松自如，速度快、效率高。我国北方地区普遍采用这种方法。其缺点是由于清点时只

看票边不看票面，不便挑剔残破券和鉴别假钞。因此，它只适合整点新票币及收、付款的复点，不适合柜面初点以及整点新、旧、破混合的钞票。

扇面式点钞法根据按压钞票的手指多少，可分为一指（一按）多张点钞法和四指多张点钞法，一般包括拆把、开扇、清点、记数和合扇等基本环节。下面分别介绍这两种点钞法的操作过程。

一、扇面式一指多张点钞法

1. 拆把、持钞

竖拿钞票，右手拇指和食指捏住并撕断扎钞纸条后，双手拇指移到钞票正面中间约 1/4 处，其余手指放在钞票背面，虎口抵住钞票右侧面，做开扇准备，如图 1-39 所示。

2. 开扇

开扇也叫打扇面，是扇面点钞最关键的环节。扇面要开得均匀，即每张钞票间隔都要均匀。

开扇方法：以左手为轴，右手食指将钞票向胸前左下方压弯，然后再猛向右方闪动，同时右手拇

图 1-39 开扇准备

指在票前向左上方推动钞票，食指、中指在钞票后面用力向右捻动，左手指在钞票原位置向逆时针方向画弧捻动，食指、中指在票后用力向左上方捻动，右手拇指逐步向下移动。至右下角时，即可将钞票打成扇形。如有不均匀，可双手持钞抖动，使其均匀。打扇面时，左右两手一定要配合协调，不要将钞票捏得过紧。如果点钞时采取一按 10 张的方法，扇面要开小一些，便于清点。

3. 清点

左手持扇面，右手中指、无名指、小指托住钞票背面，拇指在钞票右上角 1cm 处，一次按下 5 张或 10 张；按下后用右手食指压住，拇指继续向前按第 2 次，以此类推；同时左手应随右手点数速度向内转动扇面，以迎合右手按动，直至清点完毕，如图 1-5 所示（任务一）。

4. 记数

采用分组记数法。一次按 5 张为一组，记满 20 组为 100 张；一次按 10 张为一组，记满 10 组为 100 张。

5. 合扇

清点完毕合扇时，将左手向右倒，右手 4 个手指稍弯曲托住钞票的右侧向左合拢，左右手指往中间一起用力，使钞票竖立在桌面上，两手松拢轻墩，把钞票横执墩齐，做扎把准备。

6. 扎把和盖章

与手持式单指单张点钞法相同。

二、扇面式四指多张点钞法

扇面式四指多张点钞法是用四指交替拨动、分组点数、一次点多张的方法。每组分 5 张、10 张、12 张、14 张、16 张不等，时数可达 3.6 万张以上，是一种速度较快的点钞方法。这种点钞法除了点数外，其他均与扇面式一指多张点钞法相同。

以四指 7 张为例。左手持扇面，先用右手拇指清点第 1 个 7 张，然后用右手食指沿钞票上端向前移动，接着数第 2 个 7 张，中指、无名指依次清点第 3、第 4 个 7 张，这样完成第

1 组动作。当无名指点完时，拇指则迅速接上去点第 5 个 7 张，开始第 2 轮的操作，4 个手指依次清点，循环操作，直到点完为止。点 8 张、9 张乃至 10 张，也是同样的操作过程，只不过每指按下的张数不同而已，如图 1-40 所示。

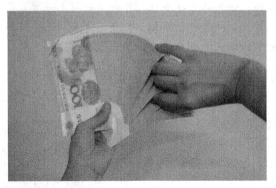

图 1-40　扇面式四指多张点钞法

第二部分　任 务 实 训

任务实训 1-7　扇面式点钞法实训

日期_____ 班级_____ 学号_____ 姓名_____ 成绩_____

1. 分组计时集中训练扇面式一指多张点钞法和四指多张点钞法的操作步骤。测试标准：每把（100 张）10 秒以内点对点完为优秀（包括扎把），15 秒以内点对点完为良好，20 秒以内点对点完为及格。

2. 点钞综合测试。给 20 把以上的钞票，用时 5 分钟，采用扇面式一指多张点钞法或者扇面式四指多张点钞法，要求连点带扎 16 把以上；点对 16 把为及格，点对 18 把为良好，点对 20 把为优秀（包括扎把、盖章）。

任务五　机器点钞法

第一部分　相 关 知 识

机器点钞就是使用点钞机整点钞票。由于机器点钞效率高，一般时数可达 5 万～7 万张，比手工点钞快 2～3 倍，能有效地改善银行柜台服务质量，减轻点钞员的劳动强度；而且机器在点钞的同时还能够检验钞票的真假。因此，它成为商业银行柜台经办人员点钞的主要工具，点钞员都应熟练掌握机器点钞法。机器点钞适用于复点比较新的、大面额的批量款项，而残币和辅币还要靠手工清点。

目前，点钞机的型号和种类很多，如图 1-41 和图 1-42 所示，功能各不相同，更新换代也很快，但其原理大同小异，主要功能都是点钞和防伪，操作方法也基本相同。使用点钞机前应仔细阅读使用说明书，以便更好地掌握点钞机的性能，充分发挥点钞机的作用。

图 1-41 点钞机 1

图 1-42 点钞机 2

一、点钞机的使用常识

市面上出售的点钞机，一般都设有智能点钞、清点计数、预置计数等多种工作状态；具有半张识别、连张识别、重张识别、窄钞识别、残钞识别 5 项异常票面识别功能；具有荧光辨伪、磁性辨伪、红外辨伪、磁性安全线辨伪 4 种主要辨伪功能；还具有准确判断机器中是否夹有钞票并自动吐出的自动吐钞功能。因此，点钞机既可点钞计数，又能辨伪，用户可按点钞的要求选择功能和调整辨伪灵敏度。多数点钞机还设置了识读新版安全线，这样不仅能识别有荧光反应的假币，对无荧光反应的大额假币亦能准确辨别；它能对连张、半张等异常纸币进行报警提示，还能全面兼容新旧版人民币。一般说来，点钞机的本机控制部分多采用先进的电脑单片机，既减少了不必要的开关，也更易操作，更智能化。

二、机器点钞前的准备

（1）开箱。对于新买的设备，应首先取出随机配件，然后将点钞机安放在平稳的桌面上，检查机器外观有无变形、损坏，各部件接口是否牢靠，螺钉是否紧固。点钞前，应将点钞机安放在操作员正前方稍右、距点钞台边 20～30 厘米的地方。

（2）连接电源。如果机器各部件完好无损，即可将电源线接到 220V 的电源插座上。为确保人身安全，电源插座应有安全接地线。

（3）试机。打开电源开关，计数显示屏显示"0"，电机旋转 3 秒，表示电源接通，机器处在正常操作状态。如选购了外接显示器，则将外接显示器插到点钞机背后（有的在旁边）的外接显示器接口端。先试机，检查下钞是否准确、通畅、整齐。每天第 1 次使用机器时，用一叠已知数量的含有假币的钞票进行试验，检查机器计数和辨伪是否准确。当只需清点张数而不需鉴伪时，把功能键选择到"计数"工作方式。

（4）点钞物品的摆放。机器调试结束后，将待点的钞票整齐地摆放在点钞机的右侧，按票面值大小顺序排列，或从小到大，或从大到小，切不可大小夹杂排列，以免影响效率。然后将印章、扎条等用具按本人使用习惯摆放整齐，以保证点钞过程的连续性。

（5）剔除有问题的纸币。为避免错检，点钞前应将下列纸币剔除：补了疤的纸币；经过洗涤的纸币；污渍严重的纸币；破损、有裂口的纸币。

（6）选择按键。根据点钞的不同需要，选择功能键。

三、机器点钞的操作程序

（1）持钞。右手握住钞票，将同一面额的一叠纸币捻成一定的斜度，并稍用力使钞票形成微梯形，同时食指勾断扎条，将钞票平放在喂钞台上。

（2）整点。拆把后，把钞票均匀展成扇形，平放在滑钞板上，点钞机开始自动传送计数、识别、整理。待滑钞板上的钞票全部输送完毕，机器自动停止点数，此时计数器显示窗上显示的数字就是该叠钞票的数量。取出接钞台上的钞票，点钞机显示窗上的数字将自动清零，准备重新计数。放钞不正确时，会产生真钞误报或机器提示出现点钞不准，请把接钞器上的纸币重新摆好，放到喂钞台，按复位键再重新清点。放钞正确使鉴别能力更强，计数更正确。

（3）复点。在非预置整点及累加整点状态下，当启动点钞机运转时，上次整点数据自动将计数显示窗移到预置显示窗；本次整点结束后将两次显示窗数据进行比较，即可达到复点的目的。

（4）累计显示。当需要累计显示时，应按一下面板的"累加"键，指示灯亮，点钞机就在计数显示窗原显示数目的基础上进行累加计数。点钞完毕，计数显示窗显示的数目就是多次点算纸币的数量之和。累计显示达（999+1）时，计数显示窗自动恢复到"0"。

（5）墩齐、扎把。当反映出来的数字为"00"或"100"时，即可扎把。扎把时，左手拇指在上，其他4个手指在下，手掌向上把钞票从接钞台里拿出。拿钞时注意不要漏张，然后将钞票墩齐，采用缠绕捆扎法或拧结法扎把。

用机器复点大量钞票时，为了提高效率，下钞、拿钞和扎把的动作要连贯。当右手将一把钞票放入喂钞台后，马上拿第2把、拆扎条、折成坡形，做下钞准备。当传送带上最后一张钞票落下后，左手迅速将钞票拿出；同时右手将第2把钞票放入喂钞台，然后拿扎条扎把。如此反复，连续作业，可以缩短机器空转时间，高度利用机械功能，提高点钞效率。

（6）盖章。复点完全部钞票后，点钞者要逐把盖好名章。钞票盖章要先轻后重，整齐、清晰。

（7）扫尾。每天机器用毕，应关掉电源、拔下插头，用毛刷清扫机内灰尘，然后用布盖好以防尘。

四、旧版点钞机点验2015年版第五套人民币的处理方法

若将2015年版第五套人民币放到旧版点钞机里，会警铃大响，人民币会被判定为假币。下面介绍如何用旧版点钞机点验新版人民币的方法。

（1）去点钞机官网下载驱动软件。这个方法适用于有USB接口的点钞机（见图1-43），在家就可以实现在线升级。

（2）售后升级。此方法适用于等级比较低的点钞机，没有USB升级功能（见图1-44）。售后用专业设备实现芯片升级。

图1-43　有USB接口的点钞机

图1-44　没有USB接口的点钞机

上述两种方法各有利弊。可以 USB 升级的点钞机一般价格较贵，前期投入较大，但后续升级费用较低。可以芯片升级的点钞机价格低，但后续需要售后升级时，费时费力费钱。

（3）更新时必须选择比较合适的点钞机。市面上的点钞机依据类别可分为：A 类点验钞机，必须具备 9 种以上鉴别能力/鉴别技术；B 类点验钞机，必须具备 5 种以上鉴别能力/鉴别技术；C 类点验钞机，必须具备 4 种以上鉴别能力/鉴别技术。其中，A 类最为专业，适合银行用，B 类一般适合公司、单位用，C 类适合一般店铺使用。

五、机器点钞的注意事项

（1）点钞时，必须检查点钞机计数器显示的读数是否为零；数字非零时必须按"清零"键将读数清零。

（2）送钞是机器点钞的关键。送钞时右手要平稳，注意不可用力往下压钞票，要让钞票自动下滑。下钞时，点钞员眼睛要注意传送带上的钞票面额，看钞票是否有其他票券、残损钞票、假钞等异常情况，同时观察数码显示情况。

（3）将钞票全部下到接钞口后，要看清计数器上显示的数字是否与实际张数相符。如不符，要重新清点一次。

（4）左手将清点无误的钞票从接钞口取出后，要检查点钞机周围有无掉张；无掉张时，右手应立即将下一把钞票放入喂钞台清点，尽量不留空隙。

（5）点钞时出现计数显示窗闪烁，是机器提示出现点钞不准、要求重新整点的警告。如因操作不熟练导致卡钞、出现紊乱时，应立即关闭电源开关。整点过程中，若机器经常停机，且计数显示窗闪烁时，可按顺时针方向稍微垂直调节螺丝。

（6）酌情选择紫光和磁性辨伪功能。为了准确辨伪，在整点 20 元及以上人民币时，应同时选择紫光和磁性辨伪功能。因 10 元及以下钞票不含磁性油墨，所以整点 10 元以下钞票，不能打开磁性辨伪功能，否则会造成误报停机。

（7）将清点无误的钞票墩齐、扎把时（盖章工序一般留在每笔款项全部清点完毕后），眼睛应紧盯着点钞机上还在清点的其他钞票。扎好的钞票应放在点钞机的左侧。

在日常练习中，机器点钞的口诀如下。

紧张操作争分秒，左右连贯用技巧；右手投下欲点钞，左手拿出捻币钞；
两眼观察票面跑，余光扫过计数表；顺序操作莫慌乱，环节动作要减少；
原钞扎条顺序换，快速扎把须做到；维修保养经常搞，正常运转工效高。

第二部分 任 务 实 训

任务实训 1-8 机器点钞法实训

日期＿＿＿＿＿＿班级＿＿＿＿＿＿学号＿＿＿＿＿＿姓名＿＿＿＿＿＿成绩＿＿＿＿＿＿

1. 机器点钞的操作程序包括哪几个步骤？
2. 简述点钞机的使用方法及维护。
3. 机器点钞需要注意的问题有哪些？
4. 教师准备真假纸币和练功券若干张，以小组为单位，每组放一台点钞机，每个学生至少操作 3 次，分 3 种情况练习：全部是真币的练习、真假币混合练习、练功券的练习。

任务六 硬币整点法

第一部分 相关知识

一、手工整点硬币

手工整点硬币一般用于收款时收点硬币尾零款。整点硬币应按面额分类，以 100 枚（或50 枚）为 1 卷，10 卷为 1 捆。一次可清点 5 枚、12 枚、14 枚或 16 枚，最多一次可以清点18 枚，主要依个人技术熟练程度而定。手工整点硬币一般分为拆卷、清点、记数、包装、盖章 5 个环节。

1. 拆卷

将需要使用的新包装纸平放在桌面，右手持硬币卷的 1/3 处放在新的包装纸中间；左手撕开硬币包装纸的一头，然后用右手从左端至右端压开包装纸；包装纸压开后，左手食指平压硬币，右手抽出已压开的包装纸，即可开始清点。

2. 清点

从右向左分组清点。清点时，用右手拇指和食指将硬币分组清点，每次清点的枚数因个人技术熟练程度而异，可一次清点 5 枚或 10 枚或更多。为保证准确，可用右手中指从一组中间分开查看，如一次清点 16 枚为一组，即从中间分开一边 8 枚；如一次点 18 枚为一组，则一边为 9 枚。

3. 记数

采用分组记数法。一组为一次，每次的枚数相同。如一组 10 枚，则 10 次 100 枚即为 1卷叠放在包装纸的 1/2 处。

4. 包装

硬币清点完毕即可包装。先用双手的无名指分别顶住硬币的两头，用拇指、食指、中指捏住硬币的两端；再用双手拇指把靠里半边的包装纸向外掀起，并用食指掖在硬币底部；然后用右手掌心用力向外推卷，随后用双手的拇指、食指和中指分别把两端包装纸向中间方向折压紧贴硬币；用拇指将后面的包装纸往前压，用食指将前面的包装纸往后压，使包装纸与硬币贴紧；最后用拇指、食指向前推币，包装完毕。

5. 盖章

硬币包装完毕将其整齐地平放在桌面上，卷缝的方向要一致。用左手掌心推动硬币向前滚动，右手将图章按在硬币的右端；同时顺势滑动，使印章盖得又快又清晰。

二、工具整点硬币

工具整点硬币是指大批的硬币借助硬币整点器进行清点，大致分为拆卷、清点、包装和盖章等步骤。

1. 拆卷

将整卷硬币掰开或用刀划开包装纸，使硬币落入硬币整点器内。拆卷有以下两种方法。

（1）震裂法。以双手的拇指和食指、中指捏住硬币卷的两端向下震动；震动的同时左手稍向里扭动，右手稍向外扭动，用力要适度，不要使硬币震散。包装纸震裂后，取出震裂的包装纸，使硬币落入硬币整点器内。

（2）刀划法。首先在硬币整点器的右端安装一个刀刃向上的刀片，拆卷时双手拇指、食指、中指捏住硬币卷的两端，从左端向右端从刀刃上划过，这样包装纸被刀刃划开一道口，硬币进入整点器盘内，然后把被划开的包装纸拿开，准备点数。

2. 清点

将硬币放入整点器后，双手的食指和中指放在整点器两端，将整点器夹住，再用右手食指将硬币顶向左端，然后两手拇指放在整点器两边的按钮上用力推动，通过动槽的移动，分币等量交错，每槽5枚。检查无误后，两手松开，硬币自动回到原位。一次看清，如有氧化变形币及伪币应随时剔出，如数补充后准备包装。

3. 包装

两手的中指顶住硬币卷两端，拇指在卷里边、食指在卷外边将硬币的两端捏住。两手向中间稍用力，将硬币从整点器中提出放在准备好的包装纸中间。其余包装方法同手工整点硬币。

4. 盖章

与手工整点硬币相同。

第二部分 任 务 实 训

任务实训 1-9　硬币整点法实训

日期_____ 班级_____ 学号_____ 姓名_____ 成绩_____

1. 手工整点硬币和工具整点硬币的异同点有哪些？
2. 由学生自己收集或者兑换同种面额的硬币 100 枚以上，分别采用手工整点硬币和工具整点硬币的方法进行硬币整点训练。

任务七　捆　　钞

第一部分　相 关 知 识

捆钞是把已经扎把、盖章的钞票，按照一定的方向排列，按"＃"字形（双十字）每10把捆扎成一捆。捆钞有手工捆钞和机器捆钞两种。

一、手工捆钞

双手各取 5 把钞票，并在一起墩齐，然后将 10 把钞票叠放，票面向下，面上垫纸，并将票面的 1/4 伸出桌面。左手按住钞票，右手拇指与食指持绳放在伸出桌面一头的票面处，然后用左手食指按住绳子，右手将绳子从右往上绕一圈与绳子的另一端合并，将钞票自左向右转两下，打上麻花扣。这时钞票横放在桌面，已束好的一头在右边，再将钞票向外倾斜，将绳子从钞票底面绕一圈，绕到左端票面的 1/4 处打上麻花扣，然后将钞票翻转过来拧一个麻花扣。最后用右手食指按住麻花扣，左手食指捏住绳子一头，从横线上穿过系上活扣，在垫纸上贴上封签，并在封签上加盖日戳和点钞员、捆钞员名章，其结头处于垫纸之上封签之下的中位，捆钞样式如图 1-45 所示。

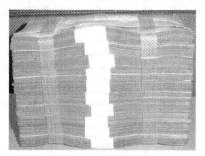

图 1-45　捆钞样式

二、机器捆钞的操作程序

1. 调整

调整机器螺丝，使之适合要捆券别的松紧度，然后固定螺丝。

2. 挂绳

将绳拧成麻花扣，按"#"字形放置在捆钞机底面平台的凹槽内，绳两头留的长度要一致。

3. 放钞

两手各取 5 把钞票，并在一起墩齐，然后将 10 把钞票叠起，正面朝上，放在捆钞机的放钞台上，下面放好切去一角的垫纸。

4. 压钞

合上活动夹板，用右手扳下压力扶手（如是电动捆钞机则按下"紧"开关），使钞票压到已调好的松紧度。

5. 系绳

两手分别捏住绳子的两头，从上端绳套穿过，双手拉紧，从两侧把绳子绕到钞票的正面，使绳子的两端合拢拧麻花扣。然后左手按住交叉点，右手捏住绳子的一头从钞票上面竖线穿过系上活扣，在垫纸上贴上封签，加盖日戳及点钞者和捆钞者名章，如图 1-46 所示。

图 1-46　机器捆钞

三、捆扎钞票的有关规定

（1）捆钞时要坚持按操作程序，必须按每只手各取 5 把成一捆，以防成捆钞票多把或少把，发生差错。

（2）整捆钞票在捆扎时要垫衬纸，用于粘贴封签。衬纸垫于钞票上一起捆扎，封签贴在捆扎绳外。要注意衬纸与封签都必须切去一角，以方便看清票面。

（3）捆扎绳不能有结，最后的活扣结一定要打在衬纸表面，并用封签纸粘住。

（4）不论是手工捆扎钞票还是机器捆扎钞票，都要以"捆紧"为原则，要通过拉紧钞绳，进行交叉固定，使钞票不易松开。

（5）捆扎钞票完毕，要在封签上加盖日戳以及点钞者、捆钞者名章，以明确职责，便于查找差错。

第二部分 任 务 实 训

任务实训 1-10 捆钞实训

日期_____ 班级_____ 学号_____ 姓名_____ 成绩_____

1. 练习手工捆钞的方法。
2. 练习用捆钞机捆钞的方法。

任务实训 1-11 点钞综合实训

日期_____ 班级_____ 学号_____ 姓名_____ 成绩_____

一、点钞训练的方法

1. 通过点钞，熟练地运用视觉、手感、听觉、对比等方法找出第五套人民币的防伪特征。这是训练鉴别人民币真伪的基本功之一。

2. 点钞动作可分解训练。从持钞、捻钞、记数、墩齐、扎把到盖章等，每个具体动作都分开进行训练。

3. 快速从单指单张点钞法中找到夹在其中的不同票面纸币辅币。这是训练挑残破券、假钞的基本功。

4. 在教学中，多次组织学生进行个人和集体训练。每年要组织一定规模的个人全能比赛、集体项目比赛，进行等级鉴定考核等多种形式的实训。因为个人训练能自我提高；集体训练能增强竞争意识，锻炼心理素质，检查训练的效果；等级鉴定和比赛能培养坚韧不拔的毅力和实现更高目标的信心。

二、点钞考级标准

中国工商银行总行根据银行实际，确定了行级技术标准（见表 1-3），要求单指单张：时数（即每小时点钞数）1.5 万张；多指多张：时数 2.4 万张；扇面：时数 2.6 万张；散把：时数 1.4 万张；工具整点硬币：时数 6 万枚。上述标准对于高职高专院校的学生来说，虽然有些偏高，但并不是高不可攀，应把这个标准作为努力奋斗的目标。

表 1-3　　　　　　　　　　　点钞技能量化标准参考表

点钞方法	等级	3 分钟张数	100 张所用时间
单指单张	一	800 张以上	22 秒以内
	二	700～799 张	24 秒以内
	三	600～699 张	26 秒以内
	四	500～599 张	28 秒以内
	五	400～499 张	30 秒以内

续表

点钞方法	等级	3 分钟张数	100 张所用时间
多指多张	一	1 000 张以上	17 秒以内
	二	800～999 张	20 秒以内
	三	700～799 张	22 秒以内
	四	600～799 张	24 秒以内
	五	500～699 张	26 秒以内
扇面	一	1 000 张以上	16 秒以内
	二	800～999 张	20 秒以内
	三	700～899 张	22 秒以内
	四	600～799 张	24 秒以内
	五	500～699 张	26 秒以内

三、点钞综合实训、测试操作步骤及要求

1. 为每个考生准备 5 把或 10 把练功券，每把 100 张，反复清点无误，并编上序号①、②、③、④、⑤或①、②、③……⑩。

2. 在编好序号的 5 把或 10 把练功券中随机挑出 2 把，在某一把中抽出 1 张，即–1 张，在另 1 把或另 4 把中抽出 2 或 3 张，即–2 或–3 张；或者加 1 张、加 2 张、加 3 张、加 5 张，即+1、+2、+3、+5 张等。

3. 考生自带点钞用具，包括笔、点钞蜡或海绵缸。点钞开始前，监考人员发给学生若干张扎条、一个信封、点钞成绩记录单（见表 1–4）。

4. 正式开考前，监考人员发给学生已经出好题的 5 把或 10 把练功券。待考生准备完毕后，监考人员发出"预备——开始!"口令，监考人员同时按下计时表计时，考生开始操作，考生每点完一把就要把点出的数按序号填写在点钞成绩记录单上。考试进行到 2 分钟或 4 分钟时，监考人员提示"考试时间还剩 1 分钟"。快到 3 分钟或 5 分钟时，监考人员下达"时间到，五、四、三、二、一，停!"口令，每位考生必须停止点钞、扎钞等操作，全体起立，迅速将各自清点过的扎成把的练功券与未清点的散券分开摆放好，将尾钞放在信封里，并退场。

5. 由监考评分教师清点每个考生的尾钞，看扎把是否紧，旧扎条是否放入新扎把里。由评分教师将清点情况记录在点钞成绩记录单上。

6. 原则：每把必须清点准确，不得跳把，无差错的拆下原扎条进行捆扎盖章；有差错的必须保留原扎条，重新捆扎后将原扎条放在新扎条下。

表 1–4　　　　　　　　　　　　　点钞差错记录及成绩单

班级：　　　　学号：　　　　姓名：　　　　时间：　　　　成绩：

1	2	3	4	5	6	7	8	9	10
11	12	13	14	15	16	17	18	19	20

裁判：　　　　　　　　　　　　　　　　　　　　扎把
　　　　　　　　　　　　　　　　　　　　　　　情况：

四、散把点钞技能比赛规则和评分标准

1. 比赛内容：点钞。
2. 比赛要求：
（1）钞券构成。点钞券采用一百元规格的人民币或练功券。
（2）手工点钞比赛每场限时 1 分钟。比赛用品均由组委会提供，包括点钞纸、海绵缸等。
（3）开赛前选手可将比赛用练功券和工具放到适合自己的位置，不准松动、抖动和试点。
（4）点钞方法不限，可用单指或多指点钞。
（5）每场比赛结束最后 10 秒以倒计时方式，以便选手掌控时间。
（6）结束口令响时，选手应立即停下点钞，并把手中已点练功券与未点部分分开摆放在桌上，并向裁判员申报已点张数；同时，把已点张数写在评分表上，由裁判员验收。
（7）一场比赛结束，裁判员应当场根据比赛计分规则，计算成绩，填写成绩单。
（8）选手必须佩戴参赛号牌参赛。参赛号牌统一贴右下角。

3. 评分标准
点钞要求做到点准、墩齐（无折角、不露头）。在规定时间内点钞准确的前提下，按实点张数多少排列名次，并填写表 1-5。
（1）有下列情形之一的，按折扣计算成绩。
参赛者点钞数与评委确认数不相符的，误差一张扣 5 张已点张数，误差 2 张的扣除 10 张已点张数，以此类推。
（2）有下列情形之一的，不计成绩。在"停止"令发出后，仍未停止手上动作者。将未点练功券冒充已点练功券的，不计成绩。
（3）选手的仪容仪表 10 分，将按评分标准打分，得几分就相应地在最后张数上加上几张，如得 6 分就在最后张数上加 6 张，得 8 分就加 8 张，以此类推。

表 1-5　　　　　　　　　　点钞计分单

姓名	点钞数	评委确认数	误差扣除	最后张数	仪容仪表	最后张数
***	100	99	5	94	8	102

五、某银行点钞考试的方法及规则

整把整点（设置差错点钞）。
1. 考试方法：手工点钞。要求：点准、捆紧、有差错的保留原扎条。
2. 考试规则：采用限时不限量方法，以 100 张为基准，按一定比例设置差错把数。
例如：10 把中有 2 把差错，一把 99 张、一把 102 张，须将差错点出。
3. 记数规则：以 100 张为基准，少于 100 张用"-"表示，多于 100 张用"+"表示。
例如：99 张记为"-1"，101 张记为"+1"。
4. 原则：每把必须清点准确、不得跳把，无差错的拆下原扎条进行捆扎盖章；有差错的必须保留原扎条，重新捆扎后将原扎条放在新扎条下。
5. 准备时间：5 分钟（含填写"答题纸上的姓名、单位名称，或拆大捆和按合适位置排

列钞票、纸条及所需用具等，不含抓纸条及拍抖钞票）。

6. 测试时间：

（1）单指单张为 7.5 分钟（点对 8 把合格）；

（2）多指多张为 5 分钟（点对 8 把合格）。

7. 评分标准：

（1）每把 10 分，点错一把不计分（无差错点成差错、有差错未点出、差错数量与设置不同）；

（2）扎捆不紧造成散把，一把扣 2 分；

（3）漏盖章、漏拆原纸条，一把扣 1 分；

（4）扎错原纸条、遗漏钞券未扎进把内均不得分；

（5）最后一把写错张数，或差错符号标注有误，或将未点部分并入已点部分冒充已点钞券，均应取消该把成绩。

实训操作：多指多张
点钞法练习

项目二　货币鉴别技术

教学目标及重点、难点

本项目要求读者熟练掌握国家有关法规政策，熟悉人民币、外币的一般防伪特征；了解假币的种类及伪钞的辨别技巧；掌握人工鉴别与机器鉴别真假币、部分外币的方法；掌握假币的处理、残损人民币的挑剔与兑换。

教学重点是人民币的真假鉴别，真假美元、港元的鉴别方法；假币的处理、残损人民币的挑剔与兑换方法。

教学难点是真假币的鉴别方法。

思政目标是培养明辨是非的能力。

任务一　人民币的真假鉴别

第一部分　相关知识

一、人民币概述

《中华人民共和国中国人民银行法》第三章第十五条规定："中华人民共和国的法定货币是人民币。"1948 年 12 月 1 日中国人民银行成立时，开始发行第一套人民币；1955 年 3 月 1 日开始发行第二套人民币；1962 年 4 月 20 日开始发行第三套人民币；1987 年 4 月 27 日开始发行第四套人民币；1999 年 10 月 1 日开始发行第五套人民币。从 1948 年到 2021 年 5 月，中国人民银行共发行普通纪念币 55 套共 123 枚（张），总发行量 63 亿枚（张）。2019 年年底，我国相继在部分城市开展数字人民币试点测试。

按照法律规定，人民币的主币单位为"元"（人民币元 Ren Min Bi Yuan，简写"RMBY"）；人民币辅币单位为"角"和"分"；人民币简写符号为¥，人民币国际货币符号为 CNY。人民币没有规定法定含金量，它执行价值尺度、流通手段、支付手段等职能。

目前，市场上流通的人民币共有 13 种券别，分别为 1 分、2 分、5 分、1 角、2 角、5 角、1 元、2 元、5 元、10 元、20 元、50 元、100 元，形成主辅币三步进位制，即 1 元=10 角=100 分。人民币按照材料的自然属性，分为金属币（亦称硬币）、纸币（亦称钞票）两种。无论纸币、硬币均等价流通。目前，市场上流通的人民币以第五套为主，第四套人民币于 1997 年 4 月停止发行，2019 年 4 月停止兑换。

二、第五套人民币的类型和特点

第五套人民币共 8 种面额：100 元、50 元、20 元、10 元、5 元、1 元、5 角、1 角。根据市场流通中低面额主币大量承担找零角色的实际情况，第五套人民币增加了 20 元面额，取消了 2 元面额，使面额结构更加合理。第五套人民币采取"一次公布，分次发行"的方式。1999 年 10 月 1 日，首先发行了 100 元纸币；2000 年 10 月 16 日，发行了 20 元纸币、1 元和 1 角硬币；2001 年 9 月 1 日，发行了 50 元、10 元纸币；2002 年 11 月 18 日，发行了 5 元纸币、5 角硬币；2004 年 7 月 30 日，发行了 1999 年版第五套人民币 1 元纸币；2005 年 8 月 31 日，发行了 2005 年版第五套人民币，面额有 100 元、50 元、20 元、10 元、5 元券和 1 角硬币；2015 年 11 月 12 日，发行了 2015 年版第五套人民币 100 元纸币，如表 2-1 和表 2-2 所示。

表 2-1　　　　　　　　　　　　　　第五套人民币纸币一览表

券别	图案		主色调	发行时间
	正面	背面		
100 元纸币	毛泽东头像	人民大会堂	红色	1999-10-01、2005-08-31 及 2015-11-12
50 元纸币	毛泽东头像	布达拉宫	绿色	2001-09-01 及 2005-08-31
20 元纸币	毛泽东头像	桂林山水	棕色	2000-10-16 及 2005-08-31
10 元纸币	毛泽东头像	长江三峡	蓝黑色	2001-09-01 及 2005-08-31
5 元纸币	毛泽东头像	泰山	紫色	2002-11-18 及 2005-08-31
1 元纸币	毛泽东头像	西湖	橄榄绿色	2004-07-30

表 2-2　　　　　　　　　　　　　　第五套人民币硬币一览表

券别	图案		材质及主色调	直径	发行时间
	正面	背面			
1 元硬币	行名、面额、拼音、发行年号	菊花	钢芯镀镍，银色	25mm	2000-10-16
5 角硬币	行名、面额、拼音、发行年号	荷花	钢芯镀铜合金，金色	20.5mm	2002-11-18
1 角硬币	行名、面额、拼音、发行年号	兰花	铝合金/不锈钢，白色	19mm	2000-10-16 及 2005-08-31

第五套人民币继承以往国内钞票印制经验的同时，借鉴了国外钞票设计的先进技术。其特点是：在原材料工艺方面做了改进，提高了纸张的综合质量和防伪性；固定水印立体感强、形象逼真；将磁性微缩文字安全线、彩色纤维、无色荧光纤维等有机运用于纸张中，并且采用了计算机辅助设计手工雕刻、电子雕刻和晒版腐蚀相结合的综合制版技术；特别是在二线和三线防伪方面采用了国际通用的防伪措施，为专业人员和研究人员鉴别真伪提供了条件。与第四套人民币相比，第五套人民币的防伪技能由 10 多种增加到 20 多种，主景人像、水印、面额数字均较以前放大，便于群众识别，在防伪性能和适应货币处理现代化方面有了较大提高。

第五套人民币各面额正面均采用毛泽东同志在中华人民共和国成立初期的头像，底衬采用了我国著名的花卉图案，背面主景图案分别选用了人民大会堂、布达拉宫、桂林山水、长江三峡、泰山和西湖。选用有代表性的、富有民族特色的图案，充分表现了我们伟大祖国悠久的历史和壮丽的山河，弘扬了伟大的民族文化。

三、人民币的一般防伪技术

人民币集中体现了当前我国最先进的印刷技术，采用了印钞专业纸张、水印、凹印、安全线、对印、多条接线、磁性油墨等多种防伪技术。第五套人民币纸币的规格：100 元券为 155mm×77mm，50 元券为 150mm×70mm，20 元券为 145mm×70mm，10 元券为 140mm×70mm，5 元券为 135mm×63mm，1 元券为 130mm×63mm。人民币的一般防伪措施如图 2-1 所示。

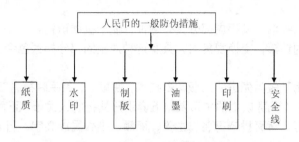

图 2-1　人民币的一般防伪技术

1. 纸质

印制人民币的纸张原料主要是棉纤维和高质量木浆，由于在造纸过程中未加荧光增白剂，人民币在紫外光下无荧光反应。其特点是用料讲究，工艺特殊，预置水印。例如，第五套人民币的 100 元券、50 元券、20 元券、10 元券，在票面上均可看到纸张中有红、蓝彩色纤维。

2. 水印

水印是钞票纸在抄造过程中通过丝网的变化所形成的图案、文字，具有灰度清晰、层次分明、立体感强的特点。水印按其在票面的分布情况，分为固定水印、半固定位置连续水印和满版水印；按其透光性，分为多层次水印、白水印、黑水印。人民币的水印有固定水印、白水印和满版水印等。固定水印是指在钞票上某一固定位置的水印，迎光透视时，其立体感很强。白水印是一种迎光透视、透光性很强的图案。满版水印是指整张钞票上都散布有水印，如第三套人民币 1 元券、2 元券、5 元券（已停止流通）。

3. 制版

人民币的制版除使用我国传统的手工制版外，还采用了多色套版印制钞票图纹的胶印和凹印接线技术，以及正背面图案高精度对印技术。对印技术是指钞券在印制过程中，正、背面同一部位分别印有花纹或图案，迎光透视时两面花纹或图案会完全重合或互补，它是通过胶印一次印刷完成的，具有较强的防伪功能。例如，第五套人民币 100 元、50 元正面上方图案，20 元券正面右侧下方及背面图案，10 元券正面上方胶印图案等，都印有胶印缩微文字。

4. 油墨

印制人民币使用的是特殊配方油墨。使用这种油墨印制的多次套版人民币色泽鲜艳、色调协调、层次清晰，在大额人民币上还采用了无色荧光油墨、磁性油墨、光变油墨面额数字、隐性面额数字等主动防伪技术。

应用荧光油墨的钞票，在普通光下无任何反应；而在紫外光灯下，不同颜色的荧光油墨会有不同颜色的反光。荧光油墨分为有色荧光油墨和无色荧光油墨。例如，1999 年版、2005 年版第五套人民币 100 元纸币有色荧光油墨印刷是位于票面背面主景上方椭圆形图案中的红色线纹，在特定波长的紫外光下显现橘黄色荧光图案；1999 年版、2005 年版第五套人民币 50 元纸币的有色荧光油墨印刷图案是位于票面背面主景上、下胶印图纹中的黄绿色线纹，在特定波长的紫外光下显现黄色荧光图案；1999 年版、2005 年版第五套人民币 20 元纸币有色荧光油墨印刷图案位于钞票背面中间，在特定波长的紫外光下显现绿色荧光图案；1999年版、2005年版第五套人民币10元纸币有色荧光油墨印刷图案是位于票面的土黄色胶印图纹，在特定波长的紫外光下显现黄色荧光图案；1999年版、2005年版第五套人民币5元纸币有色荧光油墨印刷图案是位于票面背面的绿色胶印图纹，在特定波长的紫外光下显现绿色荧光图案。

应用磁性油墨的钞票，其相应部分具有磁性，便于机器识别。

应用光变油墨的钞票，变换视角时，具有这种油墨的部分的颜色会发生变化。

5. 印刷

人民币印刷采用了较为先进的凹版印刷技术，油墨厚，用手触摸有凹凸感，防伪性能强。例如，第四套人民币1元券以上的主币及第五套现已发行的人民币，正面人像、行名、国徽、面额、花边、盲文等，背面拼音行名、主景、面额、少数民族文字、行长等，均采用了凹版印刷技术。

6. 安全线

安全线是指在纸张的抄造过程中直接加入的成为钞纸结构的组成部分，目前所用的安全线有不透明塑料线、荧光线、缩微印刷线。其种类可分为封闭式安全线和开窗式安全线两种。人民币使用了金属安全线、缩微文字安全线、开窗式安全线等防伪技术。开窗式安全线是指安全线一段一段地显露在钞票的表面，看起来不连贯，但用荧光一照这些安全线是连在一起的，组成一条完全的安全线。例如，1999年版第五套人民币10元券使用全息磁性开窗式安全线，20元券使用明暗相间的安全线，50元券、100元券使用磁性缩微文字安全线，增加了人民币的主动防伪功能。

四、假人民币的类型和特点

假人民币是指仿照真人民币纸张、图案、水印、安全线等原样，利用各种技术手段非法制作的伪币。假人民币包括伪造币和变造币两种。

1. 伪造币的类型及特征

伪造币是指仿照真币的图案、形状、色彩等采用各种手段制作的假币。伪造的货币主要有机制假币、拓印假币、彩色复印假币、手工描绘或手工刻版印制的假币、照相假币和铸造假币等。

（1）机制假币。其主要特征是：纸张韧性差、无弹性，纸张内无水印图案，水印用浅色油墨加盖在纸面且模糊不清；底纹浅，呈网状结构；连线出现断裂或重叠，主景图案层次不丰富；在紫外光下呈荧光反应；安全线用黄色油墨加印在纸面上。

（2）拓印假币。其主要特征是：纸质较差，无挺括度，纸张由3层组成，正、背两面各为一薄纸，且纸面涂有一层油质，中间为一白纸，墨色暗淡，无光泽。水印描绘在中间白纸上，失真度较大，在紫外光源下，有强烈荧光反应。纸幅一般较真票略小。

（3）彩色复印假币。其又分为黑白复印、彩色复印和激光复印等种类，主要特征为：纸质为复印机专用纸，弹性差，手感光滑；线条呈点状结构；正背面出现色差，正面人像偏红或偏黄色；水印用白色油墨加盖在背面；在紫外光下有强烈荧光反应；冠字号码是加印而成的等。

（4）手工描绘假币。其主要采用手工描绘伪造而成，主要特征是：底边凹印图案呈不规则状；人像、图案等失真度较大；水印多为手工描绘；在紫外光下有荧光反应等。

（5）手工刻版印制假币。其主要采用蜡纸进行刻印或通过电子扫描制成蜡版，然后采用油印制成，主要特征是：纸质无弹性，正反两面黏合而成；水印于工描绘，失真度大；油墨无光泽，色彩暗淡；在紫外光下有荧光反应等。

（6）照相假币。其主要特征是：纸面较光滑，纸质无弹性；人像、图案无立体感；无底纹线，墨色出现色差；水印是描绘而成的，失真度较大；纸幅比真币略小等。

（7）铸造假币。这是指采用铸造的方法制作的假硬币。

（8）石印假钞。这是用石版和石印机印制的假钞。它的制作方法一般是在石板上手工或用机器雕刻制成印版，然后在小型机具上印制。这类假钞的印制效果仍较粗劣。由于石版较硬，容易出现油墨外溢或油浸现象；并且因印版表面不平整，使得印出的图纹虚虚实实深浅不一，画面不协调。由于印版刻制不精确，套色印刷也不可能十分准确，从而出现重叠、错位、漏白等问题，对其识别也较容易。

（9）手刻凸版假钞。这是木质印版印制的假钞。这种假钞的制作方法是以木板为基料，采取手工雕刻方法制成凸版的印版，然后在小型机具上印制。它的特点也是质量粗劣。由于木板有天然的木质纹路，纹路与非纹路之处吃墨程度不一样，从而印出的图纹往往也有深有浅；其套色也不准确，存在重叠、错位等现象，因此，也较易识别。

（10）剪贴假钞。这是指剪贴真币图片制成的假钞。它的制作方法是，将报纸、刊物或画册上印的人民币图片剪下来，将正面和背面粘合起来即成。这种假币与真币的差别很大，报刊图片的纸薄而绵软，画册图片的纸一般较厚而脆硬，并且币面的颜色和大小都不一样，很易识别。

2. 变造币的类型及特征

变造币是指在真币的基础上或以真币为基本材料，利用挖补、揭层、涂改、拼凑、移位、重印等多种方法制作，使其改变形态的假币。变造币主要有剪贴变造币和揭页变造币两种。

（1）剪贴变造币。剪贴变造币是指使用多张真钞通过挖补，拼出数张假币，以达到混淆、混用、从中非法获利的目的而制成的假币。其特征是：拼凑出的钞票纸幅比真钞短缺一小截；或者花纹不衔接，钞票背面有纸条或叠压粘贴痕迹。

（2）揭页变造币。揭页变造币是指经过处理，将真钞揭开为正、背面两张，再贴上其他纸张，折叠混用，为达到非法获利目的而制成的假币。其特征是：揭张后的钞票比真钞票纸质薄、挺括度差；揭页变造币的一面用其他纸张裱糊，只要将票面展开，正反面一看即可发现。

五、人民币的真假鉴别方法

真假钞票的鉴别方法主要有直观对比法、仪器识别法、特殊分析法 3 种。

1. 直观对比法

从对比的形式上，可以把直观对比法概括为眼看、手摸、耳听、测量 4 种方法。

（1）眼看，即观察票面的外观颜色、水印、安全线、胶印缩微文字、有色纤维、隐形面额数字、对印图案、号码等，具体方法如下。

① 看水印。看钞票的水印是否清晰，有无层次和浮雕的效果。第五套人民币各券别纸币的固定水印位于票面正面左侧的空白处。迎光透视时，会出现立体感很强的水印。100 元券、50 元券的固定水印为毛泽东头像图案；20 元、10 元、5 元纸币的固定水印分别为荷花、月季花、水仙花花卉图案。

② 看安全线。第五套人民币纸币在各券别票面正面中间偏左，均有一条安全线。100元、50 元纸币的安全线迎光透视时，分别会出现缩微文字"RMB100""RMB50"，用仪器检测时均有磁性；20 元纸币迎光透视时，会出现一条明暗相间的安全线；10 元、5 元纸币安

全线为全息磁性开窗式安全线，即安全线局部埋入纸张中，局部显露在纸面上，其开窗部分分别是由微缩字符"¥10""¥5"组成的全息图案，用仪器检测时有磁性。

③ 看光变油墨。第五套人民币100元券和50元券正面左下方的面额数字采用了光变油墨印刷。将垂直观察的票面倾斜到一定角度时，100元券的面额数字会由绿色变为蓝色；50元券的面额数字则会由金色变为绿色。

④ 看票面图案。看票面图案是否清晰，色彩是否鲜艳，图案是否可以对接上。第五套人民币纸币的阴阳互补对印图案应用于100元券、50元券和10元券中。这3种券别的正面左下方和背面右下方都印有一个圆形局部图案，迎光透视时，可看到两幅图案准确对接，组合成一个完整的古钱币图案。

⑤ 看凹印部位图案。看凹印部位图案是否均由点线构成。雕刻凹版印刷技术广泛应用于第五套人民币的毛泽东头像、中国人民银行行名、面额数字、盲文标记等处，其特点是图文线条精细、层次丰富、立体感很强，用手触摸有明显的凹凸感。

⑥ 用放大镜看。用5倍以上的放大镜观察票面，看图案线条、缩微文字是否清晰干净。真币的花纹、线条粗细均匀，图案清晰，色彩鲜艳，颜色协调，层次分明；而假币则线条凌乱，粗细不一，图案色彩层次暗淡不清，水印呆板、失真、模糊、无立体感。

第五套人民币纸币各券别正面胶印图案中，多处印有缩微文字，在各券别纸币背面也有该防伪措施。100元缩微文字为"RMB"和"RMB100"；50元为"RMB50"和"50"；20元为"RMB20"和"人民币"；10元为"RMB10"和"人民币"；5元为"RMB5"和"人民币"字样。

（2）手摸，即用手触摸凹印人像、行名、大面额数字、盲文面额标记等，真钞线纹光洁，凹凸感明显。

① 摸人像、盲文点、中国人民银行行名等处是否有凹凸感。第五套人民币纸币各券别正面主景均为毛泽东头像，采用手工雕刻凹版印刷工艺，形象逼真、传神，凹凸感强，易于识别。

② 摸纸币是否薄厚适中，挺括度是否良好。

（3）耳听，即用手甩、弹、抖，使钞票纸发出声音，钞票专用纸张发出的声音清脆，与伪钞使用的民用纸张有明显不同。如手持钞票用力抖动、手指轻弹或两手一张一弛轻轻对称拉动，真钞能听到清脆响亮的声音。而假币由于制造设备落后，印刷的光洁度、挺括度都不如真币好，因此声音比较沉闷。

（4）测量，以真币为标准，与相应的可疑图案对照比较。用尺量，注意钞票规格尺寸是否符合标准、钞票边缘是否整齐等，假币的长度和宽度通常小于真币。

用直观对比法识别人民币的真伪，也可通过对比真假人民币的主要特征来进行，如表2-3所示。

表2-3　　　　　　　　　　　　真假人民币的主要特征对比表

项目	特征对比
纸张识别	人民币纸张采用专用钞纸，主要成分为棉短绒和高质量木浆，具有挺括、耐折、不易撕裂、抖动时声音发脆响等特点。而假币纸张绵软、韧性差、易断裂、抖动时声音沉闷
水印识别	人民币水印是在造纸中采用特殊工艺使纸纤维堆积而形成的暗记，分满版水印和固定水印两种。如现行人民币1元券、2元券、5元券为满版水印暗记；10元券、50元券、100元券为固定人头像水印暗记。其特点是层次分明、立体感强，透光观察清晰。而假币的特点是水印模糊，无立体感，变形较大，用浅色油墨加印在纸张正、背面，不用迎光透视就能看到

续表

项目	特征对比
凹印技术识别	真币的技术特点是图像层次清晰，色泽鲜艳、浓郁，立体感强，触摸有凹凸感，如1元、5元和10元券人民币在人物、字体、国徽、盲文点处都采用了这一技术。而假币图案平淡，手感光滑，花纹图案较模糊，并由网点组成
荧光识别	1999年版50元券、100元券人民币分别在正面主图景两侧印有阿拉伯数字"100"或"50"和汉语拼音"YIBAI"或"WUSHI"字样，该字样在紫外光下出现金黄色荧光反应，但整版纸张无任何反应。而假币一般没有荧光暗记；个别的虽有荧光暗记，但与真币比较，颜色有较大差异，并且纸张会有较明亮的蓝白荧光反应
安全线识别	真币的安全线是立体实物与钞纸融为一体，有凸起的手感。假币一般是印上或画上的颜色，如加入立体实物，会出现与票面皱褶分离的现象。此外，还可借助仪器进行检测，例如，可用紫外光、放大镜、磁性等简便仪器对可疑票券进行多种检测

2. 仪器识别法

仪器识别法是指用5～10倍的放大镜观察缩微文字、接线、图案颜色；用专用验钞仪检测荧光纤维、荧光油墨的荧光反应；用磁性检测仪检测磁性号码、磁性安全线等部位的磁性特征。

3. 特殊分析法

特殊分析法是指利用专用设备分析纤维成分、油墨成分等方法鉴定钞票真伪，技术要求高，对钞票有一定破坏性，一般为印钞厂等单位使用。

仪器识别法和特殊分析法都是借助一些简单的工具和专用的仪器来分辨人民币的真伪。这里对两种识别方法综述如下。

① 借助放大镜可以观察票面线条清晰度、胶印和凹印缩微文字等，真币底纹线清晰、连续，假币底纹线模糊、间断。

② 用紫外灯光照射票面，可以观察钞票纸张和油墨的荧光图纹反应，真币无荧光反应，假币有荧光反应。

③ 用磁性检测仪可以检测黑色横号码的磁性印记，真币有磁性油墨、有反应，假币无磁性油墨、无反应。

④ 用防伪点钞机来鉴别人民币真伪，防伪点钞机是一种集点钞与防伪功能于一身的机具。目前较通行的是光谱、红外线、紫外光照射、荧光和磁性油墨等辨假措施综合运用于防伪点钞机。在机器点钞的运行过程中如出现假币则会自动停机并报警。

⑤ 人民币自动验钞机。这是一种比较先进的人民币鉴别工具。它一般采用CPU控制及数码识别技术，由微型计算机存储各种版本的人民币及假币参数，对钞票的安全线、水印、尺寸、纸质、磁性油墨及荧光特性等进行多重鉴别，具有验钞速度较快、准确率较高、使用方便、体积小等特点。

借助专门的验钞机进行钞票真伪的识别，读者一定记得自己也要过一次手，因为识别假币最好是将自己的经验和验钞机器结合，机器始终只是起到辅助作用。有的人过分迷信验钞机，其实，有一些假钞足够以假乱真，验钞机都检验不出来。另外，钞票会定期换版，不同版次的钞票有不同的防伪标识，所以平时一定要多注意银行公布的鉴别新版人民币的知识。准确识别人民币，需要读者有大量清点现金钞票的经验，所以，读者在日常工作中要多积累，多摸索，多鉴别，逐渐提高识别人民币的能力。

第二部分　任　务　实　训

任务实训2-1　1999年版第五套人民币的防伪特征分析及实训

日期_____　班级_____　学号_____　姓名_____　成绩_____

一、观看录像片——第五套人民币防伪常识

通过登录中国人民银行网站，播放由中国人民银行制作的录像片——第五套人民币的防伪常识。

要求：学生边看录像片边做笔记，教师要对重要的防伪特征做提示和强调。

二、1999年版第五套人民币的一般防伪特征分析

第五套人民币的防伪技术比前四套人民币更加先进，表现在以下几个方面。

1. 水印

固定图案（人像、花卉）水印，位于票面正面左侧空白处，观察者迎光透视，可见立体感很强的多色调水印图案。第五套人民币的5种纸币都含有水印。100元券、50元券在正面左侧有与主景人像相同、立体感很强的毛泽东头像水印；20元券是一朵荷花；10元券和5元券采用了双水印，10元券是月季花和位于双色横号码下方的数字"10"两处水印图案；5元券是水仙花和数字"5"两处水印图案。

2. 安全线

第五套人民币的5种纸币均采用了安全线技术。100元券、50元券采用了磁性缩微文字安全线，安全线上的缩微文字分别是"RMB100"和"RMB50"；20元券采用了带有磁性且明暗相间的安全线；10元券和5元券均采用了全息磁性开窗式安全线。

3. 红、蓝彩色纤维

彩色纤维是预先将一些特殊纤维染上颜色，在造纸过程中不规则地加到纸张中间，纤维与纸张的其他纤维紧密结合，具有较强的防伪性。第五套人民币的纸张中都含有不规则分布的红色或蓝色纤维丝（1元钞票无）。

4. 光变油墨面额数字

第五套人民币首次采用了光变油墨技术，用来印刷100元券和50元券正面左下方的面额数字。将垂直观察的票面倾斜到一定角度时，100元券的面额数字由绿色变为蓝色；而50元券的面额数字则由金色变为绿色。

5. 雕刻凹版印刷

手工雕刻凹版是通过钞票雕刻师手工雕刻方式制版而成的。由于雕刻师均有自己的刀法、风格，其雕刻线条的深浅、弧度、角度别人很难模仿，具有极强的防伪性。雕刻凹版印刷技术广泛应用于第五套人民币的毛泽东头像、中国人民银行行名、盲文面额标记等处。例如，第五套人民币50元、20元和10元纸币正面毛泽东头像和背面的布达拉宫主景钢板雕刻就是由艺术家马荣采用手工雕刻凹版印刷工艺完成的。特点是：图文线条精细、层次丰富、立体感很强，用手触摸有明显的凹凸感。再如，第五套人民币正面的装饰花纹精选了具有中国传统历史文化特色和民族特色，并有一定经典意义的纹饰。其中，100元采用了中国漆器的花纹，50元是少数民族的挑绣，20元是青铜饕餮的纹路，10元则是中国传统瓷器的花纹。

6. 阴阳互补对印图案

阴阳互补对印图案应用于100元券、50元券和10元券中。这3种券别的正面左下方和背面右下方都印有一个圆形局部图案。迎光观察时，正背图案互补组合成一个完整的古钱币图案。

7. 隐形面额数字

隐形面额数字是用横线竖线交叉和点线结合构成的花纹，横线竖线交叉和点线结合的方法能使一个完整的图案中隐藏着特定的图文或数字。通过一定的角度观察时，就能看到隐蔽的图文或数字。第五套人民币的隐形面额数字印在钞票正面的右上方。观察者将钞票置于与眼睛接近水平的位置，面对光源做平面旋转45°或90°，即可看到隐形面额数字。

8. 凹印缩微文字和胶印缩微文字

第五套人民币的5种纸币都含有凹印缩微文字和胶印缩微文字，必须借用放大镜才能分辨出来。凹印缩微文字分布于100元券、50元券和5元券的背面主景下方和右下角的面额数字内，以及20元券、10元券和5元券正面右上方的装饰图案中。胶印缩微文字分别位于100元券、50元券、10元券和5元券的正上方，20元券的正面右侧和下方以及背面图案中，缩微文字均为"人民币"字样和面额数字。

9. 横竖双号码和双色横号码

第五套人民币100元券和50元券正面采用了横竖双号码：100元券、50元券的横号码均为黑色，并有磁性。竖号码100元券为蓝色、50元券为红色；20元券、10元券和5元券则采用了双色横号码，号码的左半部分为红色，右半部分为黑色。

10. 凹印接线印刷

票面正面大面额数字采用雕刻凹版印刷，两种墨色对接完整。

11. 胶印接线印刷

票面正面左侧中国传统图案由线条组成。每个线条呈现出两种以上不同的色彩，不同色彩之间对接完整。

12. 无色荧光油墨印刷图案

票面正面行名下方胶印底纹处，在特定波长的紫外光下可以看到面额数字，该图案采用无色荧光油墨印刷，可供机读。

13. 无色荧光纤维

在特定波长紫外光下，可看到纸张中随机分布有黄色和蓝色荧光纤维。

14. 有色荧光油墨印刷图案

票面背面主景图案中的部分图形，在特定波长的紫外光下显现荧光图案。

15. 磁性油墨印刷号码

用磁性检测仪器检测，票面正面黑色横号码有磁性，可供机读。

16. 红外光油墨印刷图案

钞票正背面部分图案在特定波长红外光下不可见。

17. 硬币

第五套人民币的硬币有3种，包括1元、5角和1角，正面铸有"中国人民银行"、面额数字的汉语拼音字母以及发行年号，背面为"中国人民银行"的拼音字母及花卉图案。

三、单项选择题

1. 人民币是指中国人民银行依法发行的货币，包括（　　　）。

    A. 纸币和硬币   B. 主币和辅币   C. 流通币和退出流通币

2. 人民币由（　　）印制。
   A. 财政部指定的专门企业印制
   B. 国有印刷企业
   C. 中国人民银行指定的专门企业

3.《中华人民共和国中国人民银行法》明确规定：人民币由（　　）统一发行。
   A. 中华人民共和国　　　　　B. 国务院　　　　　　　C. 中国人民银行

4. 中国人民银行自 1948 年成立至 2006 年 8 月 15 日，已经发行了（　　）套人民币。
   A. 5　　　　　　　　　　　B. 4　　　　　　　　　　C. 3

5. 第一套人民币于（　　）开始发行。
   A. 1948 年 12 月 1 日　　　B. 1949 年 10 月 1 日　　C. 1949 年 12 月 1 日

6. 第一套人民币于（　　）全面停止流通。
   A. 1959 年 12 月 1 日　　　B. 1960 年 1 月 1 日　　　C. 1955 年 5 月 10 日

7. 第四套人民币是（　　）开始发行的。
   A. 1980 年 8 月 1 日　　　　B. 1990 年 9 月 2 日　　　C. 1987 年 4 月 27 日

8. 第五套人民币 100 元纸币的票面规格是（　　）。
   A. 165mm×77mm　　　　　B. 155 mm×77mm　　　　C. 160 mm×77mm

9. 第五套人民币发行采用（　　）原则。
   A. 一次公告，一次发行，新旧版混合通用，逐步回收旧版
   B. 一次公告，分次发行，新旧版混合通用，逐步回收旧版
   C. 多次公告，分次发行，新旧版混合通用，逐步回收旧版

10. 假币一般分为（　　）两大类。
   A. 复印币和机制币　　　　B. 机制币和手绘币　　　　C. 伪造币和变造币

11. 伪造币是指（　　）的假币。
   A. 造假手段制造
   B. 仿照真币的图案、形状、色彩等采用各种手段制作
   C. 仿照真币

12. 变造币主要有剪贴变造币和（　　）变造币两种。
   A. 揭页　　　　　　　　　B. 描绘　　　　　　　　　C. 剪制

13. 假钞印刷绝大部分采用（　　）印刷，套印精度差，颜色偏差大，线文平浮、粗糙、缺乏层次。
   A. 凹印　　　　　　　　　B. 凸印　　　　　　　　　C. 胶版

14. 鉴别人民币纸币的方法之一是"手摸"，真钞表面文字及主要图案有凹凸感，这种"凹凸"效果产生于（　　）印刷方式。
   A. 普通胶印　　　　　　　B. 雕刻凹版　　　　　　　C. 雕刻凸版

15. 第五套人民币采用无色荧光油墨印制的面额数字可供机读，该图案印制在（　　）。
   A. 钞票正面行名下方　　　B. 背面主景图案
   C. 正面右上角团花图案处

四、简答题

1. 什么是水印？
2. 什么是安全线？
3. 什么是隐形面额数字？

4. 什么是手工雕刻凹版?

5. 什么是彩色纤维?

6. 什么是对印技术?

7. 人民币印钞纸由什么原料制成?与普通印刷纸相比有什么不同?

8. 简述变造币的定义及主要形式。

9. 简述伪造币的定义及主要形式。

10. 1999 年版第五套人民币纸币采用了哪几种安全线?

任务实训 2-2　1999 年版第五套人民币 100 元、50 元真假币鉴别实训

日期_____　班级_____　学号_____　姓名_____　成绩_____

一、1999 年版第五套人民币 100 元假币的主要特征举例

【例 2-1】某市公安局曾缴获的第五套人民币 100 元面额假币的主要特征有以下几点,如图 2-2 所示。

(a)正面

(b)反面

图 2-2　1999 年版第五套人民币 100 元假币

(1)纸张:采用普通书写纸,在紫外灯光照射下,票面呈蓝白色荧光反应。

(2)水印:用淡黄色油墨印在票面背面水印位置的表面,背面垂直观察,可看到一个模糊的淡黄色毛泽东头像印刷图案;迎光透视时,固定人像水印轮廓模糊,没有浮雕立体效果。

(3)印刷:票面颜色较浅;采用胶版印刷,除了正面毛泽东雕刻凹版印刷图案的衣领位置有粗糙感外,其他地方平滑,票面主要图案无凹版印刷效果,墨色不厚实;手工雕刻图像线条粗糙,立体感差,形象不传神;票面线条均由网点组成,呈点状结构;无红、蓝彩色纤维。

（4）安全线：用无色油墨印在票面正、背面纸的表面，垂直观察时，正背两面均可看到一条淡灰色印刷线条；迎光透视时，模糊不清；缩微文字模糊不清；无磁性。

（5）阴阳互补对印图案：古钱币阴阳互补对印图案错位、漏白和重叠。

（6）胶印缩微文字：胶印缩微文字模糊不清。

（7）凹印缩微文字：凹印缩微文字模糊不清。

（8）隐形面额数字：无隐形面额数字。

（9）光变油墨面额数字：光变油墨面额数字不变色。

（10）无色荧光油墨印刷图案：在紫外灯光照射下，无色荧光油墨"100"较暗淡，颜色浓度及荧光强度较差。

（11）有色荧光油墨印刷图案：在紫外灯光照射下，有色荧光油墨印刷图案色彩单一，较暗淡，颜色浓度及荧光强度较差。

（12）无色荧光纤维：无无色荧光纤维。

（13）冠字号码：横竖双号码中的黑色部分无磁性。

二、1999年版第五套人民币50元面额假币的主要特征及举例

【例2-2】某市公安部门曾查获1999年版第五套50元面额假人民币数十万张，其主要特征如图2-3所示。

（a）正面

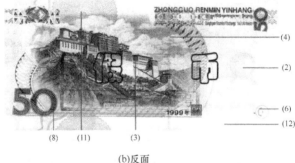

（b)反面

（b）反面

图2-3　1999年版第五套人民币50元假币

（1）纸张：采用普通书写纸，在紫外灯光照射下，票面呈蓝白色荧光反应。

（2）水印：用淡黄色油墨印在票面正、背面水印位置的表面，垂直观察时，可看到一个淡黄色毛泽东头像印刷图案；迎光透视时，固定人像水印轮廓模糊，没有浮雕立体效果。

（3）印刷：票面颜色较浅；采用胶版印刷，表面平滑，票面主要图案无凹版印刷效果，

墨色平滑不厚实；手工雕刻头像线条粗糙，立体感差，形象不传神；票面线条均由网点组成，呈点状结构。

（4）安全线：用淡灰色油墨印在票券正面纸的表面，正面垂直观察时，可看到一条淡灰色印刷线条；缩微文字模糊不清；无磁性。

（5）红、蓝彩色纤维：用彩色油墨印在票券的正面，在成批同个冠字号码的假人民币中，红、蓝彩色纤维固定、不随机。

（6）阴阳互补对印图案：古钱币阴阳互补对印图案错位、重叠。

（7）胶印缩微文字：胶印缩微文字模糊不清。

（8）凹印缩微文字：凹印缩微文字模糊不清。

（9）隐形面额数字：无隐形面额数字。

（10）无色荧光油墨印刷图案：在紫外灯光照射下，无色荧光油墨印刷图案"50"较暗淡，颜色浓度及荧光强度较差。

（11）有色荧光油墨印刷图案：有色荧光油墨印刷图案色彩单一，颜色浓度及荧光强度较差。

（12）无色荧光纤维：无无色荧光纤维。

（13）光变油墨面额数字：光变油墨面额数字不变色。

（14）冠字号码：横竖双号码中的黑色部分无磁性。

三、单项选择题

1. 第五套人民币 100 元券在设计上突出了（　　　）。
   A. 大人像、大国徽、大面额数字
   B. 大人像、大水印、大面额数字
   C. 大人像、大水印、大盲文标记

2. 第五套人民币 100 元正面采用了（　　　），具有中国传统历史文化特色和民族特色的纹饰。
   A. 中国的漆器花纹　　　　B. 少数民族的挑绣花纹
   C. 青铜饕餮的纹路　　　　D. 中国传统瓷器的花纹

3. 第五套人民币 100 元纸币正面主景是（　　　）、背面主景是（　　　）图案。
   A. 毛泽东头像，人民大会堂　　B. 毛泽东头像，桂林山水
   C. 毛泽东头像，布达拉宫

4. 1999 年版第五套人民币（　　　）面额纸币采用了横竖双号码。
   A. 100 元、50 元　　　　B. 50 元、20 元　　　　C. 100 元、10 元

5. 1999 年版第五套人民币 100 元纸币上的隐形面额数字的观察方法是（　　　）。
   A. 将票面置于紫外光下
   B. 将票面面对光源平行旋转 45° 或 90°
   C. 将钞票置于与眼睛接近水平的位置，面对光源做 45° 或 90° 旋转

6. 1999 年版第五套人民币 100 元纸币的安全线施放方式采用（　　　）。
   A. 全埋式　　　　　　B. 开窗式　　　　　　C. 双安全线式

7. 1999 年版第五套人民币 100 元纸币安全线上的缩微文字是"（　　　）"。
   A. 100　　　　　　　B. RMB　　　　　　　C. RMB100

8. 1999 年版第五套人民币 100 元纸币的冠字号码颜色是（　　　）。
   A. 红色、蓝色　　　　B. 蓝色、黑色　　　　C. 暗红色、蓝色

9. 现行流通人民币的纸张在紫外光下（　　）荧光反应。

  A. 有　　　　　　　　　　　B. 10 元以下面额的钞票纸有

  C. 无

10. 1999 年版第五套人民币的钞票纸张中有两种有色纤维，这些纤维颜色是（　　）。

  A. 红色和蓝色　　　　　　B. 红色和绿色　　　　　C. 黑色和红色

11. 第五套人民币 50 元纸币正面主景是（　　）、背面主景是（　　）图案。

  A. 毛泽东头像，人民大会堂　　B. 毛泽东头像，布达拉宫

  C. 毛泽东头像，桂林山水

12. 第五套人民币 50 元、10 元纸币正面面额"50""10"字样都采用雕刻凹印，分别为（　　），两种墨色对接完整。

  A. 棕色和黑色，蓝色和绿色　　B. 紫色和绿色，浅棕和蓝黑色

  C. 棕色和紫色，红色和紫色

13. 第五套人民币 50 元纸币正面行名下方底纹中的胶印缩微文字是（　　）。

  A. "50""RMB"字样　　　　B. "RMB""RMB50"字样

  C. "RMB50""50"字样

14. 1999 年版第五套人民币 50 元纸币的安全线上的缩微文字是"（　　）"。

  A. RMB50　　　　　　　　B. RMB　　　　　　　　C. 50

15. 第五套人民币 50 元纸币的布达拉宫主景钢版雕刻是由（　　）完成的。

  A. 刘文西　　　　　　　　B. 马荣　　　　　　　　C. 徐永才

16. 第五套人民币 50 元纸币的光变面额数字的颜色变化是由（　　）。

  A. 蓝变金　　　　　　　　B. 绿变蓝　　　　　　　C. 金变绿

17. 1999 年版第五套人民币 50 元纸币的（　　）有磁性。

  A. 横号码　　　　　　　　B. 竖号码　　　　　　　C. 横竖号码

18. 1999 年版第五套人民币 100 元、50 元纸币安全线包含的防伪措施是（　　）。

  A. 缩微文字和荧光　　　　B. 缩微文字和磁性　　　C. 磁性和荧光

19. 1999 年版第五套人民币 100 元、50 元纸币的横、竖双号码的号码应是（　　）。

  A. 不同的　　　　　　　　B. 相同的　　　　　　　C. 可以不同的

20. 从票幅看第五套人民币各券别的票幅宽分为（　　）档，票幅长则按票面大小从 100 元券到 5 元券，以（　　）mm 为级差递减。

  A. 5，3　　　　　　　　　B. 3，5　　　　　　　　C. 3，6

四、实际操作题

  从人民银行申请几张 1999 年版第五套人民币 100 元、50 元面额假币与真币混合在一起，让每个学生自己鉴别出真假钞，并说出是通过什么方法鉴别出来的，其假币有哪些主要特征。

任务实训 2-3　2005 年版第五套人民币的防伪特征分析及实训

日期＿＿＿＿＿＿　班级＿＿＿＿＿＿　学号＿＿＿＿＿＿　姓名＿＿＿＿＿＿　成绩＿＿＿＿＿＿

一、2005 年版第五套人民币的一般防伪特征分析

  2005 年版第五套人民币于 2005 年 8 月 31 日发行，共发行了 100 元、50 元、20 元、10 元、5 元纸币和 1 角硬币 6 种券别。它保持了 1999 年版第五套人民币主图案、主色调，

规格不变,从构成货币的基本要素来说,这不是发行一套新的人民币,而是对现行流通的 1999 年版第五套人民币的继承,也是对 1999 年版第五套人民币的创新和提高。目前,第五套人民币 2005 年版与 1999 年版同时流通。2005 年版第五套人民币的一般防伪特征如下。

1. 2005 年版第五套人民币与 1999 年版的相同之处

(1)2005 年版第五套人民币规格、主景图案、主色调、中国人民银行行名和汉语拼音行名、面额数字、花卉图案、国徽、盲文面额标记、民族文字等票面特征,均与现行流通的 1999 年版的第五套人民币相同。

(2)2005 年版第五套人民币 100 元、50 元纸币的固定人像水印、手工雕刻头像、胶印缩微文字、雕刻凹版印刷等防伪特征,均与现行流通的 1999 年版第五套人民币 100 元、50 元纸币相同。

(3)2005 年版第五套人民币 20 元纸币的固定花卉水印、手工雕刻头像、胶印缩微文字、双色横号码等防伪特征,均与现行流通的 1999 年版第五套人民币 20 元纸币相同。

(4)2005 年版第五套人民币 10 元、5 元纸币的固定花卉水印、白水印、全息磁性开窗式安全线、手工雕刻头像、胶印缩微文字、雕刻凹版印刷、双色横号码等防伪特征,均与现行流通的 1999 年版的第五套人民币 10 元、5 元纸币相同。2005 年版第五套人民币 10 元纸币的阴阳互补的胶印对印图案,与现行流通的 1999 年版的第五套人民币 10 元纸币相同。

2. 2005 年版第五套人民币与 1999 年版的区别

(1)调整防伪特征布局。2005 年版第五套人民币 100 元、50 元纸币正面左下角胶印对印图案调整到正面主景图案左侧中间处,光变油墨面额数字左移至原胶印对印图案处,背面右下角胶印对印古钱币图案调整到背面主景图案右侧中间处。

(2)调整防伪特征。

① 调整光变油墨面额数字和胶印对印图案位置。

② 调整隐形面额数字观察角度。正面右上方有一装饰性图案,观察者将票面置于与眼睛接近水平的位置,面对光源做上下倾斜晃动,分别可以看到"100""50"或"20"等面额数字字样;随观察角度不同,数字可以呈深色或浅色。

③ 将原磁性缩微文字安全线调整为全息磁性开窗式安全线。第五套人民币 2005 年版 100 元、50 元纸币背面中间偏右有一条开窗式安全线,开窗部分分别有由缩微字符"¥100""¥50"组成的全息图案,用仪器检测时,有磁性。2005 年版 20 元纸币正面中间偏左有一条开窗式安全线,开窗部分有由缩微字符"¥20"组成的全息图案。

④ 取消原横竖双号码中的竖号码,第五套人民币 2005 年版 100 元、50 元纸币将横号码改为双色异形横号码。用特定仪器检测时,有磁性。正面左下角印有双色异形横号码,左侧部分为红色,右侧部分为黑色。字符由中间向左右两边逐渐变小,20 元及以下面额钞票未改动。

⑤ 背面主景下方的凹印缩微文字"RMB100"和"人民币"长度适当缩短,不穿过面额数字和"YUAN"。第五套人民币 2005 年版 20 元纸币背面主景图案桂林山水、面额数字、汉语拼音行名、民族文字、年号、行长章等均采用雕刻凹版印刷,用手触摸,有明显凹凸感。

⑥ 调整纸张特种原料,运用中性抄纸技术。

(3)增加防伪特征。

① 白水印。2005 年版第五套人民币 100 元、50 元纸币位于正面双色异形横号码下方,2005 年版第五套人民币 20 元纸币位于正面双色横号码下方,观察者迎光透视,观察者分别可以看到透光性很强的水印"100""50""20"等面额数字字样。

② 防复印图案和凹印手感线。正面主景图案右侧,有一组自上而下规则排列的线纹,

采用雕刻凹版印刷工艺印制，用手指触摸，有极强的凹凸感。

③ 特殊标记。正面行名下方无色荧光油墨印刷图案，增加特种标记，可供机读。

④ 阴阳互补对印图案。2005 年版第五套人民币 20 元纸币正面左下角和背面右下角均有一圆形局部图案，迎光透视时，可以看到正背面的局部图案合并为一个完整的古钱币图案。

此外，2005 年版第五套人民币的背面主景图案下方的面额数字后面，增加了人民币单位元的汉语拼音"YUAN"，年号改为"2005 年"；取消了各券别纸张中的红、蓝彩色纤维。

综上所述，1999 年版第五套人民币 100 元、50 元纸币共有 8 种专业防伪特征，10 种公众防伪特征；2005 年版 100 元、50 元纸币共有 9 种专业防伪特征，11 种公众防伪特征。第五套人民币 2005 年版 100 元、50 元纸币均保留了 1999 年版的 5 种专业防伪特征，调整了 5 种公众防伪特征。

二、填空题

1. 以 2005 年版第五套人民币 100 元为例，在括号内写出各防伪特征，如图 2-4 所示。

（a）正面

（b）反面

图 2-4 2005 年版第五套人民币 100 元样币

1（　　　　　　）	2（　　　　　　）	3（　　　　　　）
4（　　　　　　）	5（　　　　　　）	6（　　　　　　）
7（　　　　　　）	8（　　　　　　）	9（　　　　　　）
10（　　　　　　）	11（　　　　　　）	12（　　　　　　）
13（　　　　　　）	14（　　　　　　）	

2. 识别人民币纸币真伪，通常采用"_____、_____、_____"的方法。

（1）_____。

① 看水印，如图 2-5 所示。

第五套人民币_____元和_____元人像水印

第五套人民币_____元荷花水印

第五套人民币_____元月季花水印

第五套人民币_____元水仙花水印

图 2-5　水印图案

第五套人民币各券别纸币的固定水印位于各券别纸币票面_____的空白处，观察者迎光透视，可以看到立体感很强的水印。100 元、50 元纸币的固定水印为_____。20 元、10 元、5 元纸币的固定水印为_____、_____和_____。2005 年版第五套人民币 100 元、50 元与 1999 年版的相比，增加了相应的_____水印。

② 看安全线，如图 2-6 所示。

100 元安全线　　50 元安全线　　20 元安全线　　10 元安全线　　5 元安全线

图 2-6　安全线图案

第五套人民币纸币在各券别票面正面中间偏左，均有一条_____。1999 年版 100 元、50 元纸币的安全线，观察者迎光透视，分别可以看到缩微文字"_____""_____"，仪器检测均有磁性，但从 2005 年版 100 元、50 元纸币的安全线上分别可以看到的缩微文字是"_____""_____"；20 元纸币，迎光透视，是一条明暗相间的安全线。10 元、5 元纸币安全线为_____安全线，即安全线局部埋入纸张中，局部裸露在纸面上，开窗部分分别可以看到由微缩字符"_____""_____"组成的全息图案，用仪器检测时，有磁性；2005 年版各券别的安全线全部采用_____安全线。

③ 看光变油墨，如图 2-7 所示。

100 元纸币光变油墨印刷　　　50 元纸币光变油墨印刷

图 2-7　光变油墨图案

第五套人民币 100 元券和 50 元券正面左下方的面额数字采用光变油墨印刷。将垂直观察的票面倾斜到一定角度时，100 元券的面额数字会由＿＿色变为＿＿色，50 元券的面额数字则会由＿＿＿色变为＿＿色。

④ 看票面图案是否清晰，色彩是否鲜艳，对接图案是否可以对接上，如图 2-8 所示。

图 2-8　阴阳互补对印图案

第五套人民币纸币的阴阳互补对印图案应用于＿＿＿＿元、＿＿＿＿元和＿＿＿＿元 3 种券别中。这 3 种券别的正面左下方和背面右下方都印有一个圆形局部图案。迎光透视时，可看到两幅图案准确对接，组合成一个完整的古钱币图案。2005 年版各券别的古钱币图案由背面＿＿＿＿调整到背面主景图案＿＿＿＿＿处。

⑤ 用 5 倍以上放大镜观察票面，看图案线条、缩微文字是否清晰干净，如图 2-9 所示。

第五套人民币纸币各券别正面和背面印有胶印缩微文字和凹印缩微文字，均为"＿＿＿＿＿＿"和"＿＿＿＿＿＿"。如 100 元缩微文字为"＿＿＿＿＿＿"和"＿＿＿＿＿＿＿"；5 元为"＿＿＿＿＿＿"和"＿＿＿＿＿＿＿"字样。

第五套人民币 100 元缩微文字

第五套人民币 50 元缩微文字

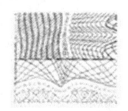

第五套人民币 20 元缩微文字

第五套人民币 10 元缩微文字

第五套人民币 5 元缩微文字

图 2-9　缩微文字图案

（2）＿＿＿＿＿＿。

① 摸人像、盲文点、中国人民银行行名等处是否有＿＿＿＿＿＿，如图 2-10 所示。

图 2-10　凹印部位图案

② 摸纸币是否薄厚适中，挺括度好。

（3）＿＿＿＿＿＿。这是通过抖动钞票使其发出声响，根据声音来分辨人民币真伪。人民币的纸张具有挺括、耐折、不易撕裂的特点。手持钞票用力抖动、手指轻弹或两手一张一弛轻轻对称拉动，能听到＿＿＿＿＿＿的声音。

三、单项选择题

1. 2005 年版第五套人民币公告发行时间是（　　　）。

　　A．2005 年 9 月 1 日　　　　B．2005 年 8 月 31 日　　　C．2005 年 10 月 1 日

2. 截至 2005 年 12 月 31 日第五套人民币共发行（　　　）种面额纸币和（　　　）种面额硬币。

　　A．6，3　　　　　　　　　　B．5，3　　　　　　　　　　C．6，1

3. 2005 年版第五套人民币正面行名下方无色荧光油墨印刷图案，内含（　　　），可供机读。

    A. 缩微文字　　　　　　　　B. 全息图案　　　　　　　　C. 特种标记

4. 第五套人民币各面额纸币的盲文面额标记均在（　　　）。

    A. 正面右下方　　　　　　　B. 正面右上方　　　　　　　C. 正面左下方

5. 2005 年版第五套人民币纸币调整了隐形面额数字公众防伪特征的（　　　）。

    A. 观察角度　　　　　　　　B. 字体　　　　　　　　　　C. 票面位置

6. 2005 年版第五套人民币纸币在正面主景图案右侧增加了公众防伪特征（　　　）。

    A. 白水印　　　　　　　　　B. 双色异形横号码　　　　　C. 凹印手感线

7. 1999 年版第五套人民币和 2005 年版第五套人民币固定人像水印、固定花卉水印位于纸币（　　　）。

    A. 正面右侧空白处　　　　　B. 正面左侧空白处　　　　　C. 背面左侧空白处

8. 2005 年版第五套人民币纸币运用了（　　　）抄纸技术，由专用抄造设备抄制，在紫外光下无荧光反应。

    A. 酸性　　　　　　　　　　B. 中性　　　　　　　　　　C. 碱性

9. 2005 年版第五套人民币纸币取消了纸张中的（　　　）。

    A. 固定人像水印　　　　　　B. 光变油墨面额数字　　　　C. 红、蓝彩色纤维

10. 第五套人民币各面额纸币上的隐形面额数字在票面的（　　　）。

    A. 背面右下方　　　　　　　B. 正面右下方　　　　　　　C. 正面右上方

四、简答题

1. 2005 年版与 1999 年版的第五套人民币相比，有哪些相同之处？

2. 如何观察 2005 年版第五套人民币纸币中的隐形面额数字？

任务实训 2-4　2005 年版第五套人民币 100 元、50 元真假币鉴别实训

日期＿＿＿＿＿＿＿＿　班级＿＿＿＿＿＿＿　学号＿＿＿＿＿＿＿　姓名＿＿＿＿＿＿＿　成绩＿＿＿＿＿＿＿

一、模仿 2005 年版第五套人民币 100 元的假币的主要特征及举例

【例 2-3】2009 年 1 月 19 日，中国人民银行网站公布了 2005 年版第五套人民币 100 元假币的主要特征。

① 纸张。假钞用纸均为一般纸张，不含棉纤维，光滑、绵软、无韧性、偏厚，抖动或用手弹时声音发闷，在紫外光下一般有荧光反应，如图 2-11 所示。

   （a）普通假钞纸张的蓝色荧光反应　　　　　　　　（b）经过处理的假钞纸张的荧光反应

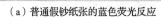

图 2-11　2005 年版第五套人民币 100 元假币的荧光反应

② 水印。假钞水印，一种是在纸张夹层中涂布白色浆料，迎光透视观察时，水印所在的左半边纸张因遮光而显得厚重，如图 2-12 所示；另一种是在票面正面、背面或正背面同时使用无色或白色油墨印刷水印图案，立体感较差，如图 2-13 所示。

假　　　真
图 2-12　假钞水印 1

假　　　真
图 2-13　假钞水印 2

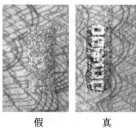
假　　　真
图 2-14　第 1 种伪造安全线

③ 安全线。伪造安全线有以下 4 种。

第 1 种伪造安全线是在钞票正面，使用灰黑色油墨印刷一条深色线条，背面是用灰色油墨印刷开窗部分，无全息图文，或含有极模糊的"¥100"字样。此类伪造安全线无磁性特征，如图 2-14 所示。

第 2 种伪造安全线是在钞票正面，用同样的方法印刷一条深色线条，背面则采用烫印方式将带有"¥100"字样的全息膜转移到票面上，其衍射图案与真钞安全线存在差异，且无磁性特征，如图 2-15 所示。

（a）背面整体图

（b）开窗式安全线局部放大图

图 2-15　2005 年版第五套人民币 100 元假币第 2 种伪造安全线

第 3 种伪造安全线是使用双层纸张，在纸张夹层中放实物线，线与纸张结合较差，线表面印刷磁性油墨。

第 4 种伪造安全线是第 2 种和第 3 种的组合，既有烫印开窗，又有实物安全线置于纸张夹层内，如图 2-16 所示。

（a）背面整体图

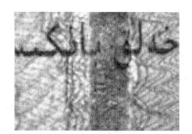
（b）开窗式安全线局部放大图

图 2-16　2005 年版第五套人民币 100 元假币第 4 种伪造安全线

④ 正背主景印刷方式及凹印特征。截至日前，假钞的印刷工艺均是胶印、丝网等平印，

质量很差。有些假钞为模仿真钞的凹印效果，在人像衣服、团花及手感线等凹凸位置使用坚硬金属磨具进行了压痕处理，用手触摸有凹凸效果，如图 2-17 所示。

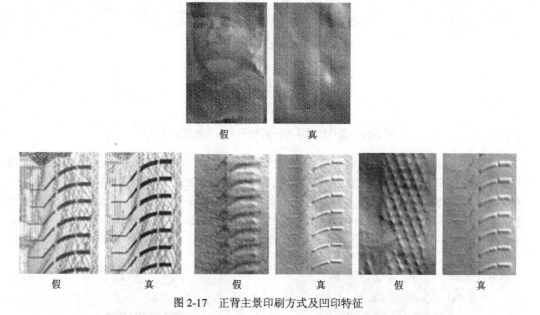

图 2-17　正背主景印刷方式及凹印特征

⑤ 荧光防伪印记。伪造者使用从市场上购置的荧光油墨来模拟真钞的荧光印记，假钞荧光亮度明显低于真钞，颜色与真钞存在差异，如图 2-18 所示。

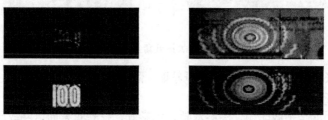

图 2-18　真假钞正背荧光印记对比图（上半部分为假钞）

⑥ 光变油墨面额数字。伪造光变油墨面额数字一种是采用普通单色（ 100 元假钞为绿色 ）胶印，质量较差，无真钞特有的颜色变换特征，用手指触及其表面时无凹凸触感，如图 2-19 所示。

另一种伪造方法是使用珠光油墨丝网印刷，这种假钞有一定的光泽和闪光效果，但其线条粗糙，变色特征与真钞有较明显的区别，只有黄绿色珠光而不具备真钞由绿到蓝的变化，如图 2-20 所示。

图 2-19　真假钞光变油墨对比图（上半部分为假钞）　　图 2-20　假币使用珠光油墨丝网印刷（上半部分为假钞）

⑦ 冠字号码。一般假钞使用普通黑色油墨胶印冠字号码，其形态与真钞冠字存在差异，也不具备磁性特征，且假钞号码不规则、排列凌乱，如图2-21所示。

图2-21 真假钞冠字号码对比图（上半部分为假钞）

【例2-4】点钞机难以识别的100元假人民币。在广东、江苏、安徽等地，发现一种伪造手段巧妙的第五套2005年版100元假币，冠字号码包括"268"等数字。这类假钞通过磁性物质模仿真钞的磁性机读信号，水印的仿真度较以前的伪钞更高；有些假币还粘贴了真钞光变油墨面额数字，对人工和银行自动化设备都有很大的欺骗性。假钞样币如图2-22所示，其简要特征如下。

（a）正面　　　　　　　　　　　（b）反面

图2-22 2005年版第五套人民币100元假币

① 假钞纸张是普通用纸，采用两层纸粘贴，假水印和假安全线在纸张夹层里，在UV光下纸张无荧光反应。

② 假钞使用的是平版印刷，图案清晰，色彩好，在整张票面以网纹压印模仿凸版印刷的手感，背面"100"字样上的反白缩微印刷文字不可读。

③ 假钞水印是以无色浆料在两层纸间模仿，水印暗影处有凸起，白水印比纸张透明，假钞的水印效果有所提高，在UV光下不显影。

④ 开窗式安全线的开窗部分以银色油墨印刷，有反光。同时在纸内粘贴仿制安全线，对光观察时，可看到连续黑线。

⑤ 正面"100"光变油墨部分是剪切、粘贴的真钞，有光变效果。

⑥ 假钞对真钞的红外保护特征没有模仿，紫外光油墨效果和真钞略有不同。

⑦ 通过磁性成像仪器分析，该假钞的磁性部分模仿较好，普通自动化机具难以识别真伪。

⑧ 具体细节对比分析如下（以下图片上方或左方是真钞）。

假钞的紫外光效果和真钞类似，荧光亮度效果稍低一些，如图2-23所示。

假钞的冠字号码部分以磁性墨描画部分黑色号码，模仿真钞磁性特征，如图2-24所示。

假钞中的安全线上抹有磁性物质，模仿真钞的磁信号，如图2-25所示。

假钞的水印效果模仿较好，如图2-26所示。

 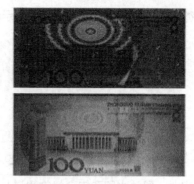

（a）正面 （b）反面

图 2-23　2005 年版第五套人民币 100 元真假币的紫外光效果对比

注：（a）、（b）两图中都是上方为真币，下方为假币

图 2-24　磁性墨描画部分黑色号码（右方为假钞）

 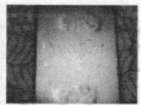

图 2-25　模仿真钞的磁信号（右方为假钞）

图 2-26　真假钞的水印效果对比（右方为假钞）

部分假钞在光变油墨位置剪切、粘贴了真钞的光变油墨数字，如图 2-27 所示。

图 2-27　假钞在光变油墨位置剪切、粘贴了真钞的光变油墨数字（右方为假钞）

假钞缩微印刷文字模糊，如图 2-28 所示。

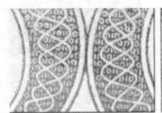

图 2-28　假钞缩微印刷文字模糊（右方为假钞）

透光观察时，假钞水印和安全线效果逼真，欺骗性强，如图 2-29 所示。

图 2-29　2005 年版第五套人民币 100 元假币水印和安全线效果逼真

【例 2-5】2005 年版第五套人民币自 2007 年以来，在我国一些地区陆续发现冠字号码为"HD90""HD95""HB90""CE86""CH31""JD13""TJ38""YT51"和"ED78269834"的高仿真 100 元面额假钞。所谓高仿真，实际上与其他假币一样，都属于机制胶印假币。其纸张、水印、安全线、光变油墨面额数字、阴阳互补对印图案均与真币有明显差别。商业银行验钞机和自动存取款机均能识别，持有人也可以用通常的手摸、眼看识别方法判别出来。

（1）以"HD90"开头的百元假钞。其主要以"HD9026"开头，至少有两种以上版本。较早出现的一个版本，防伪特征少，制作比较粗糙，凭肉眼即可辨别。随后制假者针对验钞机的升级，增加了一些假的防伪特征，质量较差的验钞机难以识别。其简要特征如下。

① 印刷及纸张。该冠字号码假币为机制胶印，纸张较脆，无韧性。

② 水印。固定人像水印及"100"白水印均用无色油墨直接印在纸张正面。其中，水印头像比较模糊，没有立体感，失真比较严重；纸币左下角用光变油墨制作的"100"标记也不会随着视角的不同而改变颜色。

③ 伪造了安全线。目前发现的冠字号码假币有两种安全线：一种是用银黑色磁带夹在正背面纸张中，并在背面用银色油墨烫印全息图案；另一种为用黑色油墨在假币正面印刷黑色条纹、背面用银色油墨烫印全息图案，并刷上磁粉。

④ 光变油墨面额数字。用珠光油墨印制而成，无光变效果。

⑤ 阴阳互补对印图案错位。

⑥ 假币的凹凸感是用坚硬金属模具压制而成的。其中，假币正面右下角的盲文不凸出，没有凹凸感。

⑦ 隐形面额数字用无色油墨印刷，无须旋转角度即可看见面额"100"的字样。

⑧ 编号。从假钞的背面可以看到，编号已经透过纸张正面，可以隐约看到黑色油墨痕迹。同时，真币的编号都是唯一的，而在"HD90"开头的假钞中，则出现了重号的情况。

⑨ 金属线是印上去的。在钞票的金属线处，真钞对着强光可以看到一道明显的黑影，假钞却是一道道并不太明显且断断续续的半透明影子。

（2）以"CE86""CH31"开头的百元假钞。其比"HD"开头的假币仿真度更高。这些假币通过仔细辨认是能辨出真假的，银行的验钞机也能识别。其简要特征如下。

① 假币的左边加重了凹凸感较强的印痕，手摸起来和真币相差不大。

② 许多假币上都印有水印、安全线、阴阳互补对印图案等伪造标志。

③ 制假者将针捆成团，装在小塑料袋中，使用时用成团的针扎假币的人头部位，增加凹凸感，这样的钞票摸起来更有质感，更像真钞。

（3）以"TJ38"开头的百元假钞。其仿真程度与"HD90"相似。其简要特征如下。

① 图案纹理不清晰，票面"100"防伪字体不会变色，防伪金属线不完整。

② 水印线条看起来比较生硬，其正面左下角数字虽能反光，但上面的粉末"撒"出来了。

③ 在逆光观察的情况下，防伪线不完整，断成几截，不连在一起。

④ 均为平版印刷，图案纹理不清晰，票面"100"防伪字体不变色。

（4）以"YT51"开头的百元假钞。这种假钞首次出现于2009年2月23日，即被遂宁市安居区公安分局和金融机关合作查获。由于这种假钞变化多样，逼真度很高，而且相关数字开头的钞票也并非全是假钞，市民很难辨识。市民在鉴别百元钞票时，要多与真钞比较；实在无法鉴别，可以去银行让工作人员帮助辨识。其基本特征如下。

① 纸张劣质，比真钞薄。

② 印刷模糊，特别是头像图案比较模糊。

③ 变色油墨还未达到真钞效果，这是鉴别真假钞的关键。

（5）冠字号码为"ED78269834"的人民币假币。其特征如下。

① 该假币是将"HD90"假币涂改号码而成，用设备观察时，可在号码"ED78"底部隐隐约约看到"HD90"的字迹。

② 假币凹印手感线是用胶水丝印模仿真币的凸起效果，和毛泽东头像衣领附近的凸起效果模仿手法相似，但凸起的位置不在手感线上。

③ 假币光变油墨模仿较好，与真币变色效果相似，转动观察时，可见黄绿色反光或黑绿底色。

（6）通过编码识别真假币。人民币纸币上的编码又称冠字号码。"冠字"是印在纸币上用来标记印刷批次的2个或3个英文字母，由印钞厂按一定规律编排和印刷；"号码"是印在冠字后面的阿拉伯数字流水号，用来标明每张钞票在同冠字批次中的排列顺序。冠字号码是钞票的防伪措施之一。如编号为"WJ135"开头的100元，编号为"FA"开头的50元，编号为"AB77""AB88""AB99"开头的10元币，均为假币。但是，仅凭冠字号码来判别货币的真假是不准确的，还必须辅以其他方法。例如，上述假币的纸张都比较柔软，经常接触钱的人用手一摸就能感觉出来。

（7）变造币。变造币是指采用将票券正面或背面揭开，剪割拼凑、涂改面额等非法手段所变造的人民币。其简要特征如下。

① 以一张变两张。

② 经过分割拼凑多兑。

【例2-6】2014年9月5日，中国人民银行发布有关M3W96假币情况的通报，有多家媒体报道称"M3W96高仿真假币能够通过点验钞机"，引发群众担忧。经过对收缴的M3W96假币进行分析后发现，该类型假币最早出现于2013年3月，其假币特征比较明显，与真币存在较大差异，无法通过合格点验钞机的检验，公众也较易识别，如图2-30所示。

图2-30　M3W96假币

纸币冠字号码排列方式并非人民币防伪技术和特征，如以"M3W"打头的钞票并非都是假钞，所以公众不宜以冠字号码排列方式作为判断人民币真伪的依据。以"M3W"打头的假币有以下七大特征。

（1）对印图案：假币有漏白和错位，如图2-31所示。

（a）对应图案真币　　　（b）对应图案假币

图2-31　对应图案

（2）纸张：假币在紫外光下有荧光反应无荧光纤维，如图2-32所示。

（a）真币荧光反应　　　　　　　　　（b）假币荧光反应

图2-32　2005年版第五套人民币100元真假币的荧光反应

（3）冠字号码：假币字符排列不齐，间隔不规则，如图2-33所示。

（a）真币字符排列　　　（b）假币字符排列

图2-33　冠字号码

（4）安全线：假币的安全线由印刷而成，模糊不清，如图2-34所示。

（5）水印：假币固定人像水印模糊不清，如图2-35所示。

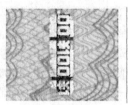 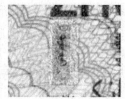

（a）真币安全线　　　　　（b）假币安全线

图 2-34　安全线

（a）真币水印　　（b）假币水印

图 2-35　水印

（6）光变油墨面额数字：假币无变色效果，如图 2-36 所示。

（a）真币光变油墨　　　　（b）假币光变油墨

图 2-36　光变油墨面额数字

（7）缩微文字：假币的缩微文字模糊不清，如图 2-37 所示。

（a）真币缩微文字　　　　（b）假币缩微文字

图 2-37　缩微文字

【例 2-7】2013 年，以"C1F9"开头的高仿真假币在北京现身，媒体报道其能够通过银行点验钞机，引发公众担忧。中国人民银行营业管理部于 2013 年 7 月 4 日专门向媒体进行了说明，表示经现场核实调查和鉴定，此类假币没有任何机读特征，用验钞机完全能够检测，其外观也与真币存在较大差异，眼观手摸也可识别。同年 7 月 5 日央行网站再次发出有关"C1F9 假币"的通报，提醒公众只要保持警惕，掌握基本的人民币防伪常识，就可以避免受到假币的伤害。

通过3种最简单、最有效的方法识别假币：一是"迎光透视"，真币的水印立体感很强，而假币的水印无立体感，制作粗糙；二是"倾斜看"，真币的光变油墨面额数字垂直角度观察为绿色，倾斜一定角度观察为蓝色，而假币没有变色效果；三是"轻轻触摸"，在光线较暗的情况下，可以用手指轻轻触摸钞票正面右侧的凹印手感线、上方"中国人民银行"字迹、中间团花、毛泽东头像等部位，真币有如浮雕一般的凹凸手感，而假币或平滑或经过造假者二次加工出现比较突兀、不均匀的凹凸感。

以"C1F9"开头的假币有如下三大特征，如图2-38所示。

（1）光变油墨面额数字：无变色效果。

（2）水印人像：无立体感，白水印透光效果差。

（3）安全线：印刷而成，制作粗糙。

项目	假币特征描述	真假特征对比图	
		真币	假币
光变油墨面额数字	无变色效果		
水印	固定人像水印无立体感；白水印透光效果较差		
安全线	印刷而成，制作粗糙	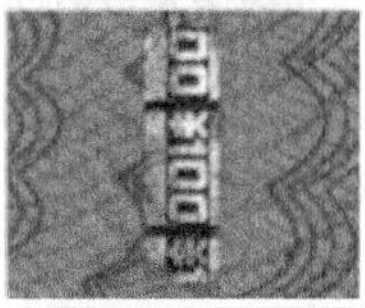	

图2-38　以"C1F9"开头假币三大特征

不法分子往往利用一些群众对假币的警惕性不高而预设"骗局"：一是"鱼目混珠"，在付款或找零时，把一两张假币夹杂在真币中支付给受害人；二是"以假换真"，在换零钱或交易过程中以钞票破损、找不开为借口，趁受害人不备用事先准备好的假钞调换受害人支付的真钞；三是"设局诈骗"，以假币为道具，以拾获财物要求平分等为幌子，实施诈骗。

【例2-8】2015年2月4日消息，2月3日上午株洲市民何先生收到了一张仿真度极高的拼接假币，如图2-39所示。钞票正面左侧约1/4的面积为假币，右侧3/4面积为真币；左侧1/4面积中，左下角"100"字样处也为真币，迷惑性极高。据银行工作人员介绍，由于人民币左下角变色荧光数字技术比较先进，难以仿造，所以不法分子就将真币上的变色荧光数字进行挖剪，用隐形胶水粘补在假币同一位置上。拼接币的特点主要是：迎光透视能看到明显粘贴痕迹；真假币粘贴处线条图案有错位现象；使用验钞机检验钞票真伪时，应综合检测钞票的磁性、水印、荧光油墨图案等多种防伪特征，如图2-40所示。

图 2-39　2005 年版第五套人民币 100 元真币和假币

注：上面为真币，中间为拼接假币，下面是普通假币

图 2-40　2005 年版第五套人民币 100 元拼接假币

注：拼接假币背面有明显的拼接痕迹，"RENMIN"字样有错位现象

二、实际操作题

从人民银行申请几张 2005 年版第五套人民币 100 元、50 元面额假币与真币混合在一起，让每个学生自己鉴别出真假钞，并说出自己是通过什么方法鉴别出来的，其假币有哪些主要特征。

三、单项选择题

1. 第五套人民币 100 元、50 元和 10 元纸币上的胶印对印图案是（　　）。

　　A. 花卉　　　　　　　　　　B. 古钱币　　　　　　　C. 人物头像

2. 第五套人民币 100 元纸币的光变面额数字的颜色变化是由（　　）。

　　A. 蓝变金　　　　　　　　　B. 蓝变黄　　　　　　　C. 绿变蓝

3. 1999 年版第五套人民币 100 元、50 元纸币共有（　　）种专业防伪特征，第五套人民币 2005 年版 100 元、50 元纸币共有（　　）种专业防伪特征。

　　A. 8，9　　　　　　　　　　B. 8，10　　　　　　　　C. 9，9

4. 1999 年版第五套人民币 100 元、50 元纸币共有（　　）种公众防伪特征，第五套人民币 2005 年版 100 元、50 元纸币共有（　　）种公众防伪特征。

　　A. 9，10　　　　　　　　　　B. 9，11　　　　　　　　C. 10，11

5. 2005 年版第五套人民币 100 元、50 元纸币均保留了 1999 年版 100 元、50 元纸币的（　　）种专业防伪特征。

　　A. 3　　　　　　　　　　　　B. 4　　　　　　　　　　C. 5

6. 2005 年版第五套人民币 100 元、50 元纸币均调整了（　　）种公众防伪特征。

　　A. 3　　　　　　　　　　　　B. 4　　　　　　　　　　C. 5

7. 2005 年版第五套人民币 100 元、50 元纸币的冠字号码颜色是（　　）。

　　A. 暗红色、黑色　　　　　　B. 红色、黑色　　　　　　C. 红色、蓝色

8. 2005 年版第五套人民币 100 元纸币背面主景下方的凹印缩微文字"RMB100""人民币"做了（　　）的调整。

A．长度适当缩短 　　　　　B．字体适当缩小 　　　　C．字体适当增大

9．2005 年版第五套人民币 100 元、50 元纸币安全线包含的防伪措施是（　　　）。

A．全息图案、缩微文字、开窗和荧光

B．全息图案、磁性、开窗和荧光

C．全息图案、缩微文字、开窗和磁性

10．2005 年版第五套人民币 100 元、50 元纸币的冠字号码是（　　　）。

A．双色横号码 　　　　　　　B．双色异形横号码 　　　　C．横竖双号码

四、简答题

1．2005 年版第五套人民币与 1999 年版第五套人民币 100 元纸币相比，增加了哪些防伪特征？

2．2005 年版第五套人民币与 1999 年版第五套人民币 100 元纸币相比，防伪特征做了哪些调整？

任务实训 2-5 　2015 年版第五套人民币的一般防伪特征分析及实训

日期＿＿＿＿＿＿班级＿＿＿＿＿＿学号＿＿＿＿＿＿姓名＿＿＿＿＿＿成绩＿＿＿＿＿＿

一、2015 年版第五套人民币 100 元纸币的一般防伪特征

中国人民银行于 2015 年 11 月 12 日起发行 2015 年版第五套人民币 100 元纸币。2015 年版第五套人民币 100 元纸币在保持 2005 年版纸币规格、正背面主图案、主色案、中国人民银行行名、国徽、盲文和汉语拼音行名、民族文字等不变的前提下，对部分图案做了适当调整，对整体防伪性能进行了提升，如图 2-41 和图 2-42 所示。2015 年版第五套人民币 100 元纸币发行后，与同面额流通人民币等值流通。2015 年版第五套人民币 100 元纸币的一般防伪特征如下。

图 2-41 　2015 年版第五套人民币 100 元纸币的正面图案

图 2-42 　2015 年版第五套人民币 100 元纸币的反面图案

1. 光变镂空开窗安全线

安全线位于票面正面右侧，垂直票面观察时，安全线呈品红色；与票面成一定角度观察时，安全线呈绿色，如图 2-43 所示。透光观察时，可见安全线中正反交替排列的镂空文字"100"，如图 2-41 所示①的位置。

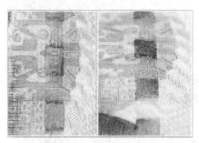

图 2-43　光变镂空开窗安全线

2. 光彩光变数字

垂直票面观察时，数字以金色为主；平视观察时，数字以绿色为主，如图 2-44 所示。随着观察角度的改变，数字颜色在金色和绿色之间变化，并可见一条光带上下滚动，如图 2-41 所示②的位置。

图 2-44　光彩光变数字

3. 人像水印

人像水印位于票面正面左侧空白处，即图 2-41③的位置。观察者透光观察，可见毛泽东头像（见图 2-41 所示③的位置），如图 2-45 所示。

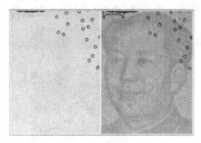

图 2-45　人像水印

4. 胶印对印图案

票面正面左下方和背面右下方均有面额数字"100"的局部图案，如图 2-46 所示。观察者透光观察，可见正背面图案组成一个完整的面额数字"100"，如图 2-41 所示④的位置。

图 2-46　胶印对印图案

5. 横竖双号码

票面正面左下方采用横号码，其冠字和前两位数字为暗红色，后六位数字为黑色；右侧竖号码为蓝色（见图 2-41 所示⑤的位置），如图 2-47 所示。

图 2-47　横竖双号码

6. 白水印

白水印位于票面正面横号码下方。透光观察时，可看到透光性很强的水印面额数字"100"（见图 2-41 所示⑥的位置），如图 2-48 所示。

图 2-48　白水印

7. 雕刻凹印

票面正面毛泽东头像、国徽、中国人民银行行名、右上角面额数字、盲文及背面人民大会堂等均采用雕刻凹印印刷，用手指触摸有明显的凹凸感（见图 2-41 和图 2-42 所示⑦的位置），如图 2-49 所示。

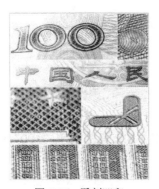

图 2-49　雕刻凹印

二、2015 年版与 2005 年版第五套人民币 100 元纸币的图案区别

2015 年版与 2005 年版第五套人民币 100 元纸币相比，2015 年版第五套人民币 100 元纸币在保持规格、正背面主图案和主色调等不变的情况下，对图案做了以下调整。

1. 正面图案主要调整

（1）取消了票面右侧的凹印手感线（如图 2-4 所示 6 的位置）、隐形面额数字（如图 2-4 所示 5 的位置）和左下角的光变油墨面额数字（如图 2-4 所示 7 的位置）。

（2）票面中部增加了光彩光变数字（如图 2-41 所示②的位置），票面右侧增加了光变镂空开窗安全线（如图 2-41 所示②的位置）和竖号码（如图 2-41 所示⑤的位置）。

（3）票面右上角面额数字由横排改为竖排，并对数字样式做了调整（如图 2-41 所示⑦的位置）；中央团花图案中心花卉色彩由橘红色调整为紫色，取消花卉外淡蓝色花环，并对团花图案、接线形式做了调整；胶印对印图案由古钱币图案改为面额数字"100"，并由票面左侧中间位置调整至左下角（如图 2-41 所示④的位置）。

2. 背面图案主要调整

（1）取消了右侧的全息磁性开窗安全线（如图 2-4 所示 12 的位置）和右下角的防复印标记。

（2）减少了票面左右两侧边部胶印图纹，适当留白；胶印对印图案由古钱币图案（如图 2-4 所示 4 的位置）改为面额数字"100"，并由票面右侧中间位置调整至右下角；面额数字"100"上半部颜色由深紫色调整为浅紫色，下半部由大红色调整为橘红色，并对线纹结构进行了调整；票面局部装饰图案色彩由蓝、红相间调整为紫、红相间；左上角、右上角面额数字样式均做了调整。

（3）年号调整为"2015 年"。

三、2015 年版第五套人民币 100 元纸币的防伪技术和印制质量

2015 年版第五套人民币 100 元纸币在 2005 年版第五套人民币 100 元纸币的基础上，增加了防伪性能较高的光彩光变数字、光变镂空开窗安全线、磁性全埋安全线等防伪特征，提升了人像水印等的防伪性能，改变了原有的冠字号码字形并增加了竖号码。根据防伪技术的新发展，取消了 2005 年版第五套人民币 100 元的光变油墨面额数字、隐形面额数字、凹印手感线 3 项防伪特征。总体来看，2015 年版第五套人民币 100 元纸币集成应用的防伪技术更为先进，布局更为合理，防伪技术水平较 2005 年版 100 元纸币有明显提升。

1. 光彩光变数字

光彩光变技术是国际钞票防伪领域公认的前沿公众防伪技术之一，公众更容易识别。目前全世界已有包括中国、俄罗斯、欧元区在内的多个国家和地区的钞票采用了该技术。2015 年版第五套人民币 100 元纸币在票面正面中部印有光彩光变数字。垂直观察票面时，数字"100"以金色为主；平视观察时，数字"100"以绿色为主。随着观察角度的改变，数字"100"颜色在金色和绿色之间交替变化，并可见到一条亮光带在数字上下滚动。

2. 光变镂空开窗安全线

安全线位于票面正面右侧。当观察角度由直视变为斜视时，安全线颜色由品红色变为绿色；透光观察时，可见安全线中正反交替排列的镂空文字"¥100"。光变镂空开窗安全线对光源要求不高，颜色变化明显，同时集成镂空文字特征，有利于公众识别。

3. 原有的一些防伪技术和印制质量有了提升

2015 年版第五套人民币 100 元纸币还对原有的一些防伪技术和印制质量进行了提升，

如人像水印清晰度明显提升，层次更加丰富；采用了横竖双号码，并改变了原有的冠字号码字形，更符合公众识别习惯和机器读取要求，有利于冠字号码的识别与记录，也有利于防范变造货币。

四、填空题

以2015年版第五套人民币100元为例，在括号内写出各防伪特征（见图2-41和图2-42所示100元纸币）。

1（　　　　　　　　　　）　　　2（　　　　　　　　　　　　　　）

3（　　　　　　　　　　）　　　4（　　　　　　　　　　　　　　）

5（　　　　　　　　　　）　　　6（　　　　　　　　　　　　　　）

7（　　　　　　　　　　）

五、简答题

1. 为什么要发行2015年版第五套人民币100元纸币？

2. 2015年版第五套人民币100元纸币的图案与2005年版第五套人民币100元纸币的图案有什么区别？

3. 2015年版第五套人民币100元纸币相比于2005年版第五套人民币100元纸币的防伪技术和印制质量有哪些改进和提升？

4. 2015年版第五套人民币100元纸币为什么要采用横竖双号码？

5. 2015年版第五套人民币100元纸币为什么要使用光变镂空开窗安全线和磁性全埋安全线两条安全线？

六、模仿2015年版第五套人民币100元的假币的主要特征及举例

【例2-9】货币战场从来就硝烟弥漫。自有纸币起，就不断有不法分子以身试法，铤而走险地制造假币以牟取暴利。有强防伪性的2015版100元人民币，也没有逃过制假者的罪恶之手。2015年新版人民币100元发行不久，就有媒体在2016年3月28日报道了浙江绍兴某银行发现并收缴了1张2015年新版100元假币的消息，这也是媒体首次报道有金融机构收缴新版百元假钞。这张2015年新版100元券的机制伪造币，冠字号码为QA36414810，纸张绵软，没有真钞的厚实感与质地感（见图2-50）。2018年上海银行又发现1张采用彩色打印方式伪造而成的2015年新版100元券纸币假币。尽管不法分子的造假手段不断翻新，但从纸张、油墨、线条和图案来观察，假币与真币仍有较大差异，稍加注意，极易发现。

图2-50　2015年新版人民币100元假币

综观各种类型新版100元券假币，其主要特征大体如下。

① 光变镂空开窗安全线明显为油墨印制，垂直观察时为品红色，平行视线时仍为品红

色，无法显示为绿色，且安全线上无"100"字样。

② 光彩光变数字从垂直与平行角度观察均为棕色，无有色光带。

③ 透光看人像水印时，水印图像与真币水印相比较，不管是头发、眼睛还是嘴巴都不符合原头像，也未透光。

④ 白水印"100"面额数字，平放时即显示为"100"。

⑤ 胶印对印"100"数字，透光看时存在错位。

⑥ 冠字号码大小不一致。

⑦ 毛泽东头像、国徽、中国人民银行行名、人民大会堂、右上角面额数字、盲文均不存在雕刻凹印。

任务实训 2-6　1999 年版和 2005 年版第五套人民币 20 元真假币鉴别实训

日期_____　班级_____　学号_____　姓名_____　成绩_____

一、模仿 1999 年版第五套人民币 20 元的假币的主要特征及举例

【例 2-10】某市查获的第五套人民币 20 元假币如图 2-51 所示。其主要特征如下。

(a)正面

(b)反面

图 2-51　1999 年版第五套人民币 20 元假币

（1）纸张：采用普通书写纸，在紫外灯光照射下，票面呈蓝白色荧光反应。

（2）水印：采用淡黄色油墨印在钞票背面水印位置的表面；对背面进行垂直观察时，能看到一个线条简单的淡黄色花卉印刷图案；正面迎光透视时，看不到固定花卉水印；背面迎光透视时，固定花卉水印轮廓模糊，没有浮雕立体效果。

（3）印刷：票面颜色较浅；采用胶版印刷，表面平滑，正、背面主要图案无凹版印刷效果，墨色平滑不厚实；票面线条均由网点组成，呈点状结构；手工雕刻头像线条粗糙，立体感差。

（4）安全线：将浅褐色油墨印在钞票正面安全线部位，垂直观察和迎光透视时，安全线模糊不清。

（5）红、蓝彩色纤维：将红、蓝油墨印在钞票的表面。

（6）胶印缩微文字：模糊不清。

（7）凹印缩微文字：平滑、模糊不清。

（8）隐形面额数字：无隐形面额数字。

（9）冠字号码：双色横号码中的黑色部分无磁性。

（10）无色荧光油墨印刷图案：在紫外灯光照射下，无色荧光油墨"20"较淡，颜色浓度及荧光强度较差。

（11）有色荧光油墨印刷图案：无有色荧光油墨印刷图案。

（12）无色荧光纤维：无无色荧光纤维。

（13）凹印接线技术：两种颜色之间过渡不流畅。

二、2005 年版与 1999 年版第五套人民币 20 元纸币的区别

1. 增加的公众防伪特征

① 白水印，位于正面双色横号码下方，迎光透视时，可以看到透光性很强的水印"20"字样。

② 凹印手感线，正面主景图案右侧，采用雕刻凹版印刷工艺印制，有极强的凹凸感。

③ 胶印对印图案，正面左下角和背面右下角均有一圆形局部图案，迎光透视时，可以看见正背面的局部图案合并为一个完整的古钱币图案。

2. 调整的专业防伪特征

① 凹印缩微文字，正面凹印缩微文字保持不变。背面主景下方面额数字后增加拼音"YUAN"，凹印缩微文字"RMB20"和"人民币"字样长度适当缩短；左下角面额数字"20"中，印有反白的凹印缩微文字"20"字样。

② 凹印接线印刷，正面凹印接线印刷保持不变。背面左下角面额数字"20"字样采用雕刻凹版印刷，不同颜色对接完整。

③ 调整纸张特种原料，运用中性抄纸技术，取消了红、蓝彩色纤维。

3. 调整的公众防伪特征

① 背面主景图案桂林山水、面额数字、汉语拼音行名、少数民族文字、年号、行长印章等均调整为雕刻凹版印刷。

② 调整隐形面额数字观察角度。

③ 将原安全线调整为全息磁性开窗安全线。

三、单项选择题

1. 第五套人民币 20 元纸币背面的主景图案是（　　　）。

　　A. 长江三峡　　　　　　　　B. 布达拉宫　　　　　　C. 桂林山水

2. 第五套人民币 20 元纸币背面中间部位在紫外光下显现（　　　）色荧光图案。

　　A. 黄　　　　　　　　　　　B. 绿　　　　　　　　　C. 橘黄

3. 第五套人民币 20 元纸币正面右侧及下方图案中，印有胶印缩微文字（　　　）字样。

　　A. "RMB20"　　　　　　　　B. "RMB"和"20"　　　C. "20"

4. 为完善币制，满足市场货币流通的需要，第五套人民币在第四套的基础上，新增加了（　　　）元面额钞票。

　　A. 20　　　　　　　　　　　B. 50　　　　　　　　　C. 100

5. 2005 年版第五套人民币 20 元纸币调整了（　　　）种公众防伪特征。

A. 2   B. 3   C. 4

6. 在第五套人民币的纸张中，加入的无色荧光纤维在特定波长的紫外光下呈现（   ）。

     A. 红色和蓝色   B. 蓝色和绿色   C. 蓝色和黄色

7. 第五套人民币的防伪措施在票面正面按（   ）分布。

     A. 环形   B. "十"字形   C. 三角形

8. 2005 年版第五套人民币 20 元、10 元、5 元纸币的冠字号码是（   ）。

     A. 双色横号码   B. 双色异形横号码   C. 横竖双号码

9. 第五套人民币纸币背面右上方印有汉语拼音和（   ）少数民族文字的"中国人民银行"字样。

     A. 蒙、藏、回、满 4 种   B. 蒙、藏、维、壮 4 种   C. 蒙、满、回、维 4 种

10. 第五套人民币各面额纸币的冠字号码均采用（   ）位冠字、（   ）位号码。

     A. 2，8   B. 2，6   C. 2，10

四、简答题

1. 2005 年版第五套人民币 20 元纸币增加的公众防伪特征有哪些？

2. 2005 年版第五套人民币 20 元纸币调整的专业防伪特征有哪些？

任务实训 2-7   1999 年版和 2005 年版第五套人民币 10 元、5 元真假币鉴别实训

日期_____ 班级_____ 学号_____ 姓名_____ 成绩_____

一、模仿第五套人民币 10 元的假币的主要特征分析

① 假币纸张比真币厚，有的为两张纸复合而成；纸质松软，挺括度较差，在紫外光下有较强的荧光反应。

② 全息开窗安全线有两种伪造方式。第 1 种是用银色油墨间隔地涂抹或印刷在假币表层，第 2 种是将镀铝塑料薄膜安全线间隔穿入假币表层。两种伪造安全线均具有磁性，第 2 种伪造安全线的亮度明显高于真币。

③ 固定花卉水印是用浅色油墨加盖在假币背面的，迎光透视时，图形模糊，无层次感，在紫外光下有紫红色荧光反应。正面冠字号码无"10"字样白水印。

④ 假币表面的彩色纤维是印刷上去的，且固定在同一位置上。纸张内不含无色荧光纤维。

⑤ 假币正背面图案、线条均采用电子分色、平版网点印刷，线条模糊，图案缺乏层次，无凹印手感。在放大镜下观察时，线条、图案均由网点组成，无胶印、凹印缩微文字。正面右上方椭圆形图案内无隐形数字"10"字样。

⑥ 在紫外光下观察时，正面行名下方胶印底纹处无无色荧光油墨印刷的面额数字"10"字样，背面土黄色胶印图纹无黄色荧光反应。

⑦ 冠字号码采用胶印印刷。经磁性检测仪检测，号码有磁性。

二、2005 年版与 1999 年版第五套人民币 10 元纸币的异同

（1）2005 年版与 1999 年版第五套人民币 10 元纸币相比，保留的公众防伪特征有固定

花卉水印、白水印、全息磁性开窗安全线、手工雕刻头像、胶印缩微文字、胶印对印图案、雕刻凹版印刷和双色横号码。

（2）2005 年版 10 元纸币做了以下几点调整和改进。

① 增加防复印图案和凹印手感线。

② 调整了胶印对印图案位置。

③ 调整了隐形面额数字的观察角度，更便于观察。

④ 纸张运用中性抄纸技术制造，取消了红、蓝彩色纤维。

三、2005 年版与 1999 年版第五套人民币 5 元纸币的异同

（1）2005 年版 5 元纸币与 1999 年版 5 元纸币的相比，保留了 1999 年版的主要防伪特征。第五套人民币 2005 年版 5 元纸币在规格、主景图案、主色调、中国人民银行行名和汉语拼音行名、面额数字、花卉图案、国徽、盲文面额标记、少数民族文字等方面均与 1999 年版相同。

（2）做了以下几点调整和改进。

① 票面正面增加了凹印手感线，背面左下方增加了汉语拼音"YUAN"，年号为"2005 年"；内部增加了特种标记和防复印技术。

② 调整了隐形面额数字的观察角度，观察更方便，调整了凹印缩微文字。

③ 纸张运用中性抄纸技术制造，取消了红、蓝彩色纤维。

四、实际操作题

从人民银行申请几张第五套人民币 1999 年版和 2005 年版 20 元、10 元、5 元面额假币与真币混合在一起，让每个学生自己鉴别出真假钞，并说出自己是通过什么方法鉴别出来的，其假币有哪些主要特征。

五、单项选择题

1. 1999 年版第五套人民币 10 元纸币于（　　　）开始发行。
   A. 1999 年 10 月 1 日　　　　B. 2001 年 9 月 1 日　　　　C. 2002 年 11 月 18 日

2. 第五套人民币 10 元纸币的主色调为（　　　）。
   A. 蓝色　　　　　　　　　　B. 紫色　　　　　　　　　　C. 蓝黑色

3. 第五套人民币最早使用全息磁性开窗安全线的是（　　　）。
   A. 1999 年版的 20 元券　　　B. 1999 年版的 10 元券　　C. 1999 年版的 5 元券

4. 第五套人民币 10 元纸币安全线包含的防伪措施是（　　　）。
   A. 全息、磁性、开窗　　　　B. 磁性、荧光、开窗　　　　C. 全息、荧光、开窗

5. 1999 年版第五套人民币 10 元纸币首先采用了白水印防伪技术，迎光透视，在横号码的下方可以看见非常明显的"（　　　）"字样白水印。
   A. 10　　　　　　　　　　　B. RMB　　　　　　　　　　C. RMB10

6. 第五套人民币 10 元纸币背面下方凹印缩微文字是（　　　）。
   A. "10"和"人民币"　　　　　B. "RMB10"和"人民币 10"
   C. "RMB10"和"人民币"

7. 第五套人民币 100 元和 50 元纸币的水印采用的是毛泽东头像，10 元纸币的水印是（　　　）图案。
   A. 毛泽东头像　　　　　　　B. 月季花　　　　　　　　　C. 长江三峡

8. 第五套人民币 5 元纸币正面主景是（　　）图案，背面主景是（　　）图案。

A. 毛泽东头像；人民大会堂　　B. 毛泽东头像；布达拉宫

C. 毛泽东头像；泰山

9. 第五套人民币 5 元纸币采用的是双色冠字号码，其号码的后（　　）位数是黑色的。

A. 4　　　　　　　　　　B. 5　　　　　　　　　　C. 6

10. 第五套人民币 5 元纸币的白水印图案是（　　）。

A. "5"　　　　　　　　　B. 水仙花　　　　　　　C. "RMB5"

11. 1999 年版第五套人民币（　　）面额纸币采用了双水印。

A. 100 元、50 元　　　　B. 20 元、10 元　　　　C. 10 元、5 元

12. 第五套人民币 5 元纸币的固定花卉水印是（　　）图案。

A. 兰花　　　　　　　　B. 荷花　　　　　　　　C. 水仙花

13. 第五套人民币 5 元纸币的主色调为（　　）。

A. 紫色　　　　　　　　B. 蓝黑色　　　　　　　C. 棕色

14. 2005 年版第五套人民币 10 元、5 元纸币均调整了（　　）种公众防伪特征。

A. 1　　　　　　　　　　B. 2　　　　　　　　　　C. 3

15. 2005 年版第五套人民币 10 元、5 元纸币对（　　）公众防伪特征进行了调整。

A. 雕刻凹版印刷　　　　　B. 隐形面额数字

C. 全息磁性开窗安全线　　D. 手工雕刻头像

六、简答题

1. 1999 年版与 2005 年版第五套人民币 10 元纸币的异同点有哪些？

2. 简述 1999 年版与 2005 年版第五套人民币 5 元纸币的异同点。

任务实训 2-8　第四套和第五套人民币 1 元、5 角、1 角真假币鉴别实训

日期_____　班级_____　学号_____　姓名_____　成绩_____

一、第四套人民币 1 元面额硬币的主要特征分析

第四套人民币 1 元硬币材质为钢芯镀镍，正面为国徽，在国徽的上方内缘有 "ZHONGGUO RENMIN YINHANG" 字样及年号。背面为牡丹花，在牡丹花的右上方有面额 "1 元" 及 "YIYUAN" 汉语拼音，在靠近清边的内侧均匀分布着小珠点。图纹文字整体完整、清晰、饱满，清边均匀，币外缘为圆柱面。

二、第四套人民币 1 元面额假硬币的主要特征分析

目前发现的假硬币为第四套人民币 1 元券。第四套人民币 1 元面额假硬币模压工艺差，图纹模糊，镀层薄，较易生锈腐蚀。例如，国徽麦穗模糊，绶带层次感差，细条纹分辨不清；国徽中五角星立体感差，五角星的尖角有长有短，顶部圆滑；背面牡丹花蕊模糊不清等。

三、1999 年版第五套人民币硬币的主要特征分析

1999 年版第五套人民币硬币与前几套人民币硬币相比，采用了大面额数字，方便流通。1 元硬币增加了边部滚动技术，增加了硬币的防伪功能。5 角硬币的材质首次采用钢芯镀铜合金，具有色泽光亮、不易锈蚀等特性，该硬币填补了我国硬币币材的空白。总之，第五套人民币防

伪技术无论是在数量上、质量上还是总体防伪效果上，较前四套人民币有了显著提高。

四、第五套人民币2005年发行的1角硬币与2000年发行的1角硬币的区别

① 材质不同。第五套人民币1角硬币2000年发行的材质是铝合金，2005年发行的材质是不锈钢。

② 色泽不同。第五套人民币1角硬币2000年发行的色泽为铝白色，2005年发行的色泽为钢白色。

五、鉴别硬币的主要方法

硬币的鉴别方法主要有对比测定法、测量称重法、图纹重合比照法和合金成分分析法。

六、1999年版第五套人民币1元纸币的公众防伪特征

（1）1999年版第五套人民币1元纸币的公众防伪特征有固定花卉水印、手工雕刻头像、隐形面额数字、胶印缩微文字、雕刻凹版印刷、双色横号码、防复印图案、凹印手感线。其中，凹印手感线是人民币印制最早采用的防伪特征。

（2）在特定波长的紫外光下，可看到纸张中不规则分布的黄色和蓝色荧光纤维，以及采用无色荧光油墨印刷的面额数字"1"字样的图案。

（3）采用有色荧光油墨印刷的浅棕色胶印图纹，在特定波长的紫外光下显现黄色荧光图案。

七、单项选择题

1. 第五套人民币1元、5角、1角硬币背面主景图案分别是（　　　）。
   A. 菊花、梅花、牡丹花　　　　B. 牡丹花、荷花、兰花
   C. 菊花、荷花、兰花

2. 第五套人民币1元硬币的直径是（　　　）。
   A. 25mm　　　　　　　　　　B. 25.5mm　　　　　　　C. 30mm

3. 第五套人民币5角硬币的材质是（　　　）。
   A. 钢芯镀镍　　　　　　　　B. 黄铜合金　　　　　　C. 钢芯镀铜合金

4. 第五套人民币硬币外缘采用边部滚字防伪技术的是（　　　）。
   A. 1元硬币　　　　　　　　B. 5角硬币　　　　　　　C. 1角硬币

5. 第五套人民币5角硬币外缘为间断丝齿，共有(　　　)个丝齿段，每个丝齿段有(　　　)个齿距相等的丝尺。
   A. 6，8　　　　　　　　　　B. 4，6　　　　　　　　C. 8，4

6. 人民币印制最早采用凹印手感线防伪特征的是（　　　）。
   A. 1999年版第五套人民币10元纸币
   B. 1999年版第五套人民币1元纸币
   C. 2005年版第五套人民币100元纸币

7. 第五套人民币1元纸币背面的主景图案是（　　　）。
   A. 泰山　　　　　　　　　　B. 西湖　　　　　　　　C. 桂林山水

8. 1999年版第五套人民币1元纸币的固定花卉水印是（　　　）图案。
   A. 兰花　　　　　　　　　　B. 荷花　　　　　　　　C. 水仙花

9. 1999年版第五套人民币1元纸币共有（　　　）种公众防伪特征，共有（　　　）种专

业防伪特征。

    A. 5；7   B. 5；8   C. 6；8

    10. 1999 年 10 月 1 日起，中国人民银行开始发行第五套人民币，其中没有发行（   ）面额钞票。

    A. 5 角   B. 1 元   C. 2 元

八、填空题

    1. 我国目前流通的金属硬币共有_____、_____、_____、_____、_____、_____ 6 种面额。

    2. 第五套人民币 1 元硬币与第四套人民币 1 元硬币相比，增加了_____防伪特征。

    3. 第五套人民币 1 元硬币色泽为_____，直径为_____mm，材质为_____，币外缘为圆柱面，并印有_____字符标记。

    4. 1999 年 10 月 16 日发行的第五套人民币 1 角硬币色泽为_____，直径为_____mm，材质为_____。2005 年 8 月 31 日发行的第五套人民币 1 角硬币材质为_____，色泽为_____。

    5. 目前在市场上发现的假硬币主要有两种造假方式，一是_____，二是_____。

    6. 第五套人民币 1999 年版 1 元纸币和 2005 年版纸币都在票面正面主景图案_____侧使用了_____防伪特征。

    7. 第五套人民币 1 元纸币背面浅棕色胶印图案，在特定波长紫外光下显现_____色荧光图案。

    8. 1999 年版第五套人民币 1 元纸币正面左侧_____图案及面额数字"1"字样，采用凹印接线印刷，不同颜色对接完整。

    9. 将 2005 年版第五套人民币纸币置于与眼睛接近平行的位置，面对光源做_____倾斜晃动，可以看到隐形面额数字部位出现纸币面额的阿拉伯数字字样。

    10. 第五套人民币纸币的胶印对印图案在迎光观察时，正背面图案重合并组合成一个完整的_____图案。

九、实际操作题

    从人民银行申请几枚第四套人民币 1 元面额假硬币与真硬币混合在一起，让每个学生自己鉴别出真假硬币，并说出自己是通过什么方法鉴别出来的，其假硬币有哪些主要特征。

任务实训 2-9　真假人民币鉴别综合实训

日期_____　班级_____　学号_____　姓名_____　成绩_____

一、填空题

    1. 中华人民共和国的法定货币是_____，它的单位是_____，它的辅币单位是_____、_____。

    2. 人民币简写符号为_____，人民币国际货币符号为_____。

    3. 1999 年 10 月 1 日，中国人民银行发行了第五套人民币 1999 年版_____纸币；2000 年 10 月 16 日，发行了第五套人民币 1999 年版_____纸币、_____和_____硬币；2001 年 9 月 1 日，发行了第五套人民币 1999 年版_____、_____纸币；2002 年 11 月 18 日，发行了第五套人民币 1999 年版_____纸币、_____硬币；2004 年 7 月 30 日，发行了第五套人民币 1999 年版_____纸币。

4. 2005 年 8 月 31 日，中国人民银行发行了第五套人民币 2005 年版_____、_____、_____、_____、_____纸币和_____硬币。

5. 根据世界大多数国家对货币防伪技术的分类，货币防伪通常划分为_____、_____、_____。

6. 纸币的防伪措施主要体现在_____、_____和_____等几个方面。

7. 货币专用纸张的主要原料是_____，且未添加任何增白剂，因为钞票本身没有荧光反应。

8. 人民币是用专用特制纸张印制而成的，具有_____、_____、_____等特点。

9. 第五套人民币专用纸张在紫外灯下_____荧光反应。

10. 大部分假人民币所使用的纸张在紫外光下有较强_____反应。

11. 钞票上的水印图案具有较强的_____、_____和_____。

12. 第五套人民币正面团花的设计：100 元为茶色；50 元为_____；20 元为_____；10 元为_____；5 元为_____；1 元为_____。

13. 人民币纸币水印的观察方式是_____。

14. 第五套人民币 1 元、5 角、1 角硬币背面主景图案分别为_____、_____、_____。

15. 伪造人民币水印一般有两种方法：一种是在纸张夹层中涂布_____，透光观察时，水印所在位置的纸张明显偏厚；另一种是在票面正面、背面或正背面同时使用_____印刷类似的水印图案，该图案无须仰光透视也清晰可见，_____较差。

16. 纸币真伪的识别通常采用直观对比和仪器检测相结合的方法，即通常所说的_____、_____、_____、_____。

17. 在特定波长的紫外光下可以看到第五套人民币纸张中有不规则分布的_____色和_____色荧光纤维。

18. 第五套人民币各面额纸币正面行名下方胶印底纹处，在特定波长的紫外灯下可以看到_____，该图案采用了_____油墨印刷，可供机读。

19. 第五套人民币纸币正面主景毛泽东头像，采用_____凹版印刷工艺，形象逼真、传神，凹凸感强，易于识别。

20. 第五套人民币纸币正面的主景毛泽东头像、中国人民银行行名、_____面额标记等均采用了雕刻凹版印刷，用指触摸有明显凹凸感。

21. 凹版印刷是钞票印刷应用历史最长、最普及、最有效的防伪技术。其特点，一是_____，手感强；二是_____。

22. 人民币中，第一次将白水印作为公众防伪措施公布的是第五套人民币 1999 年版_____元纸币。

23. 1999 年版第五套人民币纸币纸张中的红、蓝彩色纤维丝_____分布。

24. 1999 年版第五套人民币_____元、_____元、_____元纸币采用了胶印对印图案的防伪措施。

25. 第五套人民币 100 元纸币的正面上方椭圆形图案中有_____文字，在放大镜下可以观察到"_____"和"_____"字样。

26. 第五套人民币 100 元纸币的凹印缩微文字分布在票面背面下方，所印的文字为"_____""_____"。

27. 第五套人民币 100 元、50 元纸币正面左下角的面额数字"100""50"在与票面垂直的角度进行观察时，分别是_____色和_____色，倾斜一定角度则分别变为_____色和_____色，这个防伪点的名称是_____。

28. 第五套人民币各券别纸币冠字号码均采用_____位冠字、_____位号码。第五套人民币 1999 年版 100 元、50 元纸币均为_____，横号码均为_____色，竖号码分别为_____色和_____色；20 元、10 元、5 元纸币均为_____，左侧部分均为_____色，右侧部分均为_____色。

29. 第五套人民币 100 元纸币票幅长_____ mm、宽_____ mm。

30. 第五套人民币 100 元、50 元纸币采用了立体感很强的_____水印，该水印均位于票面正面_____空白处。

31. 第五套人民币 100 元纸币票面正面国徽右侧底纹中有胶印缩微文字，在放大镜下可看到"_____"和"_____"字样。

32. 第五套人民币正面的装饰花纹精选了具有中国传统历史文化特色和民族特色，并有一定经典意义的纹饰。100 元采用了_____的花纹；50 元是_____的挑绣；20 元是_____的纹路；10 元则是_____的花纹。

33. 第五套人民币 100 元、50 元、20 元、10 元、5 元、1 元背面主景图案分别为_____图案、_____图案、_____图案、_____图案、_____图案、_____图案。

34. 第五套人民币纸币的主色调 100 元是_____、50 元是_____、20 元是_____、10 元是_____、5 元是_____，第五套人民币 1999 年版 1 元纸币的主色调是_____。

35. 1999 年版第五套人民币 100 元、50 元纸币采用的是_____安全线，迎光观察时，分别可见"_____""_____"的字样；第五套人民币 2005 年版 100 元、50 元纸币采用的是_____安全线，在开窗部分，分别可见缩微字符"_____""_____"组成的全息图案。

36. 2005 年版第五套人民币 100 元、50 元安全线的开窗部分位于纸币____面，第五套人民币 1999 年版 10 元、5 元和第五套人民币 2005 年版 20 元、10 元、5 元安全线的开窗部分位于纸币____面。

37. 2005 年版第五套人民币各券别纸币取消的公众防伪特征是_____。

38. 2005 版第五套人民币____元、____元、____元、____元纸币采用了胶印对印图案的防伪措施。

39. 2005 版第五套人民币_____、_____、_____、_____、_____纸币采用了透光性很强的白水印技术。

40. 2005 年版第五套人民币 100 元纸币与 1999 年版 100 元纸币比较，调整的公众防伪措施有胶印对印图案、光变油墨面额数字、_____、隐形面额数字、_____。

41. 2005 年版第五套人民币 100 元、50 元纸币的双色异形横号码的字符变化特点是_____。

42. 2005 年版第五套人民币 100 元、50 元纸币与 1999 年版 100 元、50 元纸币比较，隐形面额数字的调整是指对_____的调整。

43. 2005 年版第五套人民币____元和____元纸币采用了双色异形横号码。

44. 2005 年版第五套人民币____元、____元、____元纸币在冠字号码下方增加了白水印防伪特征。

45. 第五套人民币 100 元纸币背面主景上方椭圆形图案中的红色线纹，在特定波长的紫外光下显现_____色荧光图案。

46. 第五套人民币 50 元纸币背面主景上、下方胶印图案中的黄绿色线纹，在特定波长的紫外光下显现_____色荧光图案。

47. 第五套人民币 50 元纸币正面左侧及背面左下角的面额数字"50"字样，采用凹印接线印刷，____色和_____色两种墨色对接完整。

48. 第五套人民币 10 元、20 元、50 元纸币票面的宽度均为____mm，其中，10 元纸币的票面长度为 140mm，20 元纸币为_____mm，50 元纸币为_____mm。

49. 1999 年版第五套人民币 20 元纸币迎光观察可见一条_____的安全线。

50. 2005 年版第五套人民币 20 元纸币正面左侧及背面左下角的面额数字"20"字样，采用凹印接线印刷，_____色和_____色两种墨色对接完整。

51. 第五套人民币 20 元纸币背面中间，在特定波长的紫外光下显现_____色荧光图案。

52. 第五套人民币 10 元纸币背面土黄色胶印图纹，在特定波长的紫外光下呈现黄色荧光图案，此种防伪特征为_____图案。

53. 第五套人民币 10 元纸币正面左侧及背面左下角的面额数字"10"字样，采用凹印接线印刷，_____色和_____色两种墨色对接完整。

54. 第五套人民币 10 元纸币和 5 元纸币采用的是_____安全线，开窗部分分别可见缩微字符____、____组成的全息图案，仪器检测安全线有_____。

55. 第五套人民币 5 元纸币正面左侧及背面左下角的面额数字"5"字样，采用凹印接线印刷，_____色和_____色、_____色和_____色分别对接完整。

二、多项选择题

1. 中国人民银行发行新版人民币应当公告的内容包括（   ）、主色调、主要特征等。
   A. 发行时间　　　　　　　　B. 面额　　　　　　　　C. 图案
   D. 式样　　　　　　　　　　E. 发行目的

2. 1999 年版第五套人民币（   ）面额的纸币采用的是双面凹印。
   A. 100 元　　　　　　　　　B. 50 元　　　　　　　　C. 20 元
   D. 10 元　　　　　　　　　　E. 5 元

3. 水印从艺术效果看，可分为（   ）等类型。
   A. 墨水印　　　　　　　　　B. 白水印　　　　　　　C. 多层次水印
   D. 固定水印　　　　　　　　E. 模压水印

4. 以下（   ）防伪措施是在纸张抄造过程中实现的。
   A. 手工雕刻头像　　　　　　B. 水印　　　　　　　　C. 荧光安全线
   D. 磁性号码　　　　　　　　E. 特种安全纤维

5. 以下（   ）防伪措施须迎光透视观察。
   A. 光变油墨　　　　　　　　B. 水印　　　　　　　　C. 隐形面额数字
   D. 胶印对印图案　　　　　　E. 凹印缩微文字

6. 常见的安全线施放技术有（   ）等技术。
   A. 全埋式施放　　　　　　　B. 开窗式施放　　　　　C. 双安全线施放
   D. 全息式施放　　　　　　　E. 半埋式施放

7. 1999 年版第五套人民币纸币采用的安全线有（   ）。
   A. 磁性缩微文字安全线　　　B. 明暗相间的安全线　　C. 隐性彩色线条安全线
   D. 全息磁性开窗安全线　　　E. 磁性荧光安全线

8. 2005 年版第五套人民币 100 元、50 元纸币公众防伪特征调整了（   ）的位置。
   A. 隐形面额数字　　　　　　B. 光变油墨面额数字　　C. 胶印对印图案
   D. 手工雕刻头像　　　　　　E. 盲文标记

9. 2005 年版 100 元、50 元纸币对专业防伪特征（　　　）进行了调整。

A. 雕刻凹版印刷　　　　　　B. 凹印缩微文字　　　　　　C. 冠字号码

D. 抄纸工艺　　　　　　　　E. 胶印对印图案

10. 2005 年版第五套人民币 100 元纸币增加的公众防伪特征是（　　　）。

A. 胶印对印图案　　　　　　B. 光变油墨面额数字　　　　C. 凹印手感线

D. 白水印　　　　　　　　　E. 凹印缩微文字

11. 2005 年版第五套人民币 50 元纸币正面（　　　）是采用雕刻凹版印刷的。

A. 头像　　　　　　　　　　B. 行名　　　　　　　　　　C. 国徽

D. 对印图案　　　　　　　　E. 含隐形数字的装饰图案

12. 硬币的防伪措施主要体现在（　　　）等方面。

A. 材质　　　　　　　　　　B. 形状　　　　　　　　　　C. 图纹

D. 铸造工艺　　　　　　　　E. 外缘

13. 第五套人民币取消了传统设计以（　　　）为框的设计形式，整个票面呈开放式结构，增加了防伪功能。

A. 花边　　　　　　　　　　B. 花蕊　　　　　　　　　　C. 花纹

D. 花色　　　　　　　　　　E. 花球

14. 1999 年版第五套人民币只有（　　　）元纸币在双色横号码下方使用了白水印防伪特征，并在 2005 年版中继续使用。

A. 5　　　　　　　　　　　B. 10　　　　　　　　　　　C. 20

D. 50　　　　　　　　　　　E. 100

15. 变造币是指在真币的基础上，利用（　　　）重印等多种方法制作，使其改变形态的假币。

A. 挖补　　　　　　　　　　B. 揭层　　　　　　　　　　C. 涂改

D. 拼凑　　　　　　　　　　E. 移位

三、实际操作题

以小组为单位，将从人民银行申请的假钞提供给各组学生鉴别。注意提示学生可以从一个或多个防伪特征上寻找突破口，发现伪造的痕迹。最后教师总结假钞的种类、主要伪造特征及快速识别技巧。

四、简答题

1. 人民币防伪的主要特征有哪些？
2. 简述第五套假人民币的类型和特点。
3. 简述真假人民币的识别方法。

任务实训 2-10　用 C9 票证视像分析仪鉴别人民币的步骤及实训

日期　　　　　　班级　　　　　　学号　　　　　　姓名　　　　　　成绩　　　　　

以 2005 年版 100 元人民币为例，说明 C9 票证视像分析仪（如图 2-52 所示）的按键功能，如图 2-53 所示。鉴别步骤如下。

图 2-52　C9 票证视像分析仪

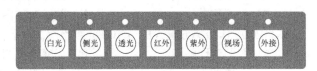

图 2-53　C9 票证视像分析仪按键

　　把设备与电源相连，打开设备左侧电源开关。操作控制面板上相应的光源按钮，打开光源开始使用。

　　1. 按"白光"键

　　按"白光"键是白光模式，再按"视场"键则可放大 10 倍看票面颜色、图案，这样更清晰。

　　（1）看缩微文字，如图 2-54 所示。

　　观测模式：白光模式。

　　真钞特点：缩微文字 RMB100 字迹清晰。

　　伪钞特点：缩微文字 RMB100 字迹模糊。

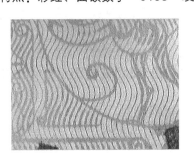

图 2-54　缩微文字

　　（2）看胶印节色印刷，如图 2-55 所示。

　　观测模式：白光模式。

　　真钞特点：对接完整，无重叠、无漏白。

　　伪钞特点：对接有痕迹、黑线，有重叠、有漏白。

　　（3）看开窗式全息安全线，如图 2-56 所示。

　　观测模式：白光模式。

　　真钞特点：随角度改变，有彩虹效果，可见面额数字"¥100"。

　　伪钞特点：彩虹、面额数字"¥100"凌乱不清。

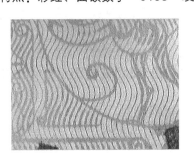

图 2-55　胶印节色印刷

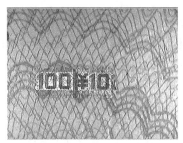

图 2-56　开窗式全息安全线

　　（4）看专色印刷，如图 2-57 所示。

　　观测模式：白光模式。

　　真钞特点：共有 3 种颜色色块。

　　伪钞特点：有的也有 3 种颜色色块，但颜色暗淡、不鲜艳。

　　2. 按"侧光"键

　　通过"视场"键切换白光侧光和红外侧光，看凹凸感、黑白图案，看横号码、盲文。

　　（1）看盲文、凹印手感线，如图 2-58 所示。

　　观测模式：侧光模式。

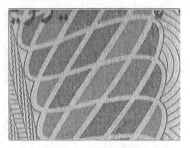

图 2-57 专色印刷

图 2-58 看盲文、凹印手感线

真钞特点：可见明显的凹印效果。

伪钞特点：是平的，没有凹下去的感觉。

（2）看凹印国徽图案，如图 2-59 所示。

观测模式：侧光模式。

真钞特点：线条细密，有立体感。

伪钞特点：线条凌乱、模糊，没有立体感。

（3）看凹印面额数字，如图 2-60 所示。

观测模式：侧光模式。

真钞特点：有立体感。

伪钞特点：没有立体感。

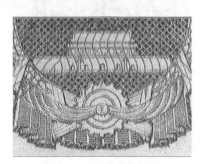

图 2-59 凹印国徽图案

图 2-60 凹印面额数字

（4）看变色油墨，如图 2-61 所示。

观测模式：侧光模式。

真钞特点：从不同角度观测时有变色效果，光变油墨用该仪器看不是很明显。

伪钞特点：从不同角度观测时有的不变色，有的即使变色也不是由绿色变为蓝色。

（5）看凹印缩微文字，如图 2-62 所示。

观测模式：侧光模式。

真钞特点：可见缩微文字"100"。

伪钞特点：有的看不到缩微文字"100"；有的能看到，但字迹不清晰，笔画不直。

3. 按"透光"键

按"透光"键，再按红外键 1 次是白光透光，用白光透光看票面是彩色的；按 2 次是红外透光，用红外透光看票面是白色的。

（1）水印头像，如图 2-63 所示。

（2）白水印面额数字，如图 2-63 所示。

图 2-61 变色油墨

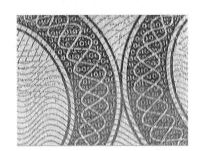

图 2-62 凹印缩微文字

观测模式：透光模式。

真钞特点：看毛泽东水印头像，立体感强；看白水印面额数字，真钞"100"面额数字呈凹下去的效果。

伪钞特点：线条凌乱，图案色彩层次暗淡不清，水印呆板、失真、模糊、无立体感；面额数字没有凹下去的效果，字是印上去的，粗细不一。

（3）看安全线，如图 2-64 所示。

观测模式：透光模式。

真钞特点：一条连续的黑色线条。

伪钞特点：黑色线条是间断的。

图 2-63 水印头像、白水印面额数字

图 2-64 安全线

（4）看阴阳互补正反对印图案古钱币，如图 2-65 所示。

观测模式：透光模式。

真钞特点：正反面图像对接完整，无重叠、无漏白。

伪钞特点：有错位、重叠、漏白。

图 2-65 阴阳互补正反对印图案古钱币

图 2-66 荧光安全纤维

4. 按"紫外"键

有双紫外光模式、前紫外光源和后紫外光源。

（1）看荧光安全纤维，如图 2-66 所示。

观测模式：365nm 紫外光模式。

真钞特点：可见荧光安全纤维，看纤维丝效果主要看钞票背面，1999 年版纤维丝用肉眼能看到，2005 年版纤维丝用肉眼看不到。

伪钞特点：也可见细小的荧光安全纤维。

（2）看隐形荧光面额数字，如图 2-67 所示。

观测模式：365nm 紫外光模式。

真钞特点：可以看见面额数字"100"。

伪钞特点：有的假币看不到面额数字"100"，有的能看到，但笔画不直，是弯曲的。

（3）看荧光图案。

观测模式：365nm 紫外光模式。

真钞特点：有荧光反应。

伪钞特点：背面五角星的圆形图案有各种颜色，连接处有痕迹。

5. 按"视场"键

有全幅视场（大）、特征视场（小）两种模式。

6. 按"外接"键

与外接器 C-Micro 显微光谱分析仪配合使用，如图 2-68 所示，图案放大后，更清晰。

图 2-67 隐形荧光面额数字

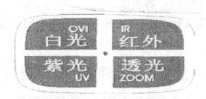

图 2-68 C-Micro 显微光谱分析仪

（1）"白光（OVI）"按键功能。

① 按"白光（OVI）"按键 1 次：启动显微光谱分析仪白光顶光模式。

② 按"白光（OVI）"按键 2 次：启动显微光谱分析仪白光半侧光模式。

③ 按"白光（OVI）"按键 3 次：启动显微光谱分析仪白光侧光模式。

（2）"红外（IR）"按键功能。

① 按"红外（IR）"按键 1 次：启动显微光谱分析仪 850nm 红外侧光模式。

② 按"红外（IR）"按键 2 次：启动显微光谱分析仪 940nm 红外侧光模式。

③ 按"红外（IR）"按键 3 次：启动显微光谱分析仪 850nm/940nm 红外光交替模式。

（3）"紫光（UV）"按键功能。

按下"紫外（UV）"按键：启动显微光谱分析仪紫外光模式。

（4）"透光（ZOOM）"按键功能。

① 按"透光（ZOOM）"按键 1 次：启动显微光谱分析仪定向白光模式。

② 按"透光（ZOOM）"按键 2 次：启动显微光谱分析仪 90° 定向白光模式。

③ 按"透光（ZOOM）"按键 3 次：启动显微光谱分析仪透光模式。

任务二 假币的处理

第一部分 相 关 知 识

假币的处理是一项政策性、技术性很强的工作。2000年5月1日起施行的《中华人民共和国人民币管理条例》（2018年3月19日第二次修订）和2003年7月1日起施行的《中国人民银行假币收缴、鉴定管理办法》（2020年4月1日起施行《中国人民银行货币鉴别及假币收缴、鉴定管理办法》，原《办法》废止），对如何处理假币做出了规定。

一、发现和处理假币的基本概念

根据上述法规，货币是指人民币和外币。人民币是指中国人民银行依法发行的货币，包括纸币和硬币；外币是指在我国境内（我国香港特别行政区、我国澳门特别行政区及我国台湾地区除外）可收兑的其他国家或地区的法定货币。

办理货币存取款和外币兑换业务的金融机构（简称"金融机构"）是指商业银行、城乡信用社、邮政储蓄的业务机构。

中国人民银行授权的鉴定机构是指具有货币真伪鉴定技术与条件，并经中国人民银行授权的商业银行业务机构。

中国人民银行及其分支机构对假币收缴、鉴定实施监督管理，并由中国人民银行负责解释。

二、金融机构发现假币的处理

金融机构在办理业务时，发现假币后的处理流程如图2-69所示。

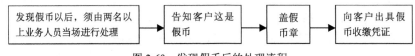

图2-69 发现假币后的处理流程

① 由该金融机构两名以上业务人员当面予以收缴。

② 对假人民币纸币，应当面加盖"假币"字样的戳记。

③ 对假外币纸币及各种假硬币，应当面以统一格式的专用袋加封，封口处加盖"假币"字样戳记，并在专用袋上标明币种、券别、面额、张（枚）数、冠字号码、收缴人、复核人名章等细项。

④ 收缴假币的金融机构向持有人出具中国人民银行统一印制的假币收缴凭证，并告知持有人如对被收缴的货币真伪有异议，可向中国人民银行当地分支机构或中国人民银行授权的当地鉴定机构申请鉴定。

⑤ 收缴的假币不得再交予持有人。

三、防、反假币基本操作流程

防、反假币基本操作流程如图2-70所示。

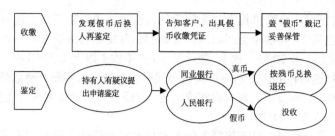

图 2-70　防、反假币基本操作流程

① 告知、盖章。柜员发现假币时应立即告知假币持有人（交存现金的单位和个人），并由两名柜员当面鉴定无误后，在假币正面水印窗和背面中间位置加盖"假币"戳记。

② 开具凭证。柜员发现假币后，开具一式三联假币收缴凭证，收缴凭证上加盖银行业务公章及操作员名章，经持有人签字（如持有人拒绝签字，收缴人可在收缴凭证上注明）后，第一联留存收缴网点，并凭此登记假币没收登记簿，第二联随假币实物上交银行库管员，第三联交假币持有人。

③ 登记、保管。金融机构应对收缴的假币实物进行单独管理，建立假币收缴代保管登记簿，并于每季末解缴中国人民银行当地分支行。

④ 金融机构在收缴假币过程中，应告知持有人如下权利：持币人如对被收缴的货币真伪有异议，可以在 3 个工作日内向中国人民银行当地分支机构或中国人民银行授权的当地鉴定机构申请鉴定；持币人对假币收缴程序有异议的，可以在 60 个工作日内向中国人民银行当地分支机构申请行政复议或依法提起行政诉讼。

⑤ 进一步鉴定。持有人若对收缴货币的真伪有异议，可以自收缴之日起 3 个工作日内，持假币收缴凭证直接或通过收缴单位向中国人民银行当地分支机构或中国人民银行授权的当地鉴定机构，如中国工商银行、中国农业银行、中国银行、中国建设银行提出书面鉴定申请。中国人民银行分支机构和中国人民银行授权的鉴定机构应当无偿提供鉴定货币真伪的服务，不得拒绝受理持有人、金融机构、授权的鉴定机构提出的货币真伪鉴定申请。鉴定机构应当自收到鉴定申请之日起两个工作日内，通知收缴单位报送需要鉴定的货币。收缴单位应当自收到鉴定单位通知之日起两个工作日内，将需要鉴定的货币送达鉴定单位。鉴定机构鉴定货币真伪时，应当至少有两名鉴定人员同时参与，并做出鉴定结论。鉴定后应出具中国人民银行统一印制的《货币真伪鉴定书》，并加盖货币鉴定专用章和鉴定人名章，将鉴定证明复印件（或一式两联证明的其中一联）交持有人，鉴定证明附假币收缴凭证后保管。

取得授权的鉴定机构，应当在营业场所公示授权证书。

⑥ 对鉴定结果的处理。对盖有"假币"字样戳记的人民币纸币，经鉴定为真币的，由鉴定单位交收缴单位按照面额兑换完整券退还持有人，收回持有人的假币收缴凭证；盖有"假币"戳记的人民币按损伤人民币处理。对盖有"假币"字样戳记的人民币纸币，经鉴定为假币的，由鉴定单位予以没收，并向收缴单位和持有人开具货币真伪鉴定书和假人民币没收收据。

对收缴的外币纸币和各种硬币，经鉴定为真币的，由鉴定单位交收缴单位退回持有人，并收回假币收缴凭证；经鉴定为假币的，由鉴定单位将假币退回收缴单位依法收缴，并向收缴单位和持有人出具货币真伪鉴定书。

四、假币管理

① 柜员条件。根据《中国人民银行假币收缴、鉴定管理办法》第八条规定，办理假币收缴业务的人员应当取得《反假货币上岗资格证书》。

② 假币报告制度。金融机构在收缴假币的过程中，遇到以下情况应当立即报告当地公安机关（辖区派出所）、监察保卫部和财务会计部，并提供有关线索：一次性发现假币人民币20张（枚）以上（含20张、枚）、假外币10张（枚）以上（含10张、枚）的；属于利用新的造假手段制造假币的；有制造贩卖假币线索的；持有人不配合金融机构收缴行为的，金融机构应按防假、反假货币工作报告制度报告；发现新版和批量假货币也要及时逐级报告，并加强与所在地公安部门的联系。

③ 《中华人民共和国人民币管理条例》对持有或发现他人持有假人民币的处理规定如下：禁止伪造、变造人民币；禁止出售、购买伪造、变造的人民币；禁止走私、运输、持有、使用伪造、变造的人民币。单位或个人持有伪造、变造的人民币的，应当及时上交中国人民银行、公安机关或者办理人民币存取款业务的金融机构；发现他人持有伪造、变造的人民币的，应当立即向公安机关报告。

④ 中国人民银行各分支机构在复点清分金融机构解缴的回笼款时发现假人民币的，应经鉴定后予以没收，向解缴单位开具假人民币没收收据，并要求其补足等额人民币回笼款。金融机构收缴的假币，每季末解缴中国人民银行当地分支行，由中国人民银行统一销毁，任何部门不得自行处理。

⑤ 对于金融机构在假币收缴、鉴定过程中有下列行为之一，但尚未构成犯罪的，由中国人民银行给予警告、罚款。同时，责成金融机构对相关主管人员和其他直接责任人给予相应纪律处分：发现假币而不收缴的；未按照《中国人民银行假币收缴、鉴定管理办法》规定程序收缴假币的；应向中国人民银行和公安机关报告而不报告的；截留或私自处理收缴的假币，或使已收缴的假币重新流入市场。上述行为涉及假人民币的，对金融机构处以 1 000元以上 5 万元以下罚款；涉及假外币的，对金融机构处以 1 000 元以下的罚款。

⑥ 中国人民银行授权的鉴定机构如拒绝受理持有人、金融机构提出货币真伪鉴定申请的；未按照规定程序鉴定假币的；截留或私自处理鉴定、收缴的假币，或使已收缴、没收的假币重新流入市场，但尚未构成犯罪的，由中国人民银行给予警告、罚款，同时责成金融机构对相关主管人员和其他直接责任人给予相应纪律处分。涉及假人民币的，由中国人民银行对授权的鉴定机构处以 1 000 元以上 5 万元以下罚款；涉及假外币的，处以 1 000 元以下的罚款。

五、国家有关法律规定

《中华人民共和国银行法》规定：变造人民币、出售变造的人民币或者明知是变造的人民币而运输，构成犯罪的，依法追究刑事责任；情节轻微的，由公安机关处 15 日以下拘留、5 000 元以下罚款。购买伪造、变造的人民币或者明知是伪造、变造的人民币而持有、使用，构成犯罪的，依法追究刑事责任；情节轻微的，由公安机关处 15 日以下拘留、5 000 元以下罚款。

未经中国人民银行批准，任何单位和个人不得研制、仿制、引进、销售、购买和使用印制人民币所特有的防伪材料、防伪技术、防伪工艺和专用设备。

中国人民银行工作人员有下列行为之一，但尚未构成犯罪的，对直接负责的主管人员和其他直接责任人员，依法给予行政处分：未按照本办法规定程序鉴定假币的；拒绝受理持有人、金融机构、授权的鉴定机构提出的货币真伪鉴定或再鉴定申请的；截留或私自处理鉴定、收缴、没收的假币，或使已收缴、没收的假币重新流入市场的。

《中华人民共和国刑法》规定：伪造货币的，处 3 年以上 10 年以下有期徒刑，并处 5 万元以上 50 万元以下罚金。有下列情形之一的，处 10 年以上有期徒刑、无期徒刑或者死刑，并处 5 万元以上 50 万元以下罚金或者没收财产；伪造货币集团的首要分子；伪造货币数额特别巨大的；有其他特别严重情节的。明知是伪造的货币而持有、使用，数额特大的，处 3 年以下有期徒刑或者拘役，并处或者单处 1 万元以上 10 万元以下罚金；数额特大的，处 3 年以上 10 年以下有期徒刑，并处 2 万元以上 20 万元以下罚金；数额特别巨大的，处 10 年以上有期徒刑，并处 5 万元以上 50 万元以下罚金或没收财产。变造货币，数额较大的，处 3 年以下有期徒刑或者拘役，并处或者单处 1 万元以上 10 万元以下罚金；数额巨大的，处 3 年以上 10 年以下有期徒刑，并处 2 万元以上 20 万元以下罚金。

第二部分　任　务　实　训

任务实训 2-11　发现假币的处理实训

日期_____班级_____学号_____姓名_____成绩_____

一、填空题

1.《中国人民银行假币收缴、鉴定管理办法》所称假币是指_____和_____的货币。

2. 依照《中国人民银行假币收缴、鉴定管理办法》，对假币收缴、鉴定实施监督管理的部门是_____及其分支机构。

3.《中国人民银行假币收缴、鉴定管理办法》所称办理货币存取款和外币兑换业务的金融机构是指_____、_____、_____的业务机构。

4. 金融机构应对收缴的假币实物进行_____，并建立_____登记簿。

5. 金融机构收缴假币时，一次性发现假人民币 20 张（枚）以上的，应当立即报告_____，并提供有关线索。

6. 中国人民银行授权的鉴定机构不得拒绝受理_____、_____提出的货币真伪鉴定申请。

7. 中国人民银行不得拒绝受理_____、_____、_____提出的货币真伪鉴定申请。

8. 中国人民银行分支机构和中国人民银行授权的鉴定机构应当_____鉴定货币真伪的服务。

9. 办理货币存取款和外币兑换业务的金融机构人员，应当取得《_____》，方能办理假币收缴业务。

10. 中国人民银行授权的鉴定机构，应当在营业场所公示_____。

11. 收缴单位应当自收到鉴定单位通知之日起_____内，将需要鉴定的货币送达鉴定单位。

12. 对盖有"假币"字样戳记的人民币纸币，经鉴定为真币的，由鉴定单位交收缴单位按面值兑换_____退还持有人，收回持有人的假币收缴凭证；盖有"假币"戳记的人民币按_____处理。

13. 对收缴的外币纸币和各种硬币，经鉴定为真币的，由鉴定单位交收缴单位_____，并收回_____。

14. 收缴的_____和各种硬币，经鉴定为假币的，由鉴定单位将假币退回收缴单位_____，并向收缴单位和持有人出具货币真伪鉴定书。

15. 金融机构收缴的假币，应于_____解缴中国人民银行当地分支行，由中国人民银行统一销毁，任何部门不得自行处理。

16. 持有人对被收缴货币的真伪有异议的，可以自收缴之日起__个工作日内，持_____直接或通过收缴单位向中国人民银行当地分支机构或中国人民银行授权的当地鉴定机构提出_____申请。

17. 金融机构收缴的假外币纸币及各种假硬币，应使用统一格式的专用袋加封，封口处分加盖_____字样戳记，并在专用袋上标明币种、券别、面额、张（枚）数、冠字号码、_____、_____名章等细项。

18. 金融机构收缴假币时，发现有制造贩卖假币线索或利用新的造假手段制造假币的，应当立即报告_____。

19. 金融机构在办理业务时发现假币，由该机构2名以上业务人员_____予以收缴。中国人民银行或授权鉴定机构，在办理货币真伪鉴定时，应当至少有_____鉴定人员同时参与，并做出鉴定结论。

20.《中国人民银行假币收缴、鉴定管理办法》所称的外币是指在我国境内（我国香港特别行政区、我国澳门特别行政区及我国台湾地区除外）可收兑的其他国家或地区的_____。

二、单项选择题

1.《中华人民共和国人民币管理条例》是于（　　）起实施的。
    A. 2000年10月1日   B. 2001年5月1日   C. 2000年5月1日

2.《中国人民银行假币收缴、鉴定管理办法》自（　　）起施行。
    A. 2003年4月9日   B. 2003年7月1日   C. 2003年9月1日

3.《中国人民银行假币收缴、鉴定管理办法》由（　　）负责解释。
    A. 国务院   B. 全国人大常委会   C. 中国人民银行

4.《中国人民银行假币收缴、鉴定管理办法》中所称货币是指（　　）。
    A. 人民币和外币   B. 人民币纸币和硬币
    C. 人民币纸币和外币纸币

5.《中国人民银行假币收缴、鉴定管理办法》所称外币是指在（　　）。
    A. 其他国家或地区流通的法定货币
    B. 自由兑换货币和特别提款权
    C. 我国境内可收兑的其他国家或地区的法定货币

6. 未经（　　）批准，任何单位和个人不得研制、仿制、引进、销售、购买和使用印制人民币所特有的防伪材料、防伪技术、防伪工艺和专用设备。
    A. 中国人民银行   B. 国家专利局   C. 中国印钞造币总公司

7. 金融机构在办理业务时发现假人民币纸币，应当面加盖（　　）字样的戳记，并对实物进行单独保管。
    A. "伪造币"   B. "变造币"   C. "假币"

8. 收缴假币的金融机构应向持有人出具中国人民银行统一印制的（　　）。
    A. 假币没收凭证   B. 假币收缴凭证   C. 假币鉴定凭证

9. 金融机构收缴的假币，应于（　　）末解缴中国人民银行当地分支机构。
    A. 每月   B. 每季   C. 每年

10. 中国人民银行分支机构和中国人民银行授权的鉴定机构应当无偿提供鉴定货币真伪

的服务，鉴定后应出具中国人民银行统一印制的货币真伪鉴定书，并加盖（　　）。

    A. 货币鉴定专用章   B. 鉴定人名章

    C. 货币鉴定专用章和鉴定人名章

11. 中国人民银行分支机构和中国人民银行授权的鉴定机构应自受理假币鉴定之日起（　　）个工作日内，出具货币真伪鉴定书。因情况复杂不能在规定期限完成的，可延长至（　　）个工作日的，必须以书面形式说明原因。

    A. 15；30   B. 10；20   C. 7；15

12. 持有人对中国人民银行分支机构做出的有关鉴定假币的具体行政行为有异议，可在收到《货币真伪鉴定书》之日起（　　）个工作日内向其上一级机构申请行政复议，或依法提起行政诉讼。

    A. 60   B. 30   C. 10

13. 金融机构未按照《中国人民银行假币收缴、鉴定管理办法》规定程序收缴假币的，由（　　）给予警告、罚款；同时，责成金融机构对相关人员和其他直接责任人给予相应纪律处分。

    A. 司法机关   B. 中国人民银行   C. 公安机关

14. 对中国人民银行授权的鉴定机构截留或私自处理鉴定、收缴的假外币，或使已收缴、没收的假外币重新流入市场的行为处以（　　）的罚款。

    A. 1 000 元以下   B. 1 000 元以上 50 000 元以下

    C. 2 000 元以上

15. 中国人民银行工作人员拒绝受理持有人、金融机构提出的货币真伪鉴定，对直接负责的主管人员和其他直接负责人员，依法给予（　　）。

    A. 1 000 元以下的罚款   B. 1 000 元以上 50 000 元以下的罚款

    C. 行政处分

16. 金融机构、公安机关收缴和没收的假币由（　　）统一销毁。

    A. 中国人民银行授权的国有商业银行   B. 公安机关

    C. 中国人民银行

17. 伪造货币的，处（　　）年以上（　　）年以下有期徒刑，并处 5 万元以上 50 万元以下罚金。

    A. 3；10   B. 2；5   C. 5；10

18. 出售、购买伪造的货币或者明知是伪造的货币而运输，数额较大的，处 3 年以下有期徒刑或者拘役，并处（　　）元以上（　　）元以下罚金。

    A. 1 万；5 万   B. 2 万；20 万   C. 5 万；10 万

19. 变造货币，数额较大的，处（　　）年以下有期徒刑或者拘役，并处或者单处 1 万元以上 10 万元以下罚金。

    A. 3   B. 5   C. 10

20. 明知是伪造的货币而持有、使用，数额巨大的，处 3 年以上 10 年以下有期徒刑，并处（　　）元以上（　　）元以下罚金。

    A. 2 万；20 万   B. 1 万；10 万   C. 5 万；20 万

21. 明知是伪造的货币而持有、使用，数额特别巨大的，处 10 年以上有期徒刑，并处（　　）元以上（　　）元以下罚金或者没收财产。

    A. 5 万；50 万   B. 5 万；10 万   C. 5 万；20 万

22. 经查实，某金融机构发现假人民币而未收缴，按照规定，中国人民银行可以对该机构处以（　　　）。

    A. 1 000 元以下罚款　　　　　　B. 1 000 元以上 5 万元以下罚款

    C. 5 000 元以上 5 万元以下罚款

23. 经查实，某金融机构一次性发现并收缴了 1 元面额假人民币 25 张，但未报告中国人民银行和公安机关，按照规定，中国人民银行对该机构应处以（　　　）。

    A. 1 000 元以下罚款　　　　　　B. 1 000 元以上 5 万元以下罚款

    C. 5 000 元以上 5 万元以下罚款

24. 我国管理人民币的主管机关是（　　　）。

    A. 财政部　　　　　　　　B. 国务院　　　　　　　C. 中国人民银行

25. （　　　）依照《中国人民银行假币收缴、鉴定管理办法》对假币收缴、鉴定实施监督管理。

    A. 中国人民银行总行　　　　　　B. 金融机构

    C. 中国人民银行及其分支机构

三、多项选择题

1. 伪造货币有下列情形之一的，处 10 年以上有期徒刑、无期徒刑或者死刑，并处 5 万元以上 50 万元以下罚金或者没收财产（　　　）。

    A. 伪造货币集团的首要分子　　B. 伪造货币数额特别巨大的

    C. 伪造并运输贩卖的　　　　　D. 伪造外币的

    E. 有其他特别严重情节的

2. （　　　）行为是《中华人民共和国人民币管理条例》所禁止的。

    A. 伪造、变造人民币　　　　　B. 故意毁损人民币

    C. 持有伪造、变造的人民币　　D. 制作、仿制、买卖缩小的人民币图样

    E. 经中国人民银行批准后，装帧流通人民币

3. 单位和个人持有假货币，应当及时上交到（　　　）。

    A. 办理货币存取款和外币兑换业务的金融机构　　　B. 中国人民银行

    C. 公安机关　　　　　　D. 司法机关　　　　　E. 工商管理机关

4. （　　　）单位可以收缴假币。

    A. 中国人民银行　　　　　　B. 商业银行　　　　　C. 信用社

    D. 证券公司　　　　　　E. 收费站

5. 对盖有"假币"字样戳记的人民币纸币，经鉴定为假币的，由鉴定单位予以没收，并向收缴单位开具（　　　）。

    A. 假币没收收据　　　　　　B. 假币收缴凭证　　　　　C. 货币真伪鉴定书

6. 有权办理人民币真伪鉴定业务的金融机构是（　　　）业务机构。

    A. 浦东发展银行　　　　　　B. 中国工商银行　　　　　C. 深圳发展银行

    D. 中国银行　　　　　　E. 中国建设银行

7. 假币印章应盖在假币的（　　　）位置。

    A. 正面水印窗　　　　　　B. 正面中间　　　　　C. 背面水印窗

    D. 背面中间　　　　　　E. 正面右侧

8. 假币收缴专用袋上应标明（　　　）等内容。

    A. 币种和券别　　　　　　B. 冠字号码　　　　　C. 面额和张数

D. 收缴人和复核人　　　　　　E. 持有人和经办人

9. 假币收缴必须遵循（　　　）操作程序。

A. 在持有人视线范围内当面收缴

B. 加盖"假币"章或用专用袋加封

C. 出具假币收缴凭证

D. 向持有人告知其权利

E. 将盖章后的假币退还持有人

10. 金融机构在收缴假币过程中发现（　　　）情况，应当立即报告公安机关。

A. 一次性发现假人民币 20 张（枚）以上的，假外币 10 张（枚）以上（含 10 张、枚）的

B. 一次性发现假人民币 10 张（枚）以上的

C. 属于利用新的造假手段制造假币的

D. 有制造、贩卖假币线索的

E. 持有人不配合金融机构收缴行为的

四、简答题

1. 柜员小赵收到一张拼合在一起的 100 元人民币，发现右半部是假的，左半部是真的，应该怎么办？

2. 小黄大学毕业后，于 2005 年 8 月 1 日到某银行求职，并被顺利录用为储蓄柜员。8 月 2 日小黄刚上班就办理赵先生的存款业务，对假币略有所知的小黄发现其中有一张人民币 100 元纸币像是假币，他将假币交给储蓄主管。储蓄主管将这张 100 元纸币拿到二楼办公室，和同事仔细辨别后，确认是假币，于是盖上假币章，并开具了假币没收凭证，盖好章，小黄回到柜台将凭证交给赵先生。赵先生悻悻离去。请指出这个案例中的操作是否违反假币收缴程序？为什么？

3. 2006 年 5 月 10 日，某银行国际业务部小肖办理一顾客美元存款时，发现一张 100 美元假币，当即在钞票正、背两面加盖"假币"章戳，填制中国人民银行统一印制的中英文对照版人民币收缴凭证，同时叫来储蓄主管复核签章，然后将假币收缴凭证交顾客签字，并告知了顾客享有的权利。请指出该案例中的操作是否违反假币收缴程序？为什么？

4. 2007 年 10 月 9 日，某货币真伪鉴定机构工作人员小陈接到林女士电话要求鉴定其于 9 月 30 日被某银行收缴的一张 100 元假币，小刘将假币券别、张数、冠字号码、收缴机构等做了详细的记录。10 月 13 日（10 月 11 日、12 日为双休日）小刘出差回来后通知收缴单位送达待鉴定货币，并于当日按规定程序进行了鉴定。请指出该案例中的操作是否违反假币鉴定程序？为什么？

5. 陈先生到某银行存款，储蓄柜台工作人员小孙发现其中有 1 张 50 元纸币像是假币，她马上叫来储蓄主管，两人经过仔细辨别后，确认这张 50 元纸币是从未见过的假币种类，于是当着陈先生的面盖上假币章，并开具了假币没收凭证，盖好章，将凭证交给陈先生签字，并告知了其权利。陈先生虽予以了配合，但仍不服气，又递上一张 50 元纸币要求换出假币去中国人民银行鉴定。小孙和储蓄主管商量片刻，确认递进来的是真币后，将假币交给了陈先生。请指出这个案例中的操作是否违反假币收缴程序？为什么？

任务三　残缺、污损人民币的挑剔与兑换

第一部分　相关知识

《中国人民银行残缺污损人民币兑换办法》依据《中华人民共和国中国人民银行法》和《中华人民共和国人民币管理条例》制定，并于 2003 年 12 月 24 日颁布、2004 年 2 月 1 日实施。残缺、污损人民币是指票面撕裂、损缺，或因自然磨损、侵蚀，外观、质地受损，颜色变化，图案不清晰，防伪特征受损，不宜再继续流通使用的人民币。

一、残缺、污损人民币的挑剔原则

市场上流通的人民币中有一部分因长期流通磨损破旧的损伤券，在整点票币时应随时挑剔。在挑剔损伤票币时，既要考虑群众使用方便和市场票币的整洁，又要贯彻节约的原则。

二、残缺、污损人民币的挑剔标准

根据 2004 年 1 月 1 日实施的《不宜流通人民币挑剔标准》等规定要求，下列货币不宜再在市场流通，各金融机构应该做好兑换、挑剔与回收工作。

① 纸币票面缺少面积在 $20mm^2$ 以上，或已损及行名、花边、字头、号码、国徽之一者。

② 纸币裂口超过纸幅的 1/3；或裂口两处以上，长度每处超过 5mm；裂口 1 处，长度超过 10mm；或票面裂口已损及花边图案者。

③ 纸币纸质较旧，四周或中间有裂缝或票面断开又粘补者。

④ 纸币票面由于油浸、墨渍造成脏污面积较大或涂写字迹过多；污渍、涂写字迹面积超过 $2cm^2$；或污渍、涂写面积虽不超过 $2cm^2$，但遮盖了防伪特征之一，妨碍票面整洁者。

⑤ 纸币票面有纸质较绵软、起皱较明显、脱色、变色、变形、不能保持其票面防伪功能等情形之一者。

⑥ 硬币有穿孔、裂口、变形、磨损、氧化、文字、面额数字、图案模糊不清等情形之一者。

三、残缺、污损人民币的兑换标准

残损人民币的持币人可向金融机构申请兑换。金融机构应无偿为公众兑换残缺、污损人民币，不得拒绝兑换。

（1）《中国人民银行残缺污损人民币兑换办法》规定，凡残缺人民币属于下列情况之一者，一般可参照下列标准兑换。

① 能辨别面额，票面剩余 3/4（含 3/4）以上，其图案、文字能按原样连接的残缺、污损人民币，金融机构应向持有人按原面额全额兑换。

② 能辨别面额，票面剩余 1/2（含 1/2）至 3/4，其图案、文字能按原样连接的残缺、污损人民币，金融机构应向持有人按面额的一半兑换。

③ 纸币呈正"十"字形缺少 1/4 的，按原面额的一半兑换。

④ 不予兑换标准：票面残缺 1/2 以上者；票面污损、熏焦、水湿、油浸、变色，不能辨别真假者；故意挖补、涂改、剪贴、拼凑、揭去一面者。

（2）《残缺人民币兑换办法内部掌握说明》则有更为具体的标准。

① 对缺去之部分没有另行拼凑多换可能的票券，可从宽掌握兑换：缺少 1/4 的兑换全额；缺少 5/8 的可兑换半额；呈正十字形缺少 1/4 者按半额兑换。

② 票面污损、熏焦、水湿、油浸、部分变色等，能辨别真假者，也可按上述标准给予兑换。

③ 对于因遭火灾、虫蛀、鼠咬、霉烂等特殊原因而损失严重，剩余面积较少或因污染变色严重的票券，可由持票人所在地政府或其工作单位出具证明；经审查来源正当，能分清票面种类，能计算出票券的张数、金额的，可予以照顾兑换（例如，由于火灾等原因只剩余一小块，经组织证明情况属实的，可予兑换全额）。

④ 对企业误收的图案文字不相连接的拼凑票，可根据其中最大的一块按规定标准兑换，如两个半张贴在一起，纸幅基本不短少者，可兑换全额。

⑤ 凡在流通过程中因摩擦受到损伤的硬币，只要能辨别正面的国徽或背面的数字，即可兑换全额。凡穿孔、裂口、破缺、压薄、变形以及正面的国徽、背面的数字模糊不清的硬币，如确非持币人损毁者，也可按全额兑回。

⑥ 兑付额不足 1 分者不予兑换，5 分券按半额兑换者，兑给 2 分。

四、残缺、污损人民币的兑换方法

金融机构在办理残缺、污损人民币兑换业务时，应向残缺、污损人民币持有人说明认定的兑换结果。对于不予兑换的残缺、污损人民币，应退回原持有人。残缺、污损人民币持有人同意金融机构认定结果的，对兑换的残缺、污损人民币纸币，金融机构应当面将带有本行行名的"全额"或"半额"戳记加盖在票面上；对兑换的残缺、污损人民币硬币，金融机构应当面使用专用袋密封保管，并在袋外封签上加盖"兑换"戳记。

五、残缺、污损人民币的兑换步骤

① 兑换残损人民币，开户单位可到自己开户银行办理，个人可就近到办理人民币存取款业务的金融机构办理。

② 兑换时，银行柜员根据残损人民币的兑换标准，仔细辨认票币的真伪、券别、张数，确定可兑换的金额，并当客户面在残损票币上加盖"全额"或"半额"戳记以及两名银行经办人员的名章后，给予兑换。

③ 对大宗火烧、虫蛀、鼠咬、霉烂票币，须由持币人所在单位（或当地派出所）出具证明，经业务主管签批（必要时报请人民银行确认签批）后，予以兑换；证明材料附于残损现金背后；如有多种券别，应附于金额最多的券别背后，其他券别附清单说明。业务操作同主辅币兑换。

六、主辅币的兑换

凡来银行兑换主辅币的客户，应按现金整点要求将现金整理好，并填写"现金兑换单"，填清券别、张数、金额以及需要兑换的券别、张数、金额，到银行指定兑换窗口进行兑换。柜员的具体操作步骤如下。

① 审查凭证。柜员收到客户填写的兑换清单及款项，应审查清单上的日期、金额、券别、张数及兑换人姓名是否齐全，兑入、兑出金额是否相符。

② 清点录入。柜员边清点现金边与客户填写的兑换清单核对，并按券别录入计算机中。

③ 付出款项。兑换款项配妥付出时，须核对兑换人单位（姓名）、兑换金额，无误后付

款，并向客户交接清楚。

④ 打印信息。兑换提供信息打印功能，为便于核对，柜员可将信息打印在兑换清单背面，兑换清单由网点保留3个月备查。

七、外币的兑换

① 持币人填写"代兑外币委托书"一式三联，写明持币人姓名、有效身份证件、住址、日期、外币名称、金额等。第一联退持币人，第二联留存并登记，第三联随残损外币现钞解送代理行。

② 经审核后加盖经办人章及业务公章。

八、残缺、污损人民币的鉴定与管理法规

① 残缺、污损人民币持有人对金融机构认定的兑换结果有异议的，经持有人要求，金融机构应出具认定证明并退回该残缺、污损人民币。持有人可凭认定证明到中国人民银行分支机构申请鉴定，中国人民银行应自申请日起5个工作日内做出鉴定并出具鉴定书。持有人可持中国人民银行的鉴定书及可兑换的残缺、污损人民币到金融机构进行兑换。

② 中国人民银行对残缺、污损人民币的兑换工作实施监督管理。金融机构应按照中国人民银行的有关规定，将兑换的残缺、污损人民币交存当地中国人民银行分支机构。停止流通的人民币和残缺、污损的人民币，由中国人民银行负责回收、销毁。

③ 禁止下列损害人民币的行为：A. 故意毁损人民币；B. 制作、仿制、买卖人民币图样，包括放大、缩小和同样大小的人民币图样；C. 未经中国人民银行批准，在宣传品、出版物或者其他商品上使用人民币图样；D. 中国人民银行规定的其他损害人民币的行为。任何单位和个人不得印制、发售代币票券，以代替人民币在市场上流通。故意毁损人民币的，由公安机关给予警告，并处1万元以下的罚款。印制、发售代币票券，以代替人民币在市场上流通的，中国人民银行应当责令停止违法行为，并处20万元以下罚款。

九、防范利用人民币进行反动宣传

社会上有不法分子利用人民币进行反动宣传，各大银行要加强印有反动标语的人民币纸币、硬币的回收工作；银行人员在办理现金业务时，要认真检查，发现标有反动标语的人民币要立即按残损人民币收兑，及时上交人民银行；对库存现金、自助设备现金定期清理排查，对回笼的人民币纸币和硬币要经过专门整点方可对外支付，坚决防止向外付出标有反动宣传标语的人民币；如发现此类人民币数量较多时，要及时报告公安机关，并将相关情况报告人民银行；各大银行要加强宣传爱护人民币、增强公众爱护人民币意识，提示客户可无偿兑换；要设立专门的兑换窗口。

十、人民币图样使用和经营、装帧使用的有关法律规定

中国人民银行根据《中华人民共和国中国人民银行法》和《中华人民共和国人民币管理条例》，颁布了《人民币图样使用管理办法》和《经营、装帧流通人民币管理办法》。

《人民币图样使用管理办法》规定，人民币图样是指中国人民银行发行的货币（贵金属纪念币除外）的完整图案或主景图案。使用人民币图样是指通过各种手段在宣传品、出版物、网络或者其他商品上使用放大、缩小和同样大小人民币图样的行为。获得使用人民币图样许可的法人，应将使用人民币图样样品报中国人民银行当地分支机构备案。使用与人民币同样大小的人民币图样，必须加盖"图样禁止流通"的非隐形文字字样，字样大小应覆盖图样幅

面的 1/3 以上；使用放大和缩小的人民币图样，放大和缩小的比例必须不低于 25%。违反规定在宣传品、出版物、网络或者其他商品上使用人民币图样的，依照《中华人民共和国中国人民银行法》第四十四条进行处罚，即由中国人民银行责令停止违法行为，并处 20 万元以下罚款。

《经营、装帧流通人民币管理办法》规定，流通人民币是指中国人民银行发行，正在中华人民共和国境内流通的货币。经营流通人民币是指以营利为目的，买卖流通人民币的行为；装帧流通人民币是指将流通人民币进行外部包装或采取其他方式进行装饰的行为。申请经营流通人民币的申请人，应是在中华人民共和国境内依法设立的企业法人，注册资本金不得低于 50 万元人民币。在中华人民共和国境内依法设立的法人可以申请装帧流通人民币，但应符合宣传国家政策、进行爱国主义教育、弘扬民族优秀文化和反映国内外新的科学文化成果等条件；申请装帧流通人民币 1 万枚（套）以上的法人，还必须获得经营流通人民币许可，并连续经营 3 年以上，且注册资本金不得低于 500 万元人民币。申请装帧流通人民币的申请人，应向中国人民银行当地分支机构提出申请，并提交申请报告；报告中应说明装帧流通人民币的用途、目的、数量、品种、样式、制作单位和装帧单位名称等内容。获得经营流通人民币许可的法人依法终止的，审批机关应注销其经营流通人民币的行政许可，并收回经营流通人民币许可证。

第二部分 任务实训

任务实训 2-12 残缺、污损人民币的挑剔与兑换实训

日期_____ 班级_____ 学号_____ 姓名_____ 成绩_____

一、填空题

1. 金融机构应按照中国人民银行的有关规定，将兑换的残缺、污损人民币交存当地_____。

2. 停止流通的人民币和残缺、污损的人民币，按照中国人民银行的规定_____，并由中国人民银行负责_____、_____。

3. 金融机构临柜人员应当面在兑换的残缺人民币票面上加盖带有本行行名的_____戳记。

4. 纸币呈正"十"字形缺少_____的，按原面额的一半兑换。

5. 对兑换的残缺、污损人民币硬币，金融机构应当面使用_____保管，并在袋外封签上加盖"兑换"戳记。

6. 残缺、污损人民币持有人对金融机构认定的兑换结果有异议的，持有人可凭_____到中国人民银行分支机构申请鉴定。

7. 金融机构在办理残缺、污损人民币兑换业务时，不予兑换的残缺、污损人民币，应_____。

8. 人民币纸币票面裂口在两处以上，长度每处超过_____的不宜流通；人民币纸币票面裂口一处，长度超过_____的不宜流通。

二、单项选择题

1. 《不宜流通人民币挑剔标准》自（　　）开始执行。

　　A. 1998 年 1 月 1 日　　　　　　B. 2003 年 1 月 1 日　　　C. 2004 年 1 月 1 日

2. 个人可以到（　　）将大面额人民币兑换成小面额人民币。

　　A. 办理人民币存取款业务的金融机构

　　B. 中国人民银行货币发行部门

　　C. 任何金融机构

3. 公众持有的残缺、污损人民币应到（　　）兑换。

　　A. 中国人民银行　　　　　　　　B. 中国人民银行指定的金融机构

　　C. 办理人民币存取款业务的金融机构

4. 人民币纸币票面缺少面积在（　　）mm² 以上的不宜流通。

　　A. 15　　　　　　　　　　　　B. 20　　　　　　　　　　　C. 25

5. 人民币纸币票面污渍、涂写字迹面积超过（　　）cm² 以上的不宜流通。

　　A. 2　　　　　　　　　　　　B. 3　　　　　　　　　　　C. 4

6. 残损人民币销毁权属于（　　）。

　　A. 中国人民银行　　　　　　　　B. 商业银行　　　　　　　　C. 造币厂

7. 能辨别面额，票面剩余（　　），其图案、文字能按原样连接的残缺、污损人民币，金融机构应向持有人按原面额全额兑换。

　　A. 1/2 以上（含 1/2）　　　　B. 3/4 以上（含 3/4）　　　C. 3/5 以上（含 3/5）

8. 残缺、污损人民币持有人对金融机构认定的兑换结果有异议的，经持有人要求，金融机构应出具认定证明并（　　）该残缺、污损人民币。

　　A. 没收　　　　　　　　　　　B. 按持有人要求兑换　　　C. 退回

9. 残缺、污损人民币持有人对金融机构认定的兑换结果有异议的，持有人可凭金融机构认定证明到中国人民银行分支机构申请鉴定，中国人民银行应自申请日起（　　）个工作日内做出鉴定并出具鉴定书。

　　A. 3　　　　　　　　　　　　B. 5　　　　　　　　　　　C. 10

10. 根据《中华人民共和国人民币管理条例》规定，故意毁损人民币的，由公安机关给予警告，并处以（　　）的罚款。

　　A. 5 000 元以下　　　　　　　B. 1 万元以下　　　　　　　C. 2 万元以下

11. 凡办理人民币存取款业务的金融机构应（　　）为公众兑换残缺、污损人民币，不得拒绝兑换。

　　A. 无偿　　　　　　　　　　　B. 按面值的 5% 收取兑换费用

　　C. 按面值的 10% 收取兑换费用

12. 获得使用人民币图样许可的法人，应将使用人民币图样样品报（　　）备案。

　　A. 中国人民银行当地分支机构　　　　　　　　　B. 中国人民银行总行

　　C. 中国人民银行省会城市中心支行

13. 违反《人民币图样使用管理办法》有关规定，在宣传品、出版物、网络或者其他商品上使用人民币图样的，依照（　　）第四十四条进行处罚。

　　A.《中华人民共和国中国人民银行法》

　　B.《中华人民共和国经济法》

　　C.《中华人民共和国人民币管理条例》

14. 使用放大和缩小的人民币图样，放大和缩小的比例必须不低于（　　　）。
   A. 15%　　　　　　　　　B. 20%　　　　　　　　　C. 25%

15. 以下关于人民币图样管理的说法正确的是（　　　）。
   A. 使用人民币图样样品只须报中国人民银行当地分支机构备案，无须送中国人民银行总行备案
   B. 由中国人民银行各分支机构受理人民币图样使用申请，体现了行政许可法高效便民的原则
   C. 退出流通的人民币图样不受《人民币图样使用管理办法》的限制

16. 使用与人民币同样大小的人民币图样，必须加盖的非隐形文字字样为（　　　）。
   A. "样币禁止流通"　　　　B. "样式禁止流通"　　　　C. "图样禁止流通"

17. 印制、发售代币票券，以代替人民币在市场流通的，中国人民银行应当责令停止违法行为，并处（　　　）元以下罚款。
   A. 5万　　　　　　　　　B. 10万　　　　　　　　　C. 20万

18. 金融机构对不予兑换的残缺、污损人民币，应（　　　）。
   A. 退回原持有人　　　　B. 金融机构留存　　　　C. 上缴中国人民银行

三、多项选择题

1. 故意毁损人民币的行为有（　　　）。
   A. 装帧人民币
   B. 将完整的人民币纸币故意用烟火部分或全部烧毁
   C. 在人民币上乱写乱画
   D. 用人民币制作工艺品
   E. 熔炼硬币

2. 人民币纸币具有以下（　　　）情形的不宜流通。
   A. 脱色、变色、变形　　　B. 票面纸质绵软　　　　C. 票面有折痕
   D. 票面有起皱

3. 硬币有以下（　　　）情形的不宜流通。
   A. 穿孔、裂口　　　　　　B. 裂口、变形　　　　　C. 划痕、弄脏
   D. 文字、面额数字、图案模糊不清　　　　　　　　E. 磨损、氧化

4. 在中华人民共和国境内依法设立的法人在具备（　　　）情况下可以申请装帧流通人民币。
   A. 宣传国家政策　　　　　B. 进行爱国主义教育
   C. 弘扬民族优秀文化和反映国内外新的科学文化成果
   D. 3年内连续赢利　　　　E. 无违法经营记录

5. 申请装帧流通人民币1万枚（套）以上的法人，在符合申请装帧流通人民币申请的一般要素条件外，还应同时具备以下条件（　　　）。
   A. 获得经营流通人民币许可，并连续经营3年以上
   B. 营业面积不得低于100m²
   C. 注册资本金不得低于1 000万元人民币
   D. 注册资本金不得低于500万元人民币
   E. 最近两年连续赢利

6. 获得经营流通人民币许可的法人依法终止的，审批机关应当（　　　）。

 A. 注销其经营流通人民币的行政许可

 B. 收回经营流通人民币许可证

 C. 公告申明其经营流通人民币的行政许可作废

 D. 公告登记债权，组织清算

 E. 收取注销费

7. 申请装帧流通人民币的申请人，应向中国人民银行当地分支机构提出申请，并提交申请报告。报告中应说明装帧流通人民币的（　　　）等内容。

 A. 用途、目的   B. 制作单位名称   C. 装帧单位名称

 D. 数量、品种、样式   E. 销售单位名称

8. 《中国人民银行残缺污损人民币兑换办法》制定的依据是（　　　）。

 A. 《中国人民银行假币收缴、鉴定管理办法》

 B. 《中华人民共和国中国人民银行法》

 C. 《中华人民共和国人民币管理条例》

 D. 《人民币图样使用管理办法》

 E. 《中国人民银行反假货币奖励办法》

四、简答题

1. 什么是残缺、污损的人民币？

2. 金融机构如何兑换残缺、污损人民币？

3. 残缺、污损人民币的具体兑换标准是什么？

4. 如何使用和保管人民币？

5. 某张 2005 年版第五套人民币 100 元纸币正面左下角"100"字样被墨水渍遮盖，该墨水渍面积约为 $1cm^2$。该张纸币是否适宜流通？请简述理由。

6. 残缺、污损人民币持有人对金融机构认定的兑换结果有异议的应该怎么办？

7. 人民币在什么情形下不得流通？

8. 货币真伪的鉴定与鉴别有何异同？

9. 假币没收与收缴有何异同？

10. 在交通事故中，车主看到汽车漆被人蹭坏，在接受对方赔款时觉得太少，因而将对方所赔款的人民币纸币当场撕毁，结果受到公安机关 9 000 元的罚款。请问公安机关的处罚是否正确？其处罚依据是什么？

任务四　外币的真假鉴别

第一部分　相关知识

一、外币票面的构成

通常所说的外币鉴别，主要包括两个方面的内容：一是熟悉各币种的票面内容和流通情

况，以避免实际收到的外币与记账外币币值不一致，或把已经退出流通领域的货币收进来；二是辨别真假币，以免收进假钞。各国钞票虽然文字形式不同，但归纳起来，主要由以下内容构成，如图 2-71 所示。

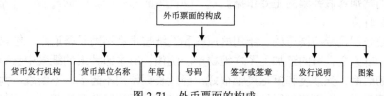

图 2-71　外币票面的构成

1. 货币发行机构

目前，世界上发行钞票的机构主要有 3 种：第 1 种是政府，如我国香港特别行政区的硬币，全部是由我国香港特别行政区政府发行的；第 2 种是中央银行，如英国的钞票是由其中央银行——英格兰银行发行的，这种方式为世界各国普遍采用；第 3 种是政府指定的专业银行，如我国香港特别行政区的纸币就是由我国香港特别行政区政府指定渣打银行（香港）、香港上海汇丰银行、中国银行（香港）3 家银行发行的，这种情况在世界范围内并不多见。各种货币的发行机构名称通常印在钞票的正面显著位置。

2. 货币单位名称

因货币的发展历史及习俗、习惯不同，各国采用的货币单位名称也不相同。例如，美国、加拿大、日本等国的货币叫“元”，英国的货币叫“英镑”，瑞士的货币叫“法郎”等。

3. 年版

不少国家的钞票均印有年版，有些加有月、日，表示该钞票发行的年份和日期，但这也许并不完全是绝对的发行日期。因为有的钞票在很早就已设计印制了，只不过推迟发行而已。也有些钞票的某种版式长久不变，票面的年版日期则是指印刷日期。此外，也有些钞票没有印刷年份和日期。

4. 号码

它表示某一款钞票的发行数量。钞票的号码采用固定的位数（如 6 位、8 位或 10 位），为了循环使用，有的在号码前加印代表版数的数字或文字；版数的数字或文字也有通过其他形式来表示的。为了防止将两张钞票拼凑成一张，通常采用两组号码，分别列在钞票正、背面的适当位置。

5. 签字或签章

钞票上的签字或签章，一般为该国政府或发行机构对所发行的钞票在法律地位上的认可。签字一般为 2 个，也有 1 个或 3 个的。

6. 发行说明

它表示钞票的法律地位，说明钞票在流通中可以顺利流通，不可拒绝接受，使用的数目也不受限制。

7. 图案

各国钞票上的图案一般都体现了本国的民族文化，如有代表性的建筑物、知名人物、动植物图案等。有的国家还在钞票上印有图案版权说明，表明票面图案是受法律保护的，任何人或组织不得使用。

二、外币的一般防伪措施

钞票是由综合性印刷技术生产的，涉及的专业范围很广，包括造纸工艺、雕刻制版、油墨、印刷等，钞票的防伪技术也是多方面的。随着科技的发展，各国印刷钞票都力求使用最先进、最完善、最可靠的印刷技术，使本国钞票既有欣赏价值，更具民族特色，又增加仿造的难度，以保证钞票在流通中长期使用和不被人轻易仿造。因此，了解各国钞票的印刷特点和质量是我们辨别真假钞票的主要依据。

1. 纸张特点

真钞的纸张都是专门制造的，所用的原料和造纸技术都不同于普通纸。钞票用纸一般以长纤维的棉、麻为主，有的还加上了本地物产。例如，日本印钞纸的纸浆中含有三桠皮的成分，从而坚韧耐磨，光洁度和挺括度都很好，经过长期使用不起毛、不断裂。为了防伪，在造纸过程中还采用一些办法使印钞纸具有区别于普通用纸的某些专门特征。例如，目前大多数国家在印钞纸中加入水印、安全线、纤维丝和彩点等，这就明显区别于其他纸张。纤维丝、彩点是在纸浆中加入的，又分为可见和不可见两种情形。可见纤维丝在纸张表面即可看到并可挑出，不可见纤维丝及彩点则须借助紫光灯等仪器才能看见。为了延长钞票的使用寿命，部分国家已经研制并开始使用塑料代替纸张印制钞票。

2. 水印

水印是指在造纸过程中通过丝网的变化，使纸浆的厚薄密度不同而形成各种图案。水印根据在钞票上的位置不同，可分为固定水印、非固定水印和连续水印3种。固定水印是指在钞票某一部位的水印；非固定水印是指位置不固定的水印；连续水印是指大块或整张钞票上都散布的水印。其中，固定人像水印技术难度较高，迎光透视清晰可见，图像形象、生动、逼真，立体感强。

3. 安全线

安全线是在造纸过程中加入的，包括金属线、塑料线、聚酯线、缩微印刷线、荧光线等。安全线有封闭式和开窗式两种，目前国际上大多采用开窗式安全线。

4. 制版工艺

制版工艺分手工刻版和机器刻版两种。票面上的主要图案、面额数字等部位多用凹印，线条精细，层次分明，多用手工刻版。手工刻版属高级工艺品，其独到的笔法和风格不亚于著名画家和书法家的作品，既可欣赏，又能防伪。机器刻版一般用于钞票底纹图案的设计，目前已发展到电子雕刻，式样新颖，花纹线条复杂多变，不易仿造。

5. 油墨

油墨对钞票的印制具有非常重要的作用。真钞的油墨都是由专门的研究和生产部门在保密情况下调制的，油墨在调制中还加有某些物质，例如，加磁性介质材料使之成为磁性油墨（美钞正面凹印部位的黑色油墨就是磁性油墨），含有荧光物质的荧光油墨等。大多数真钞的油墨鲜艳而不浓，墨层薄而光亮，油墨色差柔和而协调，经久耐用。

（1）红外线油墨。由于红外线油墨吸收红外线光，钞票图案的某一部位使用红外线油墨，在普通光下无任何反应，但在红外线检测仪下，使用的部位吸收了红外线光，使得钞票图案显得不完整。

（2）同色异谱油墨。在钞票图案上使用这种油墨，能使表面上同色的油墨在不同光谱的光源照射下发生不同颜色的变化。

（3）温度油墨。这种油墨颜色会随着温度的变化相应地发生变化。

（4）防复印油墨。这种油墨对彩色复印机上的灯光会有反应，如果在彩色复印机上复印使用了这种油墨的钞票，复印出来的图案色调就与原来的完全不同。

6. 印刷技术

印刷在整个钞票的印制过程中处于非常关键的环节，许多防伪技术的应用都在这个环节表现出来。真钞一般采用凹印、凸印与胶印相结合的印刷方法。印刷技术主要是看印刷的清晰度和色彩柔和度等。

（1）凹版印刷。用雕刻的某种金属凹版来印刷钞票的主要部分，如人像和主景等。用此方法印出的为三维图案，立体感强，层次清晰，手摸有凹凸感。

（2）凸版印刷。凸版的版纹向外凸出，印刷时版面和纸张接触，使纸张受压，反面有凸起的痕迹，一般多用于印刷钞票的号码。

（3）胶印（平版印刷）。这是彩色印刷中最普遍的方法，多用于印刷钞票大面积的底纹。此外，目前各国根据经济发展及技术水平，选用了一些先进的印刷技术，以达到防伪的目的。

（4）多色叠印。这是用几种颜色的油墨在一次套印的基础上，再用几种颜色叠印。多色叠印出来的图案五彩缤纷、鲜艳亮丽，一般多用于小块的装饰图案上。

（5）双面对印。这是将钞票正、背面的图案完全重合或是将正、背两面的部分图案组成一个完整的图案。

（6）花纹对接。这是印刷底纹的新工艺，分为两种。一种是花纹满版对接，即钞票根据尺寸裁切后，底纹上原有的花纹在钞票边缘变得不完整，此时将钞票两边对接，即可形成完整的花纹图案，如香港上海汇丰银行发行的100元港币券。另一种是在钞票的四边印有切边标记，将这些标记正面对折时，会发现线纹完全吻合，如荷兰盾钞票。

（7）缩微印刷。就是用微型文字印刷成线条或底纹图案，不借助放大镜几乎无法看出文字。

三、鉴别外币的一般方法

1. 假币的一般特点

鉴别外币真假，必须了解和掌握假钞的一般特点。

（1）人像或图景不像真钞那样清楚自然，富有立体感。

（2）水印模糊不清。

（3）红、蓝纤维丝由于用几块版分次套印，往往套印不准而失真。

（4）由于伪造者不知真钞上的油墨配方，都是选择市场上的普通油墨，只能仿制近似颜色，复制出的假币颜色不佳，只能近似真钞。如果将真、假钞进行对比，就会看出颜色是不一样的。

（5）假钞纸张光滑，不像真钞那样有凹印线纹，且假钞用的是普通纸，不结实、挺括度差，长期使用会断裂，不具有真钞纸的防伪特征；即使假钞仿制了这些特征，也可以看出来。

2. 用比较法鉴别真假外币

鉴别外币的真伪一般采用比较法，就是对比真、假钞的纸张、水印、图案、颜色、凹印线纹、油墨的凸起感、防伪标志等。由于假钞的仿真能力不同，在其仿真能力最弱的一个方面来识别它，再进一步识别其他不同点，就可剥开其全部伪装。具体来说有以下4种方法。

（1）看，就是用眼睛或借助仪器观察钞票。由于各国货币制版、印刷技术的进步，真外币一般色彩鲜艳、图案生动、线条流畅、层次分明；而假外币一般色彩单调、图案呆板、线条粗细不匀、层次模糊。眼看主要是看人像（或主景）特点，因为钞票一般都是凹版印刷，人像（或主景）线条精细清晰，有层次感。例如，对真、假美元的辨别，先对比凹印线，真钞有凹印线纹，假钞光滑；再核对头像（假钞有时甚至将头像搞混），观察头像清晰度；还可观察水印是否生动，纤维丝是否嵌在纸中等。

（2）摸，就是通过手触摸钞票进行鉴别。手摸主要是摸纸张，因为真币都采用具有一定抗磨损、抗水浸、抗污染的特殊纸，纸质手感挺括、纸纤维不易外露；而假币不可能取得同类纸张，所以其纸质粗糙、绵软无力。真币在特定部位采用了凹版印刷技术，用手摸会有较明显的凹凸感；而假币一般为平版胶印，不会有凹凸感。

（3）听，由于真币纸张挺括，用手摆动时会发出清脆的声音；而假币摆动时发出的声音比较沉闷。

（4）测，主要是通过专用光线检测仪器进行检测，以发现用肉眼看不见的一些特征，如荧光油墨、同色异谱油墨、红外线油墨、磁性油墨等。另外，还有油墨试验（将纸币捏成纸团再放开试验）、针挑票中红蓝纤维丝等方法。但是，钞票检测仪器的设计是以真钞的某些印刷特点为判断准则的，有的假钞也仿制了真钞的某些特点，如果用仪器检查这些特点就不灵了。因此不能完全依靠机器鉴别。

上述4种方法应综合运用，不断积累经验，从而提高综合分析判断能力，准确识别外币的真伪。

此外，还可借助外币验钞机进行鉴别。

第二部分　任务实训

任务实训2-13　现行流通的美元防伪特征分析及鉴别实训

日期＿＿＿＿＿＿　班级＿＿＿＿＿＿　学号＿＿＿＿＿＿　姓名＿＿＿＿＿＿　成绩＿＿＿＿＿＿

一、美元的防伪特征分析及举例

1. 券类

1928年以后发行的美元有以下几种券别。

（1）政府券。美国财政部印章（库印）和序列号均为红色，面值有1元、2元、5元、100元共4种。年版号有1928、1953、1963、1966，最后年版号为1966A。

（2）国家券。美国财政部印章和序列号均为棕色，面值有5元、10元、20元、50元、100元共5种。年版号为1929。国家券有两种：国家银行券和联邦储备银行券。

（3）银币券。美国财政部印章和序列号为蓝色，面值有1元、5元、10元共3种。年版号有1928、1933、1934、1935、1957，最后年版号为1957B，1963年停止印刷。战争时期，美国还发行过两类在战区使用的银币券，双面印有"HAWAII"字样的是夏威夷银币券，印有黄色财政部印章的是北非银币券。

（4）金币券。美国财政部印章和序列号均为金黄色，面值有10元、20元、50元、100元、500元、1 000元、5 000元、10 000元、100 000元共9种。年版号为1928和1934。

（5）联邦储备券。美国财政部印章和序列号均为绿色，面值有1元、2元、5元、10元、20元、50元、100元、500元、1 000元、5 000元、10 000元共11种。500元及以上面额的钞票1945年停止印刷，1969年停止流通。

目前只有联邦储备券在继续发行，我们所见的美钞几乎都是联邦储备券。其他券种已不再发行，因其收藏价值远远超出面值，故已很难见到。因此，本书所提及的美钞均指联邦储备券。

联邦储备券由12个联邦储备银行发行，流通量占流通总量的99%。钞票正面右边为美国的库印。库印的背景是与面额一致的阿拉伯数字或英文大写数字，上方是首都华盛顿的地名。库印为圆形，外围有 40 个齿，排列均匀，圆的中心是一个盾牌。盾牌被一个曲尺形图案分为上下两部分，上半部是一个天平，周围分布 22 个圆点，中间有 13 颗五角星；下半部是一把钥匙，左端下边空白孔内有一个英文字母"T"。

2. 美元常识

（1）货币名称：美国元，俗称美金，简称美元（UNITED STATES DOLLAR）。

（2）发行机构：美国中央联邦储备银行（U.S.FEDERAL RESERVE BANK）。

（3）货币符号：US$。

（4）国际符号：USD。

（5）辅币进位：1 美元=100 美分（CENTS）。

（6）流通面值：纸币 1 美元、2 美元、5 美元、10 美元、20 美元、50 美元、100 美元；硬币 1 美分、2 美分、10 美分、25 美分、50 美分和 1 美元。此外，面值为 500 美元、1 000 美元、5 000 美元和 10 000 美元的 4 种钞票已于 1945 年停止印刷，1969 年停止流通。

3. 美元的一般防伪特征

（1）纸张。美元不论面值多少，尺寸大小都一样，长为 15.6cm，宽为 6.6cm。纸张的成分主要是棉和亚麻，结实、坚韧、挺括，经久耐用，不起毛，对水、油及一些化学物有一定的抵抗能力，拉动时声音清脆，不易断裂。纸张没有添加增白剂，呈本白色，在紫光灯下没有荧光反应。自 1885 年起，美钞纸内有红、蓝纤维丝，有的夹在纸当中，有的浮于表面，用针尖可以挑出。1885 年以后印的美钞，红、蓝纤维丝由上而下分布在钞票正中。1928 年及以后的各版钞票，红、蓝色纤维丝不规则地遍布整张钞票。1990 年起纸张中（人像左侧）加入了一条聚酯类安全线，印有美元符号及面值数字，迎光透视清晰可见；1996 年后钞纸中又增加水印图案和方格底纹；1999 年以后的部分钞纸有斜底纹。

（2）图案、文字。美元的人物肖像、景物等形象生动，花边图案细致清晰，连号外观饱满整齐。自 1928 年以后，不分券种和年版，正面上方印有美利坚合众国国名；同一面值正、背面的人像及图景均相同。正面的人像是美国历史上的知名人物，人名印在人像的下边。人像印刷精细，表情自然有神。人像背景是由纵横细小的方格组成，方格大小一致，线条粗细均匀，光线深浅分明，背景图案上面的云层、虚线、实线布局合理，形象自然、清楚。从 1990 年版开始，在纸币中都增加了文字安全线和凹印缩微超小文字的防伪特征。美元不同面值与正面人像、背面图案的对应关系如表 2-4 所示。

表 2-4　　　　　　　　　不同面值美元的正面人像与背面图案的对应关系

面值	正面人像	背面图案
1 美元	乔治·华盛顿（WASHINGTON）	美国国玺两面图案
2 美元	托马斯·杰斐逊（JEFFERSON）	独立宣言签字会场
5 美元	亚伯拉罕·林肯（LINCOLN）	林肯纪念堂
10 美元	亚历山大·汉密尔顿（HAMILTON）	美国财政部大楼
20 美元	安德鲁·杰克逊（JACKSON）	白宫
50 美元	尤利斯·格兰特（GRANT）	美国国会大楼
100 美元	本杰明·富兰克林（FRANKLIN）	美国独立纪念堂
500 美元	威廉·麦金莱（MCKINLEY）	500（已停止流通）
1 000 美元	格罗夫·克利夫兰（CLEVELAND）	One Thousand Dollars（已停止流通）
5 000 美元	詹姆斯·麦迪逊	＄5 000（已停止流通）
10 000 美元	西蒙·P·蔡斯	10 000（已停止流通）

（3）油墨。美元的油墨是专用油墨，采用特殊保密配方配制而成，由指定专业生产厂家生产。正面除了号码和库印为绿色外，全部采用黑色油墨。美元票面颜色单调。1934年以后各版的油墨还具有磁性，用仪器可以测试出来。背面一律采用绿色油墨。

（4）印刷技术。美元的主要图案为雕刻凹版技术印刷。除正面的连号、库印及洲印是凸印外，其余人像、图案、花边等全是选用最好的薄钢板上雕刻（或蚀刻）成印板，印刷时在印板的凹线与凹点中注满油墨，擦去表面的油墨，经高压压印钞纸，使凹槽中的油墨附着在钞纸之上，形成印刷图案。凹雕版印刷的图案色彩丰富，线条纹理平滑，有漆质的感觉，层次分明、立体感强；用手指抚摸印迹，有一定的浮凸感和空间感。印刷时的高压力透纸背形成压印痕迹，这些印刷效果都是其他印刷技术无法达到的。美元印钞版的制作十分复杂，化学蚀刻——用于字母和数字的腐蚀雕刻；机器雕刻——用于雕刻较为规则的花纹花边；手工雕刻——用于雕刻人物肖像、景物等形象生动之图案，图案伪造异常困难。1990年以后，各版的正面肖像周围加有缩微文字，2004年版还增加了平版印刷的底纹。

（5）近年来各版美元不断增加防伪特征。为对付日益猖獗的假钞威胁，美国财政部自1996年开始重新设计美元的版面，发行系列新版美元（简称NCD）。1996年印制发行了100元券，1997、1998年发行了50元券和20元券；1999年发行了1999年版100元券、10元券与5元券，后来又发行了2001年版100元券；2003年发行20美元新版纸币以后，2004年9月28日发行了50元券；2006年3月2日起10元券开始流通；2008年3月13日起5元券开始流通。新版美元采取了许多新的防伪技术与手段。

① 肖像。最明显的特征是头像放大，脸部表情更生动，整个头像的位置偏左，这样做一是为了防止因对折磨损不易辨别图像细微之处，二是为水印提供相应的位置。

② 安全线。安全线是在造纸过程中镶嵌在纸张中的一条聚酯线，上面印有"USA"和面值字样，不同面额的钞票其"USA"和面值的位置不同。安全线在紫外光下有荧光反应，不同面额会显示不同的颜色，如在紫外光下100美元面额的安全线颜色为红色，50美元安全线颜色为黄色，20美元安全线颜色为绿色，10美元安全线颜色为橙色，5美元安全线颜色为蓝色。

③ 水印。所有纸币中都增加了固定人像水印。水印是在纸张制造过程中形成的，图案与钞票正面主图相同，迎光下在钞票两面清晰可见。

④ 转移油墨（光变油墨）。转移油墨用于钞票正面右下角的面额数字上，正视时为绿色，斜视时则为黑色。如100美元的颜色由绿变黑。1998年印制的钞票还使用了红外光变油墨。

⑤ 防复制条纹。防复制条纹在人物肖像和建筑的背景中均有应用，有波浪线、折线、同心弧线等，主要用于防止被扫描、复制。

⑥ 其他防伪技术。如，新版10美元共有4处采用了显微印刷技术：较大的火炬图形下方重复出现英文单词"USA"和数字"10"，肖像下方以及钞票左右边框内侧垂直方向印有英文"THE UNTTED STATES OF AMERICA"和"TEN DOLLARS"，其光变油墨印刷的面额数字在晃动时颜色在绿色与黑色之间变化。再如，2004年版50美元彩钞正面五角星图案由金属油墨凹版印刷而成，转动倾斜观察时可见金属光泽；正面底纹图案采用了彩虹印刷技术，其两边为红色，中间为黄色，色彩过渡自然、渐变。2004年版20美元正面底纹图案采用了彩虹印刷技术，其两边为绿色，中间为红色，同时采用了光变面额数字，其颜色由古铜色变为绿色，色彩过渡自然、渐变。2004年版10美元正面底纹图案采用了彩虹印刷技术，其两边为橙色，中间为黄色，色彩过渡自然、渐变。

4. 美元手工鉴别方法

（1）看。

① 看钞票花纹图案。美元真钞正面人像层次丰富，立体感强，目光有神，明亮处和阴

影部分过渡自然，发丝、衣领线条精细。而假钞的人像缺乏立体感，目光呆滞，发丝凌乱，明暗过渡不自然，阴影部分过重，有的甚至漆黑一团。

② 看钞票颜色。美元真钞的油墨颜色是秘方配制的专色，造假者只能仿制出近似的颜色，真假钞对比有较为明显的区别；尤其是假钞背面的绿色，不是太艳，就是发黄。

③ 看钞票是否有压痕。美元真钞的库印是凸版印刷，纸张上有明显的压痕；假钞则没有。真钞印刷时，用高压力透纸背形成压印痕迹，这是其他印刷技术无法达到的效果。

④ 看钞票是否有油墨渗透。真钞从钞票正面压下去，使得钞票背面有压痕，并有油墨渗透的痕迹。真钞越旧，压痕越重，油墨渗透越厉害，钞票显得越脏；而假币越旧背面越干净。

⑤ 看钞票连号。真钞连号的字体独特，所有的起笔、收笔都是方形的，且粗细一致、排列整齐。而假钞连号的字体有的方、有的圆，横向排列不在一个水平线上。

⑥ 看光变油墨。因光变油墨极其昂贵，而且是国家控制的产品，很难买到，所以假币一般没有光变油墨，这是最好的鉴别点。

⑦ 看版面设计。看钞票票面上是否缺少某些项目，或者与真钞有什么不同之处；看钞票的面额与图案是否匹配，以防不法分子将小面额真钞涂改成大面额钞票。

（2）摸。

① 摸钞票的纸质是否结实、坚韧，不起毛，不易断裂。一般假钞的纸质较差，比真钞过厚或过薄，不够结实、坚韧，易起毛，易断裂。

② 摸钞票主要部位是否有凹凸感。由于成本问题，一般假钞多采取平版印刷，不会有凹凸感。

（3）听。用手拉动钞票时，真钞声音清脆，假钞声音沉闷。

【例 2-11】2001 年，一些地方的中国银行、工商银行、浦东发展银行分支机构相继收缴了境外流入的假美元。经公安机关调查，所发现的假美元主要来自缅甸等周边国家或地区，为 2001 年精制版，即所谓"超级 K 假美元"。该版假美元印制精细，仿真度高，凹版印刷、安全线、光变油墨等防伪特征与真钞相当接近。其主要特征如下。

① 纸张较 1996 年版明显变薄，接近真钞，但纸张偏黄。

② 有红、蓝纤维，但在放大镜下显得粗细不匀。

③ 安全线平视时不易看到（1996 年版平视可以看到），缩微文字也较 1996 年版假美元有所改进，但仍不如真钞清晰，光透效果较差。

④ 左右下角面额数字凹凸手感比真钞还明显。

⑤ 人像嘴唇线右侧偏短，脸部酒窝雕刻较浅。

⑥ 人像缺乏立体感和明暗层次感，人像的眼睛不如真钞有神。

⑦ 正面右下角英文字母"S"的起笔已改为接近真钞（1996 年版"S"起笔呈喇叭形），右下角边框第 2 片叶尖已改为空心（1996 年版为实心）。

⑧ 连号数字号码排列不整齐，字体粗细不匀，有别于真钞，同时冠字多以"CB"为主。

⑨ 国名字母在背面形成的压痕和油墨渗透不及真钞明显。

⑩ 背面灯柱左右 2 根线条一样粗细。

⑪ 背面钟楼时针一样长短。

【例 2-12】真假美元特征对比举例，如图 2-72 至图 2-74 所示。

2001 版美元真钞与 2001/2003 版假钞特征——连号对比如图 2-73 所示。

2001版真钞正面　　　　　　2001版假钞正面　　　　　　2003版假钞正面

图 2-72　2001 版美元真钞与 2001/2003 版假钞特征对比

说明：① 假钞的钞纸较真钞偏黄，2003 版假钞较 2001 版假钞有所改善，但还是偏黄；② 假钞的票面长度较真钞长 1mm；③ 2003 版假钞较真钞偏厚。

真钞　　　　　　　　CB 68381064 F

2001 版假钞　　　　　CB 52683974 A
（2004 年下半年）

2001 版假钞　　　　　CB 24570046 A
（2004 年上半年）

2003 版假钞　　　　　DB 40026694 A

图 2-73　2001 版美元真钞与 2001/2003 版假钞连号对比

说明：真钞连号字体大小一致，高低一致，字间间隔一致，笔画粗细一致。假钞通常字体高矮不一，笔画粗细不一，特别是在笔画有交叉、转折的位置以及字的底部或顶端笔画较粗，2003 版假钞这一现象有所改善，但是与真钞仍有差异。另外，假钞连号颜色与真钞也有差异。真钞"8"字下圈比上圈稍大，假钞上、下圈基本一样大。

2001 版美元真钞与 2001/2003 版假钞特征——安全线对比如图 2-74 所示。

图 2-74　2001 版美元真钞与 2001/2003 版假钞安全线对比

说明：真钞安全线透明，与钞纸过渡自然。2001/2003 版假钞安全线看上去均好像有一条黑带子，与钞纸之间的过渡不自然。真钞安全线上的字母和数字大小一致、整齐，笔画饱满；假钞安全线上的字母和数字大小不一，笔画不饱满，常有漏笔画现象。

二、填空题

1. 不同面额美元上安全线位置不同，而且安全线上有_____和_____防伪特征。

2. 美元纸币的冠字号码通常以_____印刷。钞票冠字号码印刷方式、字体、颜色和排列形式都是重要的防伪措施。

3. 目前流通美钞的尺寸统一为____mm×____mm。

4. 目前流通美元钞纸的主要成分是____和____混合物。

5. 100 美元纸币正面主景图案是_____头像，背面主景图案为_____。

6. 50 美元纸币正面主景图案是_____头像，背面主景图案为_____。

7. 20 美元纸币正面主景图案是_____头像，背面主景图案为_____。

8. 10 美元纸币正面主景图案是_____头像，背面主景图案为_____。

9. 5 美元纸币正面主景图案是_____头像，背面图案为_____。

10. 2 美元纸币正面主景图案是_____头像，背面图案为_____。

11. 1 美元纸币正面主景图案是_____头像，背面图案为_____。

12. 2004 年版 50 美元彩钞正面五角星图案由_____凹版印刷而成，转动倾斜观察时可见_____。

13. 2004 年版 50 美元正面底纹图案采用了彩虹印刷技术，其两边为_____色，中间为____色，色彩过渡自然、渐变。

14. 2004 年版 20 美元正面底纹图案采用了彩虹印刷技术，其两边为_____色，中间为____色，色彩过渡自然、渐变。

15. 2004 年版 10 美元正面底纹图案采用了彩虹印刷技术，其两边为_____色，中间为____色，色彩过渡自然、渐变。

16. 1996 年美联储重新设计了美元的版面，其中安全线在紫外光下有荧光反应。100 美元面额的安全线在紫外光下的颜色为_____。

17. 1996 年版 50 美元安全线在紫外光下的颜色为_____。

18. 1996 年版 20 美元安全线在紫外光下的颜色为_____。

19. 1996 年版 10 美元安全线在紫外光下的颜色为_____。

20. 1996 年版 5 美元安全线在紫外光下的颜色为_____。

三、单项选择题

1. 美元各面额纸币正、背面主景图案分别采用（　　）。
    A. 不同人物头像、同一建筑物
    B. 一个人物头像、不同建筑物
    C. 不同人物头像、不同建筑物

2. 美元纸张中含有（　　）色和（　　）色纤维。
    A. 红；绿　　　　　　　　B. 红；蓝　　　　　　　　C. 蓝；黄

3. 1996 年版 100 美元和 50 美元纸币安全线在紫外光下分别发（　　）光。
    A. 红和绿　　　　　　　　B. 黄和绿　　　　　　　　C. 红和黄

4. 1996 年版 100 美元采用了光变面额数字，其颜色变化为（　　）。
    A. 金变绿　　　　　　　　B. 绿变黑　　　　　　　　C. 绿变蓝

5. 美元从 1990 年版开始，在纸币中增加了（　　）防伪特征。
    A. 光变油墨面额数字　　　　B. 白水印和凹印缩微文字
    C. 文字安全线和凹印缩微文字

6. 继 2003 年发行了 20 美元新版纸币以后，又发行了（　　）面额新版纸币。
    A. 100 美元　　　　　　　B. 50 美元　　　　　　　C. 10 美元
    D. 5 美元　　　　　　　　E. 2 美元　　　　　　　　F. 1 美元

7. 2004 年版 20 美元采用了光变面额数字，其颜色变化为（　　）。
    A. 铜变绿　　　　　　　　B. 绿变黑　　　　　　　　C. 绿变蓝

8. 从（　　）年版的钞票开始，美元纸币中都增加了固定人像水印。
    A. 1986　　　　　　　　　B. 1990　　　　　　　　　C. 1996

9. 从（　　）年版的钞票开始，美元纸币中增加了文字安全线和缩微文字。
    A. 1986　　　　　　　　　B. 1990　　　　　　　　　C. 1996

10. 1996 年版 10 美元光变油墨印刷的面额数字在晃动时颜色在（   ）色与（   ）色之间变化。

    A. 绿；黑   B. 铜；绿   C. 绿；蓝

四、简答题

1. 怎样鉴别真假外币？
2. 外币票面是由哪几个部分的内容构成的？
3. 外币的一般防伪措施有哪些？
4. 外币假币的一般特点有哪些？
5. 简述美元手工鉴别的方法。
6. 2001 年版"超级 K 假美元"的主要特征是什么？
7. 2006 年 3 月 2 日发行的新版 10 美元在哪些地方采用了显微印刷技术？

任务实训 2-14　现行流通的港币防伪特征分析及鉴别实训

日期_____班级_____学号_____姓名_____成绩_____

一、港币的防伪特征分析及举例

1. 港币常识

（1）货币名称：香港元，俗称港币，简称港元（HONG KONG DOLLAR）。

（2）发行机构：香港上海汇丰银行、渣打银行（香港）、中国银行（香港）和香港特别行政区政府。各机构发行的钞票，除票面面额相同外，其他特征均不一样。

（3）货币符号：HKD。

（4）辅币进位：1 港元=10 毫=100 分。

（5）流通面值：纸币有 10 港元、20 港元、50 港元、100 港元、500 港元和 1 000 港元 6 种，硬币有 1 毫、2 毫、5 毫、1 港元、2 港元、5 港元、10 港元 7 种。

2. 港币的一般防伪特征

港币的荧光图案是早期主要的防伪手段之一，也称荧光银码。

1994 年后港币由香港上海汇丰银行、渣打银行（香港）和中国银行（香港）3 家商业银行发行，统一由香港印钞有限公司在我国香港印刷。3 家银行发行的港元纸币的防伪手段略有区别，但防伪技术都在不断改进。如 2000 年以后发行的港币已有白水印；香港上海汇丰银行 2000 年版、中国银行（香港）2001 年版、渣打银行（香港）2001 年版的 1 000 元港币纸张中含有无色荧光纤维；2003 年版港币的全息开窗式安全线位于钞票的背面。归纳起来，港币的防伪技术主要有以下几种。

（1）纸张。印制港币的纸张是 100% 的棉纤维，白色，有着不同于一般纸张的特殊手感，纸质坚挺，扯动声脆，油墨附着力强。

（2）水印。凹水印（又称白水印）与凸水印（也称黑水印）两种防伪水印方法均有使用。

（3）印刷技术。港币正反面的背景图案是由平版胶印而成的。图案中均设计了对印图案，迎光观察，可见钞票正、背面的彩色图案和空白处互补吻合。

（4）其他新技术。

① 2000 年香港上海汇丰银行、2001 年渣打银行（香港）和中国银行（香港）发行新的 1 000 元港币，增加了 3 项防伪特征。一是开窗式全息安全线。安全线在钞纸正面时隐时现，

显露部分有银白色反光并可见洋紫荆花和"HK1 000"组成的不连续图案；轻转钞票时，会变色的洋紫荆花和"HK1 000"将出现；迎光观察时，清晰可见反白的洋紫荆花和"HK1000"的完整排列。二是隐形荧光纤维。常光下不可见，在紫外光照射下清晰可见呈红、蓝、绿3种颜色的纤维丝。三是白水印，即高透光度水印或凹水印。对光观察时，可见高透光度的"1 000"面额数字，手摸有凹陷感。

② 香港上海汇丰银行、渣打银行（香港）和中国银行（香港）3家银行2003年12月推出了100港元、500港元，2004年10月推出了20港元、50港元、1 000港元的2003年版钞票。新推出的港币在保留各自原有的特征，如隐形数字（或图案）、凹版印刷、荧光纤维、水印、金属安全线、缩微文字、对印图案和反复印的图案、荧光面额数字、钞票序号等技术外，采用了统一的防伪设计，防伪技术相同、防伪特征的位置相同，以方便公众识别和机器自动化处理。一是变色油墨面额数字。从不同角度斜视钞票时，面额数字呈金、绿色相互交替。二是荧光条码。在紫外光下呈现出明亮的机读荧光条码。三是反光图案。在强光下斜视钞票，会看到明亮反光洋紫荆花图案。四是开窗式全息安全线。一条4mm宽开窗式全息图安全线交织穿梭在钞票背面。全息图案有洋紫荆花和"HK"字符及面额数字。转动钞票时，在不同的角度会看到变色的洋紫荆花和"HK"字符及面额数字。迎光观察时，反白的洋紫荆花和"HK"字符及面额数字的完整排列清晰可见。五是红外特征。所有面额的钞票正、反面都有红外防假特征。

3. 香港上海汇丰银行发行的港币防伪特征

目前香港上海汇丰银行港币发行量占港币总发钞比例最大。

（1）票面设计。1959年版的水印是戴钢盔的人头侧面像和面额数字。1935～1972年大票版的水印是一个包头女人头像，1992年起水印改为狮子头像。1995年及以后发行的港币正面主图是铜狮头像（或者是铜狮头像与维多利亚港远景），层次分明、纹路清晰、生动传神、线条均匀、阴影自然。背面均为汇丰银行大厦和门前铜狮像，并配不同插图：10元券插图是帆船及现代货船；20元券插图是旧九龙火车站钟楼或城市景观；50元券插图是赛龙舟图或建筑一角、山峰；100元券插图是沙田万佛寺或桥梁；500元券插图是香港特别行政区政府大楼或机场；1 000元券插图是香港立法局大楼或城市景观。

（2）防伪特征。一是各种面额均有狮子头水印和安全线。二是在围绕水印图案处均有正背面透视标记，把钞票的背面朝着光线，可见印于背面的彩色图案与位于正面的相似图案空白位置完全吻合。三是在每种钞票正面右下角处都设计有隐形面额阿拉伯数字。四是钞票用凹版印刷方式印刷，尤其是正面的汇丰银行行徽及背面的狮子头像，用手触摸可感觉到浮雕效果。五是在紫光灯下，钞票正面可见到荧光面额阿拉伯数字；背面部分油墨也有荧光。1977年版和1985年版1 000元港币采用了底纹对接和对印技术。1997年起采用折光法，纸张里面隐藏钞票面额数字。汇丰银行发行的港币冠字号码采用横竖异形双号码。

4. 渣打银行（香港）发行的港币防伪特征

（1）票面设计。图案设计正面均采用了神话中的吉祥兽作为设计主题，背面主图是渣打银行大楼和洋紫荆花。10元券正面为鲤鱼；20元券正面为神龟；50元券正面为北狮；100元券正面为麒麟；500元券正面为凤凰；1 000元券正面为飞龙。2003年各面额钞票正面图案为神话动物；背面图案除20元纸币为港口外，其余均为城市景观。

（2）防伪特征。一是有固定位置的水印和安全线。水印位置呈木纹状花纹，透光可看到戴钢盔的古罗马人头像水印1～3个，在人头上部有"SCB"字样水印，也有不透明安全线。二是在钞票的左面下部均有前后透视标记。如将钞票的正面图案面向光线，可清楚地看到背后的颜色图案准确地符合正面空间的相同图案。三是钞票采用凹版印刷方法印制，用手触摸有浮凸感觉，尤其是正面的动物和背面的皇家徽章。四是在紫光灯下，钞票的正面可见到荧光阿拉伯数字，背面中间是绿色荧光油墨。五是新旧两版均有对印图案，正背面线条完全吻合。

5. 中国银行（香港）发行的港币防伪特征

（1）票面设计。1994年—2000年版各面额钞票，正面图案均以中国银行大厦配花卉。其中，20元港币为水仙花，50元港币为菊花，100元港币为荷花，500元港币为牡丹花，1 000元港币为洋紫荆花。背面图案则各不相同。其中，20元港币为香港中区及湾仔商业区，50元港币为香港海底隧道，100元港币为香港尖沙咀远景，500元港币为香港葵涌货柜码头，1 000元港币为香港太平山岛瞰港岛中区。2001年版的1 000元港币改为：正面主景图案为银行建筑，背面图案为建筑。2003年版20元、50元和1 000元港币的正面图案为银行建筑，背面图案分别为建筑、城市景观和建筑；100元和500元港币的正面图案为中银大楼，背面图案分别是桥梁和机场。

（2）防伪特征。一是双面对印，"中"字一列为凹版印刷。二是有安全线和水印，安全线为实芯，水印为坐狮。三是1996年1月1日以后，在花卉所在位置新增了折光反应。2001年版1 000元港元纸币中新增了一条全息开窗文字安全线和"1 000"字样的白水印。其发行的港元纸币胶印对印图案是圆形图案。

6. 香港特别行政区政府发行的港币

香港特别行政区政府于2002年7月1日发行了第1张纸币，面额为10港元，现在主要发行各种硬币和10元纸币。香港特别行政区政府发行的港币，除色彩丰富外，还引入了压印图案、压印隐形数字、反光条带等防伪特征。目前还没有发现假币。

7. 港币鉴别的方法

（1）看光变油墨面额数字。从20港元起就有光变油墨，因光变油墨价值昂贵，假币没有。

（2）看主要图案、花纹。真钞阴影均匀自然、层次分明，富有立体感；花纹粗细均匀、纹路清晰。假钞阴影平淡、生硬粗糙，缺乏立体感；花纹粗细不一、模糊不均、点线间断。

（3）看水印和安全线。真钞水印及安全线明显清楚，假钞模糊粗糙，水印浮出安全线不清晰。

（4）凹版印刷。手摸真钞有明显凹凸感，假钞很平滑。

二、填空题

1. 中国银行（香港）发行的2001年版1 000港元纸币中新增了一条＿＿＿＿＿＿＿安全线和"＿＿＿"字样的白水印。

2. 目前流通港币主要由＿＿＿＿＿＿＿＿＿＿＿、＿＿＿＿＿＿＿＿＿＿＿、＿＿＿＿＿＿＿＿3家银行负责发行。

3. 香港上海汇丰银行1995年发行的港币正面主图是＿＿＿＿＿＿＿，背面主图是＿＿＿＿＿＿。

4. 中国银行（香港）有限公司1995年发行的港币正面主图是＿＿＿＿＿，背面主图是＿＿＿＿。

5. 渣打银行（香港）1995年发行的港币正面主图是＿＿＿＿＿＿＿＿，背面主图是＿＿＿＿和＿＿＿＿。

6. 香港特别行政区政府于＿＿＿年＿月＿日发行了第1张纸币，面额为＿＿港元。

7. 港币的＿＿＿＿是早期主要的防伪手段之一，港人称之为荧光银码。

8. 港币上的白水印在＿＿＿年以后发行的港币上才有。

9. 2003 年版港币的_____安全线位于钞票的背面。

10. 目前_____银行港币发行量占港元总发钞比例最大。

三、选择题

1. 香港上海汇丰银行发行的港币冠字号码采用了（　　　）。

    A. 横竖双号码　　　　　　　　B. 横竖异形双号码　　　　C. 双色横号码

2. 香港上海汇丰银行发行的 1993 年版港币纸币水印图案是（　　　）。

    A. 狮头　　　　　　　　　　　B. 罗马军人头像　　　　　C. 总督府大楼

3. 渣打银行（香港）发行的港元纸币胶印对印图案是（　　　）。

    A. 花边图案　　　　　　　　　B. "中"字图案　　　　　　C. 圆形图案

4. 中国银行（香港）发行的 2001 年版 1 000 港元纸币中新增了一条（　　　）安全线。

    A. 磁性全息文字　　　　　　　B. 全息开窗文字　　　　　C. 荧光

5. 下列（　　　）的 1 000 港元纸张中含有无色荧光纤维。

    A. 香港上海汇丰银行 2000 年版

    B. 中国银行（香港）1996 年版

    C. 中国银行（香港）2001 年版

    D. 渣打银行（香港）2001 年版

    E. 渣打银行（香港）1993 年版

四、简答题

香港上海汇丰银行、渣打银行（香港）和中国银行（香港）发行的港币各有哪些防伪特征？

任务实训 2-15　欧元的防伪特征分析及鉴别实训

日期_____班级_____学号_____姓名_____成绩_____

一、欧元的防伪特征分析及举例

1. 欧元常识

（1）货币名称：欧元（EURO）。

（2）发行机构：欧洲中央银行（EUROPEAN CENTRAL BANK，ECB）和各欧元成员国中央银行。

（3）货币符号：EUR。

（4）辅币进位：1 欧元=100 欧分。

（5）流通面值：纸币（主币）有 5 欧元、10 欧元、20 欧元、50 欧元、100 欧元、200 欧元和 500 欧元等 7 种，硬币（辅币）有 1 欧分、2 欧分、5 欧分、10 欧分、20 欧分、50 欧分、1 欧元和 2 欧元 8 种。

2001 年 1 月 1 日，欧元开始成为结算货币。2002 年 1 月 1 日，欧元现钞开始在欧元区 12 个成员国（比利时、德国、希腊、西班牙、法国、爱尔兰、意大利、卢森堡、荷兰、奥地利、葡萄牙、芬兰）中流通。此后，各成员国原有货币退出流通，欧元成为唯一的合法货币。从欧元的连号冠字第 1 个字母可查出该钞票是在哪个国家印制的。目前欧元假币中仿真度最高的是 50 欧元和 200 欧元。

2. 欧元的一般防伪特征

（1）纸币的票面特征。欧元纸币是由奥地利中央银行的罗伯特·卡利纳设计的，主题是"欧洲的时代与风格"，重点描绘了欧洲文明史 7 个重要时期的建筑风格与特色，其中还包含了一系列的防伪特征和各成员国有代表性的特色。

欧元纸币正面的主图案是建筑的窗户、门廊和 12 颗欧洲星。窗户和门廊象征着欧洲的开放与合作精神，12 颗欧洲星则象征着当代欧洲的活力和融洽。纸币背面主图案描述了欧洲 7 个不同时代的桥梁，背景是欧洲地图，寓意欧盟各国及欧盟与全世界的紧密合作和交流。

7 种不同券别的纸币采用不同颜色为主色调，规格也随着面值的增大而增大。此外，欧元纸币还有以下主要特征：用拉丁文和希腊文标明的货币名称；用 5 种不同语言文字的缩写形式注明了"欧洲中央银行"的名称，版权保护标识符号，欧洲中央银行行长签名，欧盟旗帜。

（2）硬币特征。欧元硬币全部采用复合金属材料制作，而且在图案设计上与其他国家的货币有较大不同。与欧元纸币不同，欧元硬币正面全部采用比利时货币设计专家鲁克·鲁伊克斯的设计，而硬币背面中心图案可由欧元区各国自行设计，但其外沿应统一采用欧盟 12 颗五角星环绕图案。欧元硬币可以自由流通。比利时、卢森堡、荷兰及爱尔兰铸造的硬币背面分别只采用一种图案，德国、芬兰、法国、西班牙和葡萄牙铸造的硬币背面图案则分为 3 种，意大利、奥地利、希腊则根据硬币面值的不同在硬币背面采用了不同的图案。

（3）防伪特征。

① 纸张。100%的棉纤维特制纸张，较薄但韧性较强，手触不滑、不脆、较为密实。钞纸中还掺有荧光纤维，在紫外光下呈红、绿、蓝 3 种颜色。

② 水印。欧元纸币均采用双水印，即与每一票面主景图案相同的门窗图案水印及面额数字白水印。迎光可见正面左侧有 3 种水印，即多层次正面主体图案水印、高透光面额数字水印和条形数码水印，右边竖道为机读条码水印。

③ 安全线。欧元纸币采用了全埋黑色安全线，安全线上有黑底反白的欧元名称"EURO"字母和面额数字，安全线内含机读信息。

④ 油墨。欧元钞票采用了多种安全油墨印刷，有磁性油墨、反光油墨、变色油墨、荧光油墨、红外光油墨等。变色油墨、反光油墨提供了光变防伪特征，磁性油墨、荧光油墨、红外光油墨印刷的图案须借助仪器观测。

⑤ 对印图案。欧元纸币两面左上角的不规则图形正好互补成面额数字，对接准确，无错位。

⑥ 印刷。欧元纸币正面的面额数字、门窗图案、欧洲中央银行缩写及 200 欧元、500 欧元的盲文标记，均采用雕刻凹版印刷，摸起来有明显的凹凸感。

⑦ 珠光油墨和有色荧光纤维印刷图案。5 欧元、10 欧元、20 欧元背面中间用珠光油墨印刷了一个条带的反光图案，不同角度下可出现不同的颜色，而且可以看到欧元符号和面额数字。在倾斜时可见明亮的光泽。在紫外光下，欧元纸币背面的欧洲地图和桥梁图案均变为黄色。欧元纸币的彩色安全底纹是胶版印刷的。在紫外光下，欧盟旗帜和欧洲中央银行行长签名的蓝色油墨变为绿色，12 颗星由黄色变为橙色，背面的地图和桥梁则全变为黄色。

⑧ 全息标识。5 欧元、10 欧元、20 欧元正面右边贴有全息薄膜条，变换角度可以观察到明亮的欧元符号和面额数字；50 欧元、100 欧元、200 欧元和 500 欧元正面右下角贴有全息薄膜片，变换角度可以看到明亮的立体门窗图案、欧元符号和面额数字。欧元最小的缩微文字在全息图里，在放大镜下观察，缩微文字线条饱满清晰。

⑨ 光变面额数字。50 欧元、100 欧元、200 欧元和 500 欧元采用丝网印刷技术，背面

右下角的面额数字是用光变油墨印刷的，将钞票倾斜一定角度，颜色可由紫色变为橄榄绿色。

3. 欧元纸币的鉴别方法

（1）看。迎光透视，看水印、安全线和对印图案。晃动观察，看全息标志，5 欧元、10 欧元、20 欧元背面珠光油墨印刷条状标记和 50 欧元、100 欧元、200 欧元、500 欧元背面右下角的光变油墨面额数字。

（2）摸。欧元纸币是用纯棉纸张印制的，手感有别于一般纸张。摸纸张，欧元纸币纸张薄、挺括度好，摸起来不滑、密实，在水印部位可以感到有厚薄变化。摸凹印图案，欧元纸币正面的面额数字、门窗图案、欧元中央银行缩写及 200 欧元、500 欧元的盲文标记均是采用雕刻凹版印刷的，摸起来有明显的凹凸感。

（3）听。用手抖动纸币，真钞会发出清脆的声音。

（4）测。用紫外灯和放大镜等仪器检测，在紫外光下，欧元纸张无荧光反应，同时可以看到纸张中有红、蓝、绿三色荧光纤维；欧盟旗帜和欧洲中央银行行长签名的蓝色油墨变为黄色；欧元纸币正背面均有缩微文字，在放大镜下观察，真币上的缩微文字线条饱满且清晰。

二、填空题

1. 欧元纸币是用_____纸张印制的，手感有别于一般纸张。

2. 50 欧元以上面额欧元钞票背面有变色油墨数字，它采用的印刷技术是_____。

3. 20 欧元以下面额欧元钞票背面中间有珠光油墨条带，在_____时可见明亮的光泽。

4. 欧元纸币的彩色安全底纹是_____印刷的。

5. 欧元现钞是_____年__月__日发行的。欧元共有_____种面值的纸币，最小面值是____欧元，最大面值是____欧元。

6. 现流通的欧元设计者为奥地利中央银行的钞票设计师_____。欧元还有 8 种面值的硬币，其正面图案都是统一的，其设计者是比利时皇家铸币厂的_____。

7. 欧元纸币图案的主题是_____。

8. 迎光可见欧元纸币正面左侧有 3 种水印，即多层次正面主体图案水印、_____水印、_____水印。

9. ____欧元和____欧元采用了深凹印触摸标记。

10. 在紫外光下，可以看见欧元纸张中不规则地分布着呈____、____和____色荧光纤维，这些纤维在日光下看不见。

11. 20 欧元以下小面额钞票的反光图案采用_____印在钞票背面。

12. 欧元最小的缩微文字在_____里。

13. 从欧元的连号冠字第____个字母可查出该钞票是在哪个国家印制的。

14. 目前欧元假币中仿真度最好的是____欧元和____欧元的假币。

15. 欧元纸币采用的全埋式缩微文字安全线。安全线是黑色的，透光观察可以看到上面有"_____"字样和面额数字。

16. 5 欧元、10 欧元、20 欧元纸币正面右边贴有全息薄膜条，变换角度观察可看到明亮的欧元符号和_____。

17. 在紫外光下，欧元纸币背面的欧洲地图和桥梁图案均变为____色。

18. 100 欧元、200 欧元、500 欧元纸币背面右下角的面额数字是用光变油墨印刷的。当钞票倾斜一定角度时，数字颜色由紫色变为_____色。

三、选择题

1. 欧元纸币水印图案由（　　　）和（　　　）组成。

    A. 门窗图案；拱门图案   B. 门窗图案；面额数字 C. 门窗图案；欧元符号

2. 在紫外光下，欧元纸币正面欧盟旗帜和欧洲中央银行行长签名变为（　　　）色，欧盟旗帜上的星变为（　　　）色。

    A. 红；紫   B. 黄；蓝   C. 绿；橙

3. （　　　）面额纸币背面采用了珠光油墨技术。

    A. 5 欧元   B. 10 欧元   C. 20 欧元

    D. 50 欧元   E. 100 欧元

4. （　　　）面额纸币采用了光变油墨技术。

    A. 20 欧元   B. 50 欧元   C. 100 欧元

    D. 200 欧元   E. 500 欧元

5. （　　　）面额纸币采用了凹印盲文标记。

    A. 20 欧元   B. 50 欧元   C. 100 欧元

    D. 200 欧元   E. 500 欧元

6. 100 欧元纸币的全息标识在票面（　　　）。

    A. 正面右下角   B. 正面左下角   C. 背面右下角

四、简答题

1. 欧元纸币正面及背面主景图案的象征意义是什么？

2. 欧元的防伪特征有哪些？

任务实训 2-16　英镑的防伪特征分析及鉴别实训

日期_____班级_____学号_____姓名_____成绩_____

一、英镑的防伪特征分析及举例

1. 英镑常识

英国纸币是由成立于 1694 年的英格兰银行发行的。

（1）货币名称：英镑（POUND STERLING）。

（2）发行机构：英格兰银行（BANK OF ENGLAND）。

（3）货币符号：GBP。

（4）辅币进位：1 镑=100 便士（PENCE）。

（5）流通面值：目前流通的英镑纸币有 5 英镑、10 英镑、20 英镑和 50 英镑 4 种面额，其与停止流通的英镑最明显的区别在于新钞有大不列颠女神像全息图。停止流通的英镑仍可无限期到指定银行机构等值兑换。

2. 英镑的一般防伪特征

（1）票面特点。各面额钞票正面均印有英女王伊丽莎白二世头像，背面是英国著名的历史人物。5 英镑为威灵顿公爵像，2002 年版为护士、慈善家伊丽莎白·弗莱像；10 英镑为南丁格尔像，2000 年版为生物学家查尔斯·达尔文像；20 英镑为莎士比亚像和雕刻在石台柱上的 2 个头像及悲剧《罗密欧与朱丽叶》的场景，1999 年版为作曲家爱德华·爱尔加爵士像，2007 年版为亚当·斯密像；50 英镑为雷恩·克韦斯特弗像，1994 年版为英格兰银行首任总裁约翰·霍布伦像。

（2）印刷特点。

① 纸张。纸张成分是棉和亚麻，纸张洁白挺括，手摸不滑、不光，但正面略比背面光滑，扯动声脆。

② 水印。钞纸中固定位置水印和条状水印。5 英镑的水印采用半固定，连续用一个人物头像的形式，10 英镑、20 英镑和 50 英镑的水印则采用单一人头像固定位置的形式，水印层次清楚。

③ 安全线。10 英镑、20 英镑和 50 英镑的金属线为开窗安全线，也就是继续露出纸面的形式，是采用先进的造纸技术印刷而成的。1990～1994 年版纸币安全线开窗在正面，1999 年以后版纸币开窗安全线在背面。50 英镑正面右边的金属箔是重要的防伪措施，其上有凹版印刷的红字。

④ 印刷技术。英镑通常采用凹版、凸版、胶印、丝网印刷等。钞票正面的人像、主要图案以及面额字母和数字等以凹版印刷；凹印的女王头像采用手工雕版，套印在彩色底纹线上，生动逼真。50 英镑纸币的女王头像右边有银色的热压金属箔，图案为玫瑰花和盾牌，盾牌上还有凹印的女王徽号"EIIR"。"Bank of England"几个字是深凹版印刷，手摸有明显的浮雕效果。各种钞票的底纹采用凸版多色、隔色和套印等方法，线条变化多样。钞票采用花纹对接技术，钞票折叠后，其边角花纹可以完全结合形成完整图案。整个票面印刷精美、线条清晰、色彩纯正，使用隔色、彩虹印刷技术，色彩变化过渡自然。

⑤ 缩微文字印制的钞票面额字母和数字。字母和数字部分有防复印背景图案设计，清晰、完整，排列整齐。横钞票序列号数字由小变大，彩虹印刷，色彩渐变。

⑥ 1999 年后发行的纸币又加入了两项易于识别的防伪技术。一是激光全息图膜。钞票正面左侧贴有全息图，在不同角度可以看到不列颠女神（Britannia）图像或钞票面额数字，全息图中还印有缩微文字。二是荧光面额数字。钞票正面全息图下方，在紫外光下可见明亮的红、绿两色面额数字。2007 年 3 月 13 日开始发行的新版英镑是 20 英镑纸币，主色调为蓝色，增加了全息图安全线和对印图案。

英镑是欧洲印制成本最低的纸币，但英镑的防伪措施更新较快，银行收兑人员要及时掌握新增防伪特征。

二、填空题

1. 英国纸币是由成立于 1694 年的_____银行发行的。

2. 目前流通的英镑纸币共有_____、_____、_____、_____4 种面额，与停止流通的英镑最明显的区别在于新钞有大不列颠女神像_____。

3. 50 英镑正面右边的金属箔是重要的防伪措施，其上有_____印刷的红字。

4. 停止流通的英镑仍可到指定银行机构_____兑换。

5. 用于钞票的印刷技术通常有_____、_____、_____、_____等。

任务实训 2-17　日元的防伪特征分析及鉴别实训

日期_____　班级_____　学号_____　姓名_____　成绩_____

一、日元的防伪特征分析

1. 日元常识

（1）货币名称：日元银行券，又叫日元（JAP YEN）。

（2）发行机构：日本银行（NIPPON GINKO）。

（3）货币符号：JPY。

（4）流通面值：纸币500日元、1 000日元、5 000日元、10 000日元，硬币1日元、5日元、10日元、50日元、100日元、500日元。

2. 日元的一般防伪特征及鉴别

日本货币通常不公布停止流通日期，只是新版钞票发行后逐渐回收旧版的。目前流通的日元均为1984年以后发行的。日本银行在2000年7月19日发行了2 000日元纸币，2004年发行了1 000日元、5 000日元和10 000日元新纸币。日元特点如下。

（1）1984年版日元的防伪特征体现在以下几方面。

① 纸张特殊。日元纸币属于合成纸张，在制造过程中掺入日本特有的物产三桠树皮浆，坚韧有特殊光泽，声音清脆，呈浅黄色，面额越大颜色越深。

② 水印的独到之处。日元主水印为多色调人像水印，如图2-75所示。制造精细、黑白分明，图案清晰、立体感强、层次丰富。钞票正面左下方环形副水印为白水印，如图2-76所示。钞票有明显的凹陷感，作为盲人触摸识别钞票面额标记。迎光透视非常清晰，从钞票背面看似乎有压痕，是当今最好的水印之一，水印呈黑、白两种颜色。

使用设备：C9主机

观测模式：透光模式

真钞特点：水印头像

图 2-75　水印

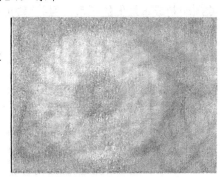

使用设备：C9显微光谱分析仪

观测模式：透光模式

真钞特点：白水印图案

图 2-76　白水印

③ 油墨。日元使用的是特殊防复印油墨，大写面额及人物肖像所用油墨带有磁性。当日元钞票在彩色复印机上复印时，复印出的假钞上的油墨会改变颜色。

④ 印刷技术。日元底纹及人物肖像采用超细线重叠印刷技术，难以仿制。超细线人物肖像采用雕刻凹版印刷，神态自然。文字用深凹版印制，眼观有漆质的感觉。手触摸有明显的凹凸感。

（2）1993年版钞票序列号颜色由黑色改为棕色并增加了缩微印刷和荧光防伪。钞票正反面有缩微印刷文字"NIPPON GINKO",如图 2-77 所示。日本银行"总裁之印"在紫外光下呈红色荧光,如图 2-78 所示。

使用设备:C9 显微光谱分析仪
观测模式:白光模式
真钞特点:左上方缩微文字

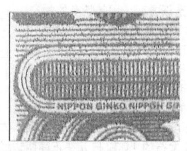

图 2-77 缩微文字

使用设备:C9 主机
观测模式:365nm 紫外光模式
真钞特点:印章有荧光反应

图 2-78 荧光变化印章

(3)2000 年发行的新系列 2 000 元钞票,在保持以前风格的基础上增加了许多新的防伪技术。

① 深凹版印刷。钞票正面中文、大写面额及左右下方 3 个小圆点采用深凹版印刷技术,凹凸感十分明显。深凹印的圆点代替了以前的副水印,作为盲人触摸识别标志。

② 变色油墨。右上角面额数字,正视为绿色,斜视为紫色。

③ 反光油墨。晃动观察,在钞票正面左右两侧可见粉红色光带出现。由珠光油墨印制。

④ 红外光油墨。在红外光下,钞票正反面部分图案不可见,变化相当显著。

⑤ 荧光油墨。在紫外光下"总裁之印"呈红色,钞票上花纹、图案中的蓝色部分会变为黄绿色。

⑥ 隐形文字。正面左下角椭圆形图案中,侧视旋转钞票可见白色或黑色"2 000"面额数字。背面右上方"2 000"数字的下方,倾斜钞票可看到"NIPPON"字样,而且前 3 个字母与后 3 个字母颜色(黑、白、深、浅)不同。

(4)2004 年 11 月日本银行发行的 1 000 元、5 000 元和 10 000 元新系列钞票和 2 000 年 2 000 元钞票相比,又增加了条码水印,改进了光变防伪措施。5 000 元和 10 000 元钞票采用全息图膜,1 000 元钞票采用凹印隐形面额数字上叠加珠光油墨印制的面额文字,达到在不同角度观察时存在变化的效果。

由于日元兑换比值较小,加上印刷水平高,所以很长时间内几乎没有假币。随着日元不断升值及造纸技术的普及,日元假币也逐渐出现。目前我国境内已发现的 10 000 日元假币特征为:纸张差,没有韧性,脆;虽然有水印,却是画在票面上的;假币的人物印刷比较粗糙,头发部位模糊;没有盲人识别标记;背面野鸡是平版胶印的,无法分辨在纸面上跳起来的痕迹;底纹线条比较模糊,整张钞票的色彩与真币相比有一定差异。

二、填空题

1. 日元在造纸方面，用其特有的物产_____为原料，纸张坚韧，有光泽，声音清脆，呈浅黄色，面额越大颜色越____。

2. 日元纸币按面额可分为_____日元、_____日元、_____日元和_____日元4种。

3. 日本银行在2000年发行了____日元纸币，2004年发行了____日元、____日元和____日元新纸币。

4. 日元中的_____制造精细，黑白分明，迎光透视非常清晰。

5. 2004年发行的5 000日元在正面左下方增加了_____防伪功能。

6. 2004年发行的1 000日元在正面两边增加了_____防伪功能。

7. 在放大镜下观察时，日元纸币正面左右面额数字下方可见缩微文字_____字样，以防被彩色复印机复制。

8. 2 000日元纸币正面右上角的面额数字是采用光变油墨印刷的，垂直观察时为____，倾斜一定角度则变为____。

三、选择题

1. 日本在2000年7月19日发行了（　　　）面额的新版日元。
   A. 2 000   B. 5 000   C. 10 000

2. 日元纸张呈淡黄色，并含特有的（　　　）纤维。
   A. 蚕丝   B. 剑麻   C. 三桠皮

3. 2 000日元纸币正面右上角的面额数字是采用光变油墨印刷的，垂直观察为（　　　）色，倾斜一定角度则变为（　　　）色。
   A. 蓝；紫   B. 蓝；绿   C. 蓝；金

4. 日元纸币采用了（　　　）油墨印刷图案，当用彩色复印机复印时，用这种油墨印刷的图案会发生颜色变化，使复印出来的色调与原来的色调完全不同。
   A. 有色荧光   B. 防复印   C. 红外光

5. 日元各面额纸币（　　　）设安全线防伪特征。
   A. 中偏左   B. 中偏右   C. 未

6. （　　　）面额日元纸币采用了隐形面额数字防伪措施。
   A. 1 000   B. 2 000   C. 5 000

四、简答题

1. 目前流通的日元纸币有哪几种？

2. 日元纸币的一般防伪特征包括哪几个方面？

项目三 居民身份证及护照识别技术

教学目标及重点、难点

本项目要求读者熟悉居民身份证的特点，掌握第二代居民身份证和第二代临时身份证的整体识别技术，了解登记用护照和港澳居民来往内地通行证的简单识别。

教学重点是第二代居民身份证的整体识别技术。

教学难点是身份证和登记用护照的识别。

思政目标是弘扬遵纪守法的基本准则。

任务一 居民身份证识别

第一部分 相关知识

居民身份证是国家法定的证明公民个人身份的证件。随着我国经济社会的迅猛发展和人口流动的不断加速，居民身份证的使用越来越频繁。根据《个人存款账户实名制规定》和《金融机构客户身份识别和客户身份资料交易记录保存管理办法》的文件精神，银行等金融机构在办理相关业务时需要核查和识别居民身份证。为了堵塞和制止假居民身份证的流通和使用，减少不必要的损失，我们应该了解和掌握居民身份证的特征。第一代居民身份证自 2013 年 1 月 1 日起已停止使用，所以本项目重点介绍第二代居民身份证和第二代临时居民身份证的特点。

一、第二代居民身份证的整体识别

1984 年 4 月 6 日国务院发布《中华人民共和国居民身份证试行条例》，开始颁发第一代居民身份证。第一代居民身份证分为两个阶段。第一阶段采用印刷和照相翻拍技术塑封而成，为聚酯薄膜密封、单页卡式，15 位编码。第二阶段是 1995 年 7 月 1 日起启用的新防伪居民身份证，采用全息透视塑封套防伪。1999 年 10 月 1 日起建立和实行公民身份号码制度，身份代码是唯一的、终身不变的。

根据第十届全国人民代表大会常务委员会 2003 年 6 月 28 日通过、自 2004 年 1 月 1 日起施行的《中华人民共和国居民身份证法》的有关规定，公安部在全国范围内换发新的居民身份证，即第二代居民身份证。

根据《中华人民共和国居民身份证法》的有关规定，"二代证"扩大了发行范围，未满 16 周岁的公民，可以根据自愿申领"二代证"；根据国务院、中央军委颁布的《现役军人和人民武装警察居民身份证申领发放办法》，自 2008 年 1 月 1 日起，现役军人、人民武装警察可以申请发放居民身份证，其登记项目包括：姓名、性别、民族、出生日期、长期固定住址、公民身份号码、本人相片、证件的有效期和签发机关。同时，香港同胞、澳门同胞、台湾同胞迁入内地定居的，华侨回国定居的，以及外国人、无国籍人在中华人民共和国境内定居并被批准加入或恢复中华人民共和国国籍的，在办理常住户口登记时，应当申领"二代证"。

在有效期方面，未满 16 周岁公民自愿申领的，发给有效期 5 年的居民身份证；发给 16～25 周岁居民有效期 10 年的居民身份证；发给 26～45 周岁居民有效期 20 年的居民身份证；对 46 周岁以上的居民发给长期有效的居民身份证。

第十一届全国人民代表大会常务委员会第二十三次会议通过的《关于修改〈中华人民共和国居民身份证法〉的决定》强调：居民身份证登记的项目包括姓名、性别、民族、出生日期、常住户口所在地住址、公民身份号码、本人相片、指纹信息、证件的有效期和签发机关；公民申请领取、换领、补领居民身份证，应当登记指纹信息；有关单位及其工作人员对履行职责或者提供服务过程中获得的居民身份证记载的公民个人信息，应当予以保密。该决定还对泄露行为构成犯罪的，做出了依法追究刑事责任和民事责任的规定；明确自 2013 年 1 月1 日起停止使用一代证，但在 2012 年 1 月 1 日以前领取的一代证，在其有效期内继续有效。原居民身份证的停止使用日期由国务院决定。

1. 第二代居民身份证的规格特点

与第一代比，第二代居民身份证，如图 3-1 所示，在规格特点等方面发生了一些明显的变化。

图 3-1　第二代居民身份证正面

（1）大小。第二代居民身份证规格为长 85.6mm，宽 54mm，厚 1mm。

（2）规格。

① 正面。第二代居民身份证正面有签发机关和有效期限 2 个登记项目，印有国徽、证件名称、写意长城图案及彩色花纹；国徽图案位于左上角，庄严、沉稳，配以"中华人民共和国居民身份证"的名称字样，很好地表达了主题。背景图案为写意长城，代表中华人民共和国长治久安；以远山为背景，加深了长城图案的纵深感。底纹为彩虹扭索花纹，采用彩虹印刷技术，颜色从左至右为浅蓝色至浅粉色再至浅蓝色，清新、淡雅的色调使证件显得淳朴、大方。签发机关为县公安局、不设区的市公安局和设区的公安分局。

② 背面。第二代居民身份证背面印有持证人相片，登记项目（姓名、性别、民族、出生日期、住址、公民身份号码），印有彩色花纹。图案底纹为彩虹扭索花纹，颜色从左至右为浅蓝色至浅粉色再至浅蓝色。

在 5 倍以上放大镜或实体显微镜下观察，可发现第二代居民身份证正、背面的登记项整个图案由红、黄、蓝、黑四色墨粉颗粒堆积而成。

③ 材质。第二代居民身份证是由具有绿色环保性能的多层聚酯（PETG）材料复合而成的单页卡式证件，包括正面保护膜、正面印刷层、中间镶嵌层、背面印刷层和背面保护膜 5

个部分。卡基材料为 PETG 新材料，可以回收利用，对周边环境不构成污染。同时，该材料采用新配方和新的控制技术，具有易于印刷、防伪造、耐摩擦、抗腐蚀、抗静电等特点。

④ 号码。自 1999 年 10 月 1 日起，全国实行居民身份证号码制度，居民身份证编号由 15 位升至 18 位（前面已做介绍）。第二代居民身份证号码继续采取这种编码方式。

⑤ 照片。第二代居民身份证使用"身份证照片采集系统"，按照统一标准和要求摄制。照片规格为 358 像素（宽）×441 像素（高），分辨率为 350dpi，照片颜色为 24 位 RGB，采取 JPEG 压缩技术，照片要求不着制式服装。头像在照片矩形框内居中位置，照片大小约 1 寸，白色无边框。

⑥ 字体、字号。第二代居民身份证证件正面左上角的国徽用红色油墨印刷；正中偏右证件名称"中华人民共和国居民身份证"分上下两行排列，其中上排"中华人民共和国"为 4 号宋体字，下排"居民身份证"为 2 号宋体字；"签发机关"采用"××市（县）公安局"，"有效期限"采用"××××.××.××–××××.××.××"格式，使用 5 号黑体字，全部用黑色油墨印刷。背面"姓名""性别""民族""出生年月日""住址""公民身份号码"为 6 号黑体字，用蓝色油墨印刷；登记项目中的"姓名"用 5 号黑体字印刷，其他用小 5 号黑体字印刷；公民身份号码项（18 位阿拉伯数字）使用加粗的 5 号黑体字，全部用黑色油墨印刷。

2. 第二代居民身份证采用的新技术

第二代居民身份证采用了多项新技术，证件质量、安全防伪性能大大提高。

① 采用非接触式 IC 卡技术制作，利用芯片作为机读存储器，芯片存储容量大，写入的信息可划分安全等级、分区存储，按照管理需要授权读写，也可以将变动信息（如住址变动）追加写入；芯片使用特定的逻辑加密算法，有利于证件制发、使用中的安全管理，增强防伪功能；芯片和电路线圈在证卡内封装，能够保证证件在各种环境下正常使用，使用寿命较长；芯片具有读写速度快、使用方便、易于保管，以及便于各用证部门使用计算机进行网络查询等优点。

② 证件信息的采集和传输采用数码照相和计算机技术，可以缩短制证周期。

③ 证件制作和生产管理采用计算机监控，可以加强内部管理，提高精确度和工作效率。

④ 证件信息的存储和证件查询采用数据库技术和网络技术，使证件具备视读和机读两种功能，这样既可实现全国范围的联网快速查询和身份识别，也可以进行公安机关与各行政管理部门的网络互查，能够有效利用人口资源，实现信息共享，加强社会管理，同时也有利于为群众提供服务。

3. 第二代居民身份证的防伪特征

第二代居民身份证采用多种防伪技术，如数字防伪技术、射频识别技术、印刷防伪技术等，同时在数字防伪系统上还采用了加密技术。防伪膜、多项印刷防伪技术及暗记等数字防伪措施的采用，加强了机读信息的防伪，可以有效地防止证件被伪造或证件信息内容被篡改。

（1）长城烽火台：在"性别"项目的位置有定向光变色的"长城"图案，在证件的背面左上角"姓名"与"出生"之间有一长城烽火台，可在不同的角度变色。用左眼看可能是黄色，右眼看可能是绿色，两眼一起看就表现为蓝色；白天、夜晚看又显现出不同的光泽。如果将证件下半部分放在紫外灯光下，可以发现荧光印刷的"长城"图案。

（2）"中国 CHINA"图案：人像下面有"中国 CHINA"图案。在照片下方有渐变光存储的"中国 CHINA"字样，其中字符串周围有渐变花纹，外沿呈椭圆形。

（3）隐藏缩微文字：证件正反面图案中用放大镜可以看到，在彩虹印刷的底纹中有缩微字符串"JMSFZ"；人像下方的"中国 CHINA"激光防伪标记，全部由"CHINA 中国"缩微印刷而成。

（4）证件底纹采用彩虹印刷技术，颜色从左至右为浅蓝色至浅粉色再至浅蓝色。

（5）在签发机关上方，有"ZHRMGHGJMSFZ"构成的长城城墙。

（6）在长城图案的中间和旁边的山上有"WLCC"（万里长城）字样。

（7）在国徽图案边上的圆弧线为断线。

（8）因二代身份证无法注销，即便丢失后补办挂失处理，已丢失的身份证仍可使用，公安部便采取了指纹登记的补救措施。修订的《中华人民共和国居民身份证法》也规定公民申领、换领、补领居民身份证应当登记指纹信息。

（9）机读功能：证件芯片采用数字防伪措施，用于机读信息的防伪。第二代居民身份证将持证人的照片图像和登记项目等内容数字化后采用数码技术加密，存入机读芯片。芯片在证卡内封装，能够保证证件在各种环境下正常使用，可在证件进行机读时完成证件与机具的相互认证和机读信息的安全性确认，有效起到证件防伪作用。

二、第二代临时居民身份证的整体识别

第二代临时居民身份证是中华人民共和国内地公民在"申请领取、换领、补领居民身份证期间"可以申请领取的公民身份证明文件。《中华人民共和国居民身份证法》第十二条规定："公民在申请领取、换领、补领居民身份证期间，急需使用居民身份证的，可以申请领取临时居民身份证，公安机关应当按照规定及时予以办理。具体办法由国务院公安部门规定。"

2005年6月7日，公安部令第78号发布《中华人民共和国临时居民身份证管理办法》，自2005年10月1日起施行，《临时身份证管理暂行规定》同时废止。《中华人民共和国临时居民身份证管理办法》规定，"临时居民身份证的有效期限为三个月，有效期限自签发之日起计算。"临时居民身份证由县级人民政府公安机关统一制发、管理。"该办法还规定了临时居民身份证的申领、换领、补领、签发的有关制度。

1. 第二代临时居民身份证的规格特点

第二代临时居民身份证为聚酯薄膜密封的单页卡式证件，证件正面印有彩虹扭索花纹、写意"长城"图案、"中华人民共和国临时居民身份证"证件名称字样，证件名称分两行排列于版面中间偏上的位置，写意"长城"图案位于证件名称下方，颜色为褐色，彩虹扭索花纹过渡颜色为浅绿色至浅黄色再至浅绿色，如图3-2所示。证件背面印有彩虹横向波浪扭索花纹并登记持证人姓名、性别、民族、出生日期、住址、公民身份号码、本人相片、证件的有效期限和签发机关9个项目内容。证件规格为85.6mm×54mm（长×宽），主色调为浅绿色，如图3-3所示。

2. 第二代临时居民身份证的防伪特征及辨别方法

随着科技的发展，现在假的第二代临时身份证外观真实度还是比较高的，我们要认真辨别。

图3-2 临时居民身份证正面

图3-3 第二代临时居民身份证背面

（1）性别栏位置的"长城"图案，垂直观察看不到，适当上下倾斜证件，从不同方向观察能看到不同颜色的"长城"图案。

（2）照片下方的"中国 CHINA"字符，垂直观察看不到，适当上下倾斜证件，可以观察到。字符周围有花纹环绕，外沿呈椭圆形，改变观察角度可以看到亮字暗底和亮底暗字的正负镶嵌效果。

（3）彩虹扭索底纹颜色由浅蓝色至浅粉色再至浅蓝色的顺序自然过渡。

（4）缩微字符和图形，可使用放大镜观察，扭索底纹中有由"JMSFZ"（居民身份证）组成的缩微字符串。证件背面扭索底纹中央有缩微字符"JMSFZ"，在长城主烽火台通道台阶和内侧山坡上有由"WLCC"（万里长城）组成的缩微字符串。在长城图案烽火台与左侧烽火台之间的城墙边缘上有由"ZHRMGHGJMSFZ"（中华人民共和国居民身份证）组成的缩微字符串，在长城图案主烽火台顶部边缘有卷花花边。

（5）荧光图案，使用紫外线灯照射证件正面，能看到绿色荧光色的"长城"图案，正常光线下该图案为灰色。

（6）由于第二代临时居民身份证的身份信息和第二代正式居民身份证的身份信息是一样的，所以可以通过身份证核查系统识别临时身份证的真伪，核查身份证信息在中华人民共和国公安部"全国公民身份信息系统"是否存在正常，如图3-4所示。

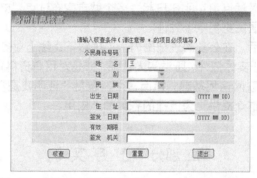

图3-4 全国公民身份信息系统"身份信息核查"栏目

（7）第二代临时居民身份证的有效期为3个月，不是3个月的肯定是假证。

（8）证件背面右下角"天安门城楼"图案，从不同角度观察，会看到两种不同的颜色。

3. 第二代临时居民身份证和第二代正式居民身份证的区别

区别一：第二代临时居民身份证有效期为3个月，第二代正式居民身份证有效期为5年、10年、20年至长期有效。

区别二：第二代临时居民身份证照片是黑白的，第二代正式居民身份证照片是彩色的。

区别三：第二代临时居民身份证内没有芯片，机器读取不了，第二代正式居民身份证里有芯片，查验时只需要过一下机器，信息就读出来了。

区别四：第二代临时居民身份证在市级公安局制作，三天就可以办好，第二代正式居民身份证一般都在省里制作，制作周期比较长。

区别五：快速鉴别法。鉴别第二代临时居民身份证是细文变色和荧光，鉴别第二代正式居民身份证是排版变色和荧光。

三、假居民身份证的特点

目前出现的假居民身份证具有以下特点。

（1）假居民身份证的颜色比较深。

（2）假居民身份证上的人像浮在证件上面，有立体感；真居民身份证是平面的，用手触摸感觉不到立体效果。

（3）真居民身份证的保护膜带有网纹和字符串，剥不下来；而假居民身份证上的保护膜什么也没有，很容易剥下来。

（4）与真居民身份证相比，假居民身份证的字体比较生硬，颜色比较深。例如，出生日期显示为2位数，真居民身份证两字间距短，而假居民身份证间距大。

（5）没有指纹，或者使用假指纹。

四、电子身份证

电子身份证，即将公民个人身份，通过人脸识别的生物技术手段比对后，于手机上生成的电子证件，用于用户身份识别。电子身份证将身份证、居住证、临时居住证、驾照、车辆登记信息等个人信息集合到了一起。常用的为带时间戳的二维码或条形码。

电子身份证是公安机关深度推行网络化办事服务的必要构件，是解决"办事难""假证伪证"等问题的重要途径。2018年4月17日，由公安部第一研究所可信身份认证平台（CTID）认证的"居民身份证网上功能凭证"首次亮相支付宝，并正式在衢州、杭州、福州三个城市的多个场景同时试点。7月6日起，多个城市宣布试点"电子身份证"。11月，广东警方率先在我国推出居民身份电子凭证。

用户通过实人认证后，在公安管理范围内，办理线下、线上业务、享受公安服务、接受公安检查时，效用等同于实体证件。所谓实人认证，即是对用户资料真实性进行的验证审核，以便建立完善可靠的互联网信用基础。简而言之，就是"证明我是我"，在确认用户身份的前提下，公安机关可为群众提供更为便捷的各类掌上应用。

第二部分　任 务 实 训

任务实训 3-1　居民身份证鉴定举例及实训

日期＿＿＿＿＿＿班级＿＿＿＿＿＿学号＿＿＿＿＿＿姓名＿＿＿＿＿＿成绩＿＿＿＿＿＿

一、实际操作题

鉴定第二代居民身份证的最好办法是机读，一是采取连接计算机的分联式，二是使用手提台式，准确率高，从而达到安全、可靠、方便的目的。

【例3-1】以第二代居民身份证为例说明机读的鉴定方式有多种。

1. 变换角度，通过紫外灯光查验，如图3-5所示。

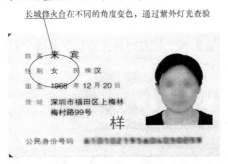

图 3-5　紫外灯光查验

2. 查验缩微文字，如图 3-6 至图 3-8 所示。

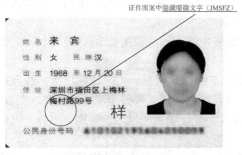

证件图案中隐藏缩微文字（JMSFZ）

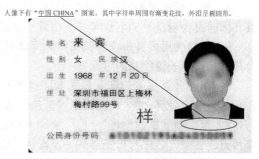

人像下有"中国 CHINA"图案，其中字符串周围有渐变花纹，外沿呈椭圆形。

图 3-6　查验缩微文字

图 3-7　"中国 CHINA"字样

缩微文字

图 3-8　微缩文字

【例 3-2】以第二代居民身份证为例说明证件核对的四个步骤。

1. 抓好人像对比。靠肉眼比对证载照片与持证人本人相貌是否一致，可以按照"认人点为先，初看分布局，五官辨细微" 的原则进行。"认人点为先"即从最吸引人的点开始，如胖瘦、民族、年龄等这类整体印象，以及发际线、肤色、伤疤、痣等突出特点。"初看分布局"，即从脸型及五官布局可以第一眼就确认的大概印象入手，如脸的形状，五官的比例位置等。"五官辨细微"即从细微处入手，如耳朵薄厚、大小，眉毛形状、浓淡、走向、长短，眼睛大小，嘴巴大小，嘴角走向、嘴唇薄厚等方面观察。

2. 留心整体识别。运用"掂量、触摸、翻阅"等手段整体感觉，并仔细观察证件表面，注意感觉其颜色、图案、纹饰、字迹等。真的证件表面平整，图案、文字清晰，边缘光滑无毛刺毛边。

3. 注意内容推断。根据持证人年龄判断是否与证件有效期、证件编码匹配，判断签发地址是否与签发机关匹配。

4. 掌握暗记识别。根据证件防伪特征进一步鉴别。

二、填空题

1. 根据第十届全国人民代表大会常务委员会于 2003 年____月____日通过，自 2004 年____月____日起施行的《中华人民共和国居民身份证法》的有关规定，公安部在全国范围内换发新的居民身份证，即第二代居民身份证。

2. 第二代居民身份证为单页_____式，规格为_____mm×_____mm。

3. 第二代居民身份证正面印有国徽、证件名称、_____、证件的签发机关和有效期限及彩色花纹。

4. 第二代居民身份证正面的国徽图案位于_____上角，庄严、沉稳，配以"中华人民共和国居民身份证"的名称字样，很好地表达了主题。

5. 第二代居民身份证背景图案为写意长城，代表中华人民共和国长治久安；以_____为背景，加深了长城图案的纵深感。

6. 第二代居民身份证背景图案底纹为彩虹扭索花纹，采用_____印刷技术，颜色从左至右为浅蓝色至_____色再至浅蓝色，清新、淡雅的色调使证件显得淳朴、大方。

7. 第二代居民身份证_____面印有持证人照片，登记项目（姓名、性别、民族、出生年月日、住址、公民身份证号码）及彩色花纹。

8. 第二代居民身份证签发机关为_____公安局、不设_____的市公安局和设_____的公安分局。

9. 第二代居民身份证采用_____式 IC 卡技术制作，利用芯片作为_____读存储器。

10. 第二代居民身份证的芯片使用特定的_____加密算法，有利于证件制发、使用中的安全管理，增强防伪功能。

11. 第二代居民身份证的芯片和_____在证卡内封装，能够保证证件在各种环境下正常使用，使用寿命较长。

12. 第二代居民身份证具有读写速度快、使用方便、易于保管，以及便于各用证部门使用_____进行网络查询等优点。

13. 第二代居民身份证信息的采集和传输采用_____和计算机技术，可以缩短制证周期。

14. 第二代居民身份证制作和生产管理采用_____监控，可以严密内部管理，提高工作效率。

15. 第二代居民身份证信息的存储和证件查询采用_____技术和网络技术，具备视读和机读功能。

16. 假居民身份证的颜色比真居民身份证_____。

17. 真居民身份证上面的膜带有网纹和_____，剥不下来；而假居民身份证上面的膜什么也没有，很容易剥下来。

三、简答题

1. 简述第二代居民身份证的外观特点。
2. 假居民身份证的特点有哪些？
3. 简述第二代居民身份证的鉴定方法。

任务二　护照识别

第一部分　相关知识

一、登记用护照的简单识别

护照（Passport）是一个国家的公民出入本国国境和到国外旅行或居留时，由本国发给的一种证明该公民国籍和身份的合法证件。"护照"一词在英文中是口岸通行证的意思，也就是说，护照是公民旅行通过各国国际口岸的一种通行证明。所以，世界上一些国家通常也颁发代替护照的通行证件。

目前世界上大多数国家颁发的护照，一般可分为外交护照、公务护照和普通护照 3 种；个别国家只发一种护照（如英国）；少数国家发两种护照（如印度和巴基斯坦等）；也有的国家发四五种护照（如美国和法国等）。

1. 护照的主要内容

护照关系到持证人在国外所受合法保护的权利与进入本籍国的权利。护照的主要内容包括持照人的照片、签名、出生日期、国籍、身份、护照类别、护照有效期和其他个人身份的证明等最基本的内容，以及《注意事项》内条款的内容。许多国家正在开发将生物识别技术用于护照，以便能够更精确地确认护照的使用者是其合法持有人。美国在"9·11事件"后已经针对 27 个免签证国家启用了含有此种技术的护照，它是通过一张 RFID 卡片来存储生物信息的。

2. 我国不承认的护照

我国不承认的护照主要有以下几种。

（1）世界服务组织颁发的护照。

（2）议会护照。

（3）英国属土公民护照和英国国民（海外）护照。

（4）英国旅游护照。

（5）中国公民持有的"受汤加保护者护照""汤加国民护照"。

（6）中国公民非法持有的其他外国护照。

3. 我国护照的种类

在我国，护照的渊源可追溯到战国时代。古代的中国人凭借用竹简、布帛、木板、金玉或纸张做成的"封传""契""照牒""过所""符节""符传""路证""路引"等证件出入边塞关津，类似现代签证的内容记载其上。清朝康熙年间，中国已有正式护照。1689 年中俄《尼布楚条约》规定："凡两国人民持有护照者，俱得过界来往，并许其贸易互市"。清朝的护照是一纸公文，除记载持照人姓名、籍贯、年龄、职业及发照机关和主管官员姓名、发照日期、盖官方印鉴等项内容外，还记载护照为应持照人请求而发、以便各关卡验证放行和地方官员给持照人以切实保护等内容。

新中国成立后，于 1950 年 1 月启用第一批中华人民共和国外交护照、官员护照和普通护照，制定了护照的印制、颁发、使用和管理制度；1951 年 8 月启用了中华人民共和国公务护照；1956 年 8 月将普通护照分为因公普通护照和因私普通护照；1964 年 10 月 2 日启用新版官员护照，后于 1978 年 2 月停止使用；1991 年 8 月启用新版外交护照、公务护照和因公普通护照；1992 年 8 月启用了新版因私普通护照，旧版护照与新版护照同时使用，直到用完为止。中国先后印制启用了 30 多种版本的护照。现行的中华人民共和国护照分为外交护照、公务护照普通护照。持上述各种中国护照前往世界各国均有效。中央人民政府根据《中华人民共和国香港特别行政区基本法》第一百五十四条的规定，授权香港特别行政区政府依照法律签发中华人民共和国香港特别行政区护照。随着我国经济社会的迅速发展，护照的使用也越来越普遍，对真假护照的识别也被提到了重要的位置。

（1）外交护照。一般是颁发给具有外交身份的人员，如外交官员、领事官员和到外国进行国事活动的国家元首、政府首脑、国会或政府代表团成员等使用的护照。根据国际惯例，上述人员的配偶和未成年子女，一般也发给外交护照。我国外交护照为鲜红色封皮。外交护照以"D"字开头。

（2）公务护照。公务护照是发给国家公务人员的护照，也有的国家称这种供政府官员使用的护照为"官员护照"。此外，各国都把这种护照发给驻外使（领）馆中的不具有外交身份的工作人员及其配偶和成年子女。我国的公务护照为绿色封皮，另有黑色封皮公务护照，其作用相当于过去的因公普通护照，和绿色封皮公务护照有所区别。公务护照以"S"字开头。

（3）普通护照。普通护照是指发给一般公民使用的护照。在我国，普通护照曾分为两种，一种是因公普通护照（黑色封皮），一般发给国家派出的研究生、访问学者和工程技术人员等。这种护照由外交部或地方外办颁发，现在因公普通护照已经停止签发，需要该种护照的人员改发因私普通护照或黑色封皮公务护照。另一种是因私普通护照（枣红色封皮），由公安部授权的各地公安机关颁发给因私事前往外国或旅游居住在国外的本国侨民使用的护照，如图3-9所示。

根据外国人申请来华事由，我国签证分为8类，分别标有相应的汉语拼音字母，具体如下。

①"D"字签证发给来华定居的人员。

②"Z"字签证发给来华任职或就业的人员及其随行家属。

图3-9 我国普通护照样式

③"X"字签证发给来华留学、进修、实习6个月以上人员。

④"F"字签证发给应邀来我国访问、考察、讲学、经商、进行科技文化交流及短期进修、实习等活动不超过6个月的人员；其中5人以上组团来华的，可发给团体访问签证。

⑤"L"字签证发给来华旅游、探亲或因其他私人事务入境的人员；其中5人以上组团来华旅游的可发给团体旅游签证。

⑥"G"字签证发给经中国过境的人员。

⑦"C"字签证发给执行乘务、航空、航运任务的国际列车乘务员、国际航空器机组人员、国际航行船舶的海员及其随行家属。

⑧"J-1"字签证发给常驻我国的外国记者，"J-2"字签证发给临时来我国采访的外国记者。

此外，香港特别行政区护照和港澳居民来往内地通行证以"H"字开头，澳门特别行政区护照和港澳居民来往内地通行证以"M"字开头。

4. 普通护照的识别

识别护照主要包括识别持照人的国籍、身份、护照类别、护照有效期等最基本的内容，还要注意护照上注明的《注意事项》内的条款，注意鉴别护照的真伪及其合法性。外国护照审核一般包括以下五项内容：一是信息页；二是人像识别；三是入境章；四是签证/绿卡，比对信息；五是鉴别真假。

下面简单介绍普通护照的识别。

（1）首页防伪特征，主要看护照首页的安全线、水印、缩微文字、荧光纤维和全息图是否真实，如图3-10所示。

（2）护照中间页面的防伪特征，主要看护照中间页面的水印、安全线、无色荧光油墨、荧光纤维、装订线、缩微文字和有色油墨是否真实，如图3 11所示。

图 3-10 护照首页防伪特征

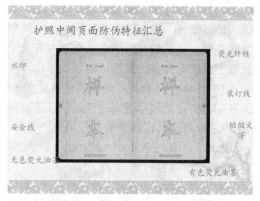

图 3-11 护照中间页面的防伪特征

（3）护照尾页防伪特征，主要看护照尾页的安全线、水印、缩微文字、无色荧光油墨、凹版印刷和隐形图案是否真实，如图 3-12 至图 3-14 所示。

图 3-12 护照尾页防伪特征

图 3-13 缩微文字

图 3-14 隐形图案

二、港澳居民来往内地通行证

1. 港澳居民来往内地通行证的申领

港澳居民来往内地通行证，俗称"回乡卡"或"回乡证"，由中华人民共和国公安部出入境管理局（现为"国家移民管理局"）签发，是具有中华人民共和国国籍的香港特别行政区居民和澳门特别行政区居民进出内地的证件。

广东省公安厅从 1979 年 8 月 1 日起，把一次有效的"港澳同胞回乡介绍书"改为 3 年内多次使用有效的"港澳同胞回乡证"，证件大小与一本护照相同。另外，每次入境时，持证人均须填写"港澳同胞回乡入境卡"，清楚列明目的地及日期等资料。1980年12月起，"港澳同胞回乡证"的有效期由3年延长至10年。1988年9月8日，"港澳同胞回乡证"的照片页上过胶及加贴计算机条码。

1999年1月启用"港澳居民来往内地通行证"，成人证有效期为10年，儿童证有效期为3年，有效期内可无限次使用。该证由港澳居民分别向旅行社申请，广东省公安厅审核签发（照片标准为无任何背景或背景颜色适中，无任何装饰的红褐色、粉红色，尺寸不小于40mm×50mm，不超过45mm×55mmm）。2008年12月31日，"港澳同胞回乡证"正式被"港澳居民来往内地通行证"取代。

为提高港澳居民来往内地通行证的防伪性能，公安部于2012年12月28日决定启用新版港澳居民来往内地通行证。新版通行证于2013年1月2日起开始接受申请，仍由公安部委托广东省公安厅审批。新版通行证正面打印持证人个人资料（包括照片、姓名、性别、出生日期）以及证件号码、有效期限、签发机关、换证次数等信息，背面为机读区及备注、加注说明，均采用激光刻蚀技术打印制作。新版通行证正面以万里长城为主题，背景辅以由冷、暖色调渐变组成的防伪底纹。背面以香港青马大桥和澳门西湾大桥为主题，背景采用由扭索底纹及彩虹印刷线条组成的紫荆花和莲花抽象图案。新版通行证的有效期分为5年和10年。申请人年满18周岁的，签发10年有效通行证；未满18周岁的，签发5年有效通行证。

1999年版的港澳居民来往内地通行证证件号码共11位。第1位为字母，"H"字头签发给香港居民，"M"字头签发给澳门居民；第2位至第11位为数字，前8位数字为通行证持有人的终身号，后2位数字表示换证次数，首次发证为00，此后依次递增。2012年版证件号码第1位至第9位相同，代表换证次数的第10位和第11位数字会发生变化。首次换证，第10位至第11位数字变为01；再次换证，由01变为02，依此类推。

2．港澳居民来往内地通行证的防伪特征

（1）1999年版"港澳居民来往内地通行证"的假证特征。假证颜色偏黄，背面较灰（近咖啡色）。假证姓名下的拼音是中文拼音。在荧光灯下，假证中"广东省公安厅"的防伪标记无荧光反应。假证较死板，色彩较淡，证件背面在荧光灯下无荧光反应、正面呈白光反应。

（2）2012年版港澳居民来往内地通行证采用多重防伪措施，安全性更强。在物理防伪方面，新版通行证和防伪膜采用了双色荧光印刷、双色套印、双色接线、双色扭索及多色光变、色彩控制和多通道合成、动态—消色全息等多项物理防伪技术。在数字化防伪方面，新版通行证采用了符合国际标准的高安全性集成电路芯片，并使用成熟的数字化防伪安全机制进行保护。证件内嵌智能芯片，外覆新型激光防伪膜，采用十几种安全防伪措施。此外，新版通行证针对个人特征也采取了相应的防伪加密措施，这些措施可以有效地防止新版通行证被伪造、变造。

3．香港智能身份证简介

自2003年6月23日起，香港特别行政区政府签发新一代智能身份证，其特点如下。

（1）智能身份证的外形和一般的信用卡大小相同。

（2）智能身份证是用聚碳酸不碎胶制成的。聚碳酸不碎胶是一种十分耐用可靠的物料，它对物理、化学和温度等变化及环境的影响具有很强的抵抗力。

（3）每一张智能身份证都置有集成电路，或称"晶片"，使身份证可存储及处理资料。

（4）经指定的电子工具处理，晶片可用做记录，存储、处理、传送及接收资料。

（5）智能身份证上的晶片设有完全分隔开的储存区，将入境事务功能和非入境事务的增值用途逐一独立存放。

第二部分 任务实训

任务实训 3-2 护照鉴定实训

日期＿＿＿＿ 班级＿＿＿＿ 学号＿＿＿＿ 姓名＿＿＿＿ 成绩＿＿＿＿

一、填空题

1. "护照"一词在英文中是＿＿＿＿＿＿的意思，也就是说，护照是公民旅行通过各国国际口岸的一种＿＿＿证明。

2. 目前世界上大多数国家颁发的护照，一般可分为＿＿＿护照、＿＿＿护照和＿＿＿护照 3 种。

3. 护照的主要内容包括持照人的＿＿＿＿、签名、出生日期、国籍、身份、护照类别、护照有效期和其他个人身份的证明等最基本的内容，以及《注意事项》内的条款。

4. 许多国家正在开发将生物识别技术用于护照，以便能够更精确地确认护照的使用者是其合法持有人。美国在"9·11 事件"后已经针对 27 个免签证国家启用了含有此种技术的护照，它是通过一张＿＿＿＿卡片来存储生物信息。

5. 我国不承认的护照主要有＿＿＿种。

6. 现行的中华人民共和国护照分为外交护照、公务护照和＿＿＿护照。

7. 外交护照一般是颁发给具有＿＿＿身份的人员使用的护照。我国外交护照为＿＿＿色封皮，以＿＿＿字开头。

8. 公务护照是发给＿＿＿＿＿＿身份的人员的护照，也有的国家称这种供政府官员使用的护照为"官员护照"。我国的公务护照为＿＿＿封皮，另有黑色封皮公务护照，其作用相当于过去的因公普通护照，以＿＿＿字开头。

9. 普通护照是指发给一般公民使用的护照。我国普通护照曾分为 2 种，一种是＿＿＿普通护照（黑色封皮），一般发给国家派出的研究生、访问学者和工程技术人员等。这种护照已经停止签发；另一种是＿＿＿普通护照（枣红色封皮）。

10. 根据外国人申请来华事由，我国签证分为＿＿＿类，分别标有相应的汉语拼音字母。

11. 香港特别行政区护照和港澳居民来往内地通行证以＿＿＿字开头，澳门特别行政区护照和港澳居民来往内地通行证以＿＿＿字开头。

12. 普通护照首页防伪识别，主要是看护照首页的＿＿＿＿、水印、缩微文字、荧光纤维和全息图是否真实。

13. 护照中间页面的防伪识别，主要看护照中间页面的＿＿＿、安全线、无色荧光油墨、荧光纤维、装订线、＿＿＿＿＿和有色油墨是否真实。

14. 护照尾页防伪识别，主要看护照尾页的＿＿＿＿＿、水印、缩微文字、无色荧光油墨、凹版印刷和＿＿＿＿＿是否真实。

二、简答题

1. 我国不承认的护照有哪几种？
2. 简述我国的几种护照及其颁发范围。

项目四 数字书写与错数订正技术

教学目标及重点、难点

本项目要求读者熟练掌握大、小写数字和票据日期的书写要求，做到书写规范、清晰和流畅；掌握银行业务凭证及账簿内容的书写规范与管理规范，会用正确的方法订正登记簿上的错账，会整理凭证、账簿等业务档案资料。

教学重点是熟练掌握数字的书写规则以及错数的订正方法。

教学难点是如何规范书写中文大写数字金额和阿拉伯数字金额。

思政目标是鼓励知行合一的人生态度。

任务一　阿拉伯数字的书写

第一部分　相关知识

银行、单位与个人填写的各种票据和结算凭证，是办理支付结算和现金收付的重要依据，直接关系到支付结算的准确、及时和安全。票据和结算凭证是银行、单位和个人凭以记载账务的会计凭证，是记载经济业务和明确经济责任的一种书面证明。为此，财政部、中国人民银行和中国文字改革委员会 1963 年就在联合通知中规定了凭证的填写方法。1984 年财政部发布《会计人员工作规则》再次予以确认。1996 年 1 月 1 日起施行的《中华人民共和国票据法》、1996 年 6 月 17 日财政部颁布的《会计基础工作规范》以及中国人民银行制定的《正确填写票据和结算凭证》等法规文件，进一步完善和规范了结算凭证的填写要求。总体上讲，填写票据和结算凭证必须坚持标准化、规范化，做到要素齐全、数字正确、字迹清晰、不错漏、不潦草，防止涂改。

在我国经济工作中，常用的数字有两种：一种是适用于一切凭证、账册、报表的阿拉伯数字；另一种是用于填写原始凭证和重要单据的中文大写数字。

一、阿拉伯数字的书写要求

数字是计算的前提，是计算工作的基础，一切计算的过程和结果都要通过数字来表示和反映。阿拉伯数字的书写要求规范化，必须清晰、正确，易于辨认，防止混淆和篡改。

（1）阿拉伯数字的规范写法如图 4-1 所示。

图 4-1　阿拉伯数字的规范写法

（2）书写阿拉伯数字时不能增笔少画，要自上而下，先左后右，一个一个地写，不能连写以免分辨不清，大小应基本一致，间距勿大，保持等宽。

（3）阿拉伯数字应向右倾斜约60°。

（4）阿拉伯数字金额一定要书写标准、规范。各个数字要紧靠底线书写，在账表中的高度一般为1/2。除"7"和"9"上部略低下半格的1/4、下部伸出底线1/4（看得见就可以）外，其余8个数字不准向下延伸。"7"与"9"出底线部分不能拐尾，以防改"7"为"2"、改"9"为"8"；"9"的上部应是封口的"0"，以防改"9"为"5"。

（5）"6"字上半部分上伸至上半格的1/4处。除6外，其余9个数字不要向上延伸，应按标准占半格。这个要求的目的不完全是为了整齐，主要是防范涂改、变造。

（6）"0"字不要留缺口，数与数之间，尤其是0与0之间不要连笔。

（7）从最高位起，以后各格必须写完。

（8）小数点和分节号（千分空）要写清楚，并有区别。带小数点的数，应将小数点记在个位与十分位之间的下方。

二、阿拉伯数字金额书写的有关规定

（1）阿拉伯数字采用3位分节制。阿拉伯数字的书写，要以国际通用标准和书写惯例为准，对整数部分按3位分节计数，即从个位向左每3位数字之间留出半格空（叫作"千分空"），或在靠近底线处用分节号","分开（叫作"数节"）。使用千分空（分节号），易于辨认数的数位，有利于数字的书写、阅读和计算工作。

（2）我国数位排列及计数习惯。整数从个位起向左，每4位为一级叫"数级"。每级以最低的一个数位名为级名，所以从右向左依次为个级、万级、亿级、兆级、京级……每级4个数位的名称都是个、十、百、千与级名的复合名称，如表4-1所示。

表4-1　　　　　　　　　　　　　我国的数位排列

位数	万万万位	千万万位	百万万位	十万万位	万万位	千万位	百万位	十万位	万位	千位	百位	十位	个位	十分位	百分位	千分位	万分位	十万分位	百万分位
读法	兆	千亿	百亿	十亿	亿	千万	百万	十万	万	千	百	十	个	分	厘	毫	丝	忽	微

（3）三位分节口诀。3位分节制与我国4位分级不同，给读数、写数带来困难。为了便于读数、写数，现将三位分节编成口诀，内容如下：

个十百千万，三位分一段，一段前千位，二段前百万，三段前十亿，好读又好记。

（4）货币符号的使用。在填制凭证时，阿拉伯数字金额前均应填写人民币符号"¥"，符号"¥"既代表人民币的币制，又表示了人民币"元"的单位，所以小写金额前写"¥"以后，后面就不要再写"元"了。符号"$"是美元的币制，如是书写美元，应在紧靠数字左边加美元符号"$"。币种符号与阿拉伯金额数字之间不得留有空格。在登记账簿、编制报表时，不能使用货币符号。因为账簿、报表不存在金额数字被涂改而造成损失的情况。

【例4-1】人民币壹拾陆亿零肆佰叁拾万零伍佰玖拾元贰角柒分，小写金额应为¥1 604 300 590.27。

（5）金额角、分等辅币的写法。所有以元为单位（人民币以外的其他货币种类，为该种货币的基本单位，下同）的阿拉伯数字，除表示单价等情况外，一律填写到角分；无角分的，角位和分位可写"00"或者符号"—"占位；有角无分的，分位应当写"0"，不得用符号"—"

代替。

【例4-2】人民币叁拾元整，应写成"¥30.00"，或写成"¥30.—"。

人民币叁元陆角，应写成"¥3.60"，不能写成"¥3.6—"。

第二部分　任　务　实　训

任务实训4-1　阿拉伯数字书写训练

日期_____　班级_____　学号_____　姓名_____　成绩_____

一、实际操作题

1. 请按表4-2所示第1行的书写规范，在下面各行写出 0、1、2、3、4、5、6、7、8、9 这 10 个阿拉伯数字，计时测试，反复练习。

表4-2

1										2										3										4									
千	百	十	万	千	百	十	元	角	分	千	百	十	万	千	百	十	元	角	分	千	百	十	万	千	百	十	元	角	分	千	百	十	万	千	百	十	元	角	分
0	1	2	3	4	5	6	7	8	9	0	1	2	3	4	5	6	7	8	9	0	1	2	3	4	5	6	7	8	9	0	1	2	3	4	5	6	7	8	9

2. 将表4-3中各小写金额数字，按书写规范分别填入表4-4所示的空白账表内。

表4-3　　　　　　　　　　　　　珠算比赛用账表算

序号	（一）	（二）	（三）	（四）	合计
（一）	80 216.34	7 961 358.24	247 095.13	81 967 342.05	
（二）	29 064 813.57	5 472.36	2 879 026.41	340 918.27	
（三）	5 987.01	532 701.98	16 843 904.57	26 891.34	
（四）	7 304 528.19	90 123 486.57	35 721.46	4 975.18	
（五）	341 079.25	27 198.05	3 548.27	7 458 321.69	
（六）	98 073 241.56	64 392.18	170 459.23	8 459.12	
（七）	21 739.45	4 586.29	59 316 708.24	2 346 901.57	
（八）	3 251 768.40	106 942.35	2 379.15	59 021 476.38	
（九）	568 149.23	7 048 325.16	8 765 104.29	13 027.45	
（十）	5 048.79	3 702 958.46	37 169.54	561 087.29	
合计					

表 4-4

1										2										3										4									
千	百	十	万	千	百	十	元	角	分	千	百	十	万	千	百	十	元	角	分	千	百	十	万	千	百	十	元	角	分	千	百	十	万	千	百	十	元	角	分

二、填空题

1. 阿位伯数字是由_____、_____、_____、_____、_____、_____、_____、_____、_____、_____构成的。

2. 人民币的符号用_____表示，美元的符号用_____表示。

3. 数字的书写按现在国际惯例，采用_____位分节制，分节口诀是：个十百千万，_____，_____，_____，_____，好读又好记。

任务二 中文大写数字的书写

第一部分 相关知识

一、中文大写数字

中文大写数字表示金额，主要用于填写防止涂改的重要凭证，如收据、借据、发票、支票、合同文书等。中文大写数字分为数字与数位两个部分。每一个数字都要占一个位置，每一个位置表示各种不同的单位。数字所在位置表示的单位称为"数位"。数位按照个、十、百、千、万的顺序，由小到大、从右到左排列，而写数和读数的习惯是自上而下、先大后小、从左到右。中文大写数字包括以下几种。

表示数字的有零、壹、贰、叁、肆、伍、陆、柒、捌、玖。

表示数位的有拾、佰、仟、万、亿、兆。

表示金额单位的有元（圆）、角、分。

表示金额类别的有人民币、港币、美元、日元等。

作截止符号用的有整。

二、中文大写数字的书写要求

对于用中文大写数字表示金额，财政部、中国人民银行等有关主管部门在财会方面的规定中均有明确要求，主要内容如下。

（1）中文大写数字的规范写法如图 4-2 所示。

壹贰叁肆伍陆柒捌玖拾佰仟万亿元角分零整

壹贰叁肆伍陆柒捌玖拾佰仟万亿元角分零整

图 4-2　中文大写数字的规范

（2）用正楷或行书字体书写。

（3）书写格式要规范。银行需要填写大写金额的凭证，均属重要凭证。凡是重要凭证都要用黑色笔书写，字迹清楚、规范。填写支票必须使用碳素笔。需要套写的凭证，必须一次套写清楚。中文大写数字要求勿写满格，大小基本一致，字距、行距都不要过大，保持等宽，要易于辨认，不易涂改。

（4）中文大写金额数字的填写。不能写错别字和滥用简化字，大写金额切忌用一（壹）、二（两、弍）、三（参）、四（肆）、五、六（陆）、七（染）、八（扒）、九（玫）、十、块、毛、另（0）、园、乙、伯等字样填写，不得自造简化字。如果金额数字书写中使用繁体字，如圆的，也应受理。

三、中文大写金额数字书写的有关规定

（1）中文大写金额数字前应标明"人民币"字样，大写金额数字紧接"人民币"字样填写，不得留有空白。大写金额数字前未印"人民币"字样的，应加填"人民币"三字，不能简写一个"币"字。在写了人民币后，不要在"币"字和金额之间另加"："。在票据和结算凭证大写金额栏内不得预印固定的"万、仟、佰、拾、元、角、分"字样。

（2）表示数位的文字前都必须有数字。如¥10.00，不能按口语写成人民币拾元整，必须像兆、亿、万、千、百前都有数码字一样，写成人民币壹拾元整。在这里，"拾"仅代表数位，不是数字；"壹拾"既代表位数，又代表数字。所以，壹拾几的"壹"字不能遗漏。

（3）阿拉伯金额数字"0"的填写。中文大写应按照汉语语言规律、金额数字构成和防止涂改的要求进行书写。

① 阿拉伯数字中间有"0"时，中文大写金额要写"零"字。

【例 4-3】¥1 409.50，应写成"人民币壹仟肆佰零玖元伍角"。

② 阿拉伯数字中间连续有几个"0"时，中文大写金额中间可以只写一个"零"字。

【例 4-4】¥6 007.14，应写成"人民币陆仟零柒元壹角肆分"。

③ 阿拉伯金额数字万位或元位是"0"，或者数字中间连续有几个"0"，万位、元位也是"0"，但千位、角位不是"0"时，中文大写金额中可以只写一个零字，也可以不写"零"字。

【例 4-5】¥1 680.32，应写成"人民币壹仟陆佰捌拾元零叁角贰分"，或者写成"人民币壹仟陆佰捌拾元叁角贰分"。

【例 4-6】¥107 000.53，应写成"人民币壹拾万柒仟元零伍角叁分"，或者写成"人民币壹拾万零柒仟元伍角叁分"。

④ 阿拉伯金额数字角位是"0"，而分位不是"0"时，中文大写金额"元"后面应写"零"字。

【例4-7】¥16 409.02，应写成"人民币壹万陆仟肆佰零玖元零贰分"。

¥325.04，应写成"人民币叁佰贰拾伍元零肆分"。

¥105.06，应写成"人民币壹佰零伍元零陆分"。

（4）"整"或"正"字的用法。"整"原始的含义是"整数"， 将其作为截止符号在中文大写金额中使用，可防止金额被人涂改。中文大写金额数字到"元"或"角"为止的，在"元"之后应写"整"（或"正"）字，在"角"之后可以不写"整"（或"正"）字。大写金额数字有"分"的，"分"后面不写"整"（或"正"）字。

【例4-8】¥600.00，应写成"人民币陆佰元整"；

¥10.56，应写成"人民币壹拾元伍角陆分"；

¥8.30，应写成"人民币捌元叁角整"。

¥8 000 305 900.70 大写应为 "人民币捌拾亿零叁拾万零伍仟玖佰元柒角整"。

（5）表明实物的数字在指明物品名称、规格后，应在数前像标人民币一样标上合计（计、总计）字样，数字后标明各自的单位，如个、块、只、枝、吨、米等。其他都同金额一样对待。

【例4-9】总计叁佰万枝整，小写应写成"3 000 000 枝"。

3 006 000 千克，应写成叁佰万零陆仟千克整。

四、结算凭证的书写要求

（1）收、付款人名称的填写必须与其在银行开户的名称完全一致。不能写简称，不能添字漏字，不能写别字。个人姓名做到"三统一"：凭据上的、名章上的、身份证上的完全统一。

（2）填写银行票据务必注意两点。一是大、小写金额一定要一致；二是银行票据金额、日期、收款人名称不可更改。否则，即为无效票据。

（3）"付款人开户银行"处改手工填写为银行加盖条章。凡购买的支票等票据未盖银行名称条章的，应到银行补盖。

（4）"用途"栏的填写注意两点。其一，收付款的用途一定要和收付款单位的生产、经营性质相吻合。其二，收付款项的用途要做到既明确又详细。如"贷款"应填为"钢材款""成衣款""还款"等字样，以防银行当成单位之间借用资金而发生退票。

（5）票据和银行结算凭证的戳记应注意使用印泥，不宜使用印油，以防出现印记不清。

（6）用白纸手写收（借）条时，要说明对方是谁，为什么收这笔钱，货币的类别和数量，有关条件，收款的时间，写条人的法定资格等。

【例4-10】图 4-3 是 4 张虚拟的收（借）据，请你对其予以审查，并改错，为自己积累一些经验。

第 1 张收据，大写金额数字有错，不写"零"和"整"；人民币后应紧跟大写金额，不要转头，应改为人民币壹佰万零贰仟叁佰玖拾元柒角捌分。

第 2 张借据，大写金额中"贰"错写成"弍"；壹拾贰的后面应紧跟万元，不要空格或转头；漏写"整"；应改为人民币壹拾贰万元整；"限拾年"应改成"限壹拾年"；小写金额漏写，要补写"（¥120 000.00 ）"。

第3张收据，大写金额中"人民币"的后面应紧跟大写数字，不要转头；漏写"壹"；应改为人民币壹拾伍元陆角整。

第4张收据是对的，请大家按此规范要求书写。

```
┌─────────────────────────────┐  ┌─────────────────────────────┐
│            收  据           │  │            借  据           │
│                             │  │                             │
│  今收到交电柜交来售货款人民 │  │  今借到李平人民币壹拾式     │
│币乙佰万零两仟参佰玖拾块另染角│  │万元，年息3％，限拾年归还。  │
│扒分整。（¥1 002 390.78）    │  │                             │
│                             │  │         ××公司借款人       │
│     商店收银员×××（章）    │  │         ×××（章）         │
│       ×年×月×日           │  │         ×年×月×日         │
└─────────────────────────────┘  └─────────────────────────────┘

┌─────────────────────────────┐  ┌─────────────────────────────┐
│            收  据           │  │            收  据           │
│                             │  │                             │
│  今收到张三思还来人民币     │  │  今收到王武交来水电费计     │
│拾伍元陆角整。（¥15.60）     │  │人民币贰佰壹拾元零捌分。     │
│                             │  │（¥210.08）                 │
│                             │  │                             │
│     收款人×××（章）       │  │  （大章）××公司经收人     │
│       ×年×月×日           │  │         ×××（章）         │
│                             │  │         ×年×月×日         │
└─────────────────────────────┘  └─────────────────────────────┘
```

图4-3 虚拟收（借）据

五、票据日期的书写要求

票据的出票日期必须使用中文大写。为防止变造票据的出票日期，在填写月、日时，月为壹、贰和壹拾的，日为壹至玖和壹拾、贰拾和叁拾的，应在前面加"零"；日为拾壹至拾玖的，应在前面加"壹"。票据出票日期使用小写填写的，银行不予受理。大写日期未按要求规范填写的，银行可予受理，但由此造成损失的，由出票人自行承担。

【例4-11】1月17日，应写成"零壹月壹拾柒日"；

2018年10月20日，应写成"贰零壹捌年零壹拾月零贰拾日"；

2007年11月6日，应写成"贰零零柒年壹拾壹月零陆日"。

第二部分 任 务 实 训

任务实训4-2 中文大写数字书写训练

日期_____ 班级_____ 学号_____ 姓名_____ 成绩_____

一、练习题

每天练习书写中文大写数字"零 壹 贰 叁 肆 伍 陆 柒 捌 玖 拾 佰 仟 万 亿 元 角 分 整"，如表4-5所示。

表4-5　　　　　　　　　　　　　书写中文大写数字

零	壹	贰	叁	肆	伍	陆	柒	捌	玖	拾	佰	仟	万	亿	元	角	分	整

二、实际操作题

1. 在数字练习簿上，计时测试，在 1 分钟内写出零、壹、贰、叁、肆、伍、陆、柒、捌、玖；拾、佰、仟、万、亿、兆；元（圆）、角、分、整 20 个中文大写数字 2 遍。

2. 在数字练习簿上，按"人民币玖拾捌亿柒仟陆佰伍拾肆万叁仟贰佰壹拾元整"和"¥9 876 543 210.00"练习大写、小写，每天最少各写 5 遍，直到教师认可，才能转为自由练习。

三、填空题

1. 数字的写法是自_____而_____，先_____后_____，要一个一个地写，不要连写，以免分辨不清。

2. 用中文大写写出相应的中文 1_____、2_____、3_____、4_____、5_____、6_____、7_____、8_____、9_____、0_____。

3. 人民币壹仟零伍拾万零叁仟肆佰贰拾玖元整写成小写的阿位伯数字应该是_____。

4. ¥450 109.03 写成中文大写是_____。

5. 2009 年 10 月 12 日写成大写日期是_____。

6. 2000 年 1 月 30 日写成大写日期是_____。

任务三　错数的订正

第一部分　相关知识

制凭证、登账、编表应使用黑色或蓝色墨水的笔，红色只准在表示负数或改错划线时用，写负数或改错划线时，不准使用其他颜色。除复写外，不准使用圆珠笔、铅笔。复写时，要保证复写的最后一页清晰可认。在实际工作中，由于各种原因，写错数字是难免的；如用笔不当或写错数字，就应纠正错误。

订正数字要按照规范化的要求进行。

① 对错误用笔和错误书写一律不得通过涂改、刀刮、橡皮擦、抠挖和贴补来改正错误。

② 重要凭证上发生错误时，要重新编制，不得采用划线订正法更正。如是银行票据或预先印有编号的各种凭证，在填写错误后，要加盖"作废"戳记，不能毁掉，须单独保管。

③ 划线订正法。除重要凭证不能更改外，阿拉伯数字出现错误，一般允许按规定来订正错误数字。订正错数的正确方法是划线订正法，即将错误数字全部划一根单红线覆盖；然后在错数同格的上部用同色墨水（如果没使用错的话）写上正确数字，并加盖订正人名章以示负责。值得注意的是，订正的一定是一个完整的数字，不能只是写错的一个或者几个数字，以免混淆不清。也就是说，只有部分数字写错的，也要把全部数字划掉后写上正确的全部数字。一个结果最多只能修改两次。

④ 如在账簿上文字写错，可将该文字划销，在上面书写正确的文字。账簿上摘要栏文字写不下时，可将文字写至下一行，但数字应对应最后一行文字处填写。账簿整页错误，应采取"对角线划叉"方式注销。

【例4-12】12 345.00 的正确订正法如图 4-4 所示。

亿	千万	百万	十万	万	千	百	拾	元	角	分
				1	2	3	4	5	0	0
				~~1~~	~~2~~	~~2~~	~~4~~	~~5~~	~~0~~	~~0~~

图 4-4　正确的订正法

不得采用下列更正方法，如图 4-5 所示。

亿	千万	百万	十万	万	千	百	拾	元	角	分
				1	2	3	4	5	0	0
				~~1~~	~~2~~	~~2~~	~~4~~	~~5~~	0	0

亿	千万	百万	十万	万	千	百	拾	元	角	分
				1	2	3	4	5	0	0
				1	2	~~2~~	4	5	0	0

图 4-5　错误的订正法

【例4-13】正确的订正方法　　　　　错误的订正方法

（注：在校学习期间，受条件限制，准许用蓝色或黑色芯圆珠笔书写，改错可用蓝线或黑线代替红线，在订正数上也免盖私章。）

第二部分 任 务 实 训

任务实训 4-3 大小写金额的综合读写训练

日期_____ 班级_____ 学号_____ 姓名_____ 成绩_____

一、根据下列小写金额数字写出大写金额数字

1. ¥10.83   大写：
2. ¥120.06   大写：
3. ¥1 508.00   大写：
4. ¥40 078.90   大写：
5. ¥903 805.43   大写：
6. ¥160 000.00   大写：
7. ¥8 000 400.10   大写：
8. ¥1 700 305 608.92   大写：
9. ¥103 960 005.19   大写：
10. ¥140 010.00   大写：

二、根据下列大写金额数字写出小写金额数字

1. 人民币壹角陆分   小写：
2. 人民币壹拾元肆角伍分   小写：
3. 人民币捌拾壹万零伍佰元整   小写：
4. 人民币贰仟零肆元整   小写：
5. 人民币壹拾万零叁仟元伍角整   小写：
6. 人民币陆仟柒佰零玖万叁仟伍佰壹拾捌元零陆分   小写：
7. 人民币肆拾万元整   小写：
8. 人民币壹佰万元零玖分   小写：
9. 人民币壹拾万元零肆佰元整   小写：
10. 人民币伍亿陆仟万零壹佰元叁角整   小写：

三、根据表 4-6 中的小写日期和金额，写出大写日期和金额

表 4-6   日期和金额

日期	大写日期	小写金额	大写金额
1986.1.2		¥5 001.30	
1999.6.8		¥200.09	
2000.10.20		¥800.00	
2002.3.10		¥19.06	
2009.12.30		¥70 009.00	
2010.11.11		¥9 200.80	
2011.1.1		¥107 000.03	
2018.10.10		¥50 601.02	

四、根据订正规则指出下列各题的书写错误，并予以改正

① ¥5 238 00.00=

② ¥596 103.48 元=

③ 币 721=

④ 人民币十染万另玖百元四角捌分整=

⑤ 人民币：两园正=

⑥ ¥：765 903.48 元整=

⑦ 总计陆仟枝=

⑧ 在支票上签署的日期为：二零零七年一月三十日

五、支票、发票的填写

1. 深圳信息职业技术学院管理学院王红于 2018 年 6 月 1 日在立信会计用品商店购买实训用品，价值人民币 2 300 元整。结账时用转账支票付款，开户银行为光大银行梅林分行，账号为 20010248737000。请根据以上条件帮助出纳正确填写图 4-6 所示的支票。

转账支票正页

中国光大银行 转账支票存根 XVI00000000 附加信息 出票日期　年　月　日 收款人： 金　额： 用　途： 单位主管　　会计	**Bank　中国光大银行　转账支票(　)**　XVI00000000 出票日期(大写)　　年　　月　　日　付款行名称： 收款人：　　出票人账号： 本支票付款限十天 人民币(大写)　亿 千 百 十 万 千 百 十 元 角 分 用途 上列款项请从 我账户内支付 出票人签章　　复核　　记账

图 4-6　填写支票

2. 上述实训用品明细是：收据 50 本，单价 10 元；现金日记账 50 本，单价 12 元；银行日记账 100 本，单价 12 元。请帮助收银员开具发票，如图 4-7 所示。

深 圳 市 服 务 业 发 票

发票代码：24201067171

发票号码：**01192501**

付款单位（个人）			开票日期	年 月 日							
经营项目	单位	数量	单价	金 额							
				十	万	千	百	十	元	角	分
合计金额（大写）：人民币 拾 万 仟 佰 拾 元 角 分						合计金额（小写）：¥					

开票人：　　　　　　　　　　　　　　　　　　收款单位（盖发票专用章有效）

第二联 付款方付款凭证

图 4-7　开具发票

项目五　计算器和计算机小键盘的使用

教学目标及重点、难点

　　本项目要求读者了解计算器的概念，一般型计算器和函数型计算器的外部结构、各键的名称、功能及其使用与维护；掌握一般型台式计算器的基本操作方法，熟悉统计键的使用；熟练掌握使用计算器进行一般运算、函数运算和统计运算的方法；熟练掌握计算机数字小键盘的操作方法。通过训练，提高计算速度，做到准确、快速地进行基本数学计算及辅助会计核算。

　　教学重点是使用计算器进行一般运算、函数运算、统计运算以及计算机小键盘的操作方法。

　　教学难点是台式计算器和计算机小键盘的指法运用及操作技巧。

　　思政目标是培养在工作中创新的精神。

任务一　计算器的使用

第一部分　相关知识

一、计算器概述

　　自 1957 年卡西欧公司生产出世界上第一台商用计算器以来，计算器的发展突飞猛进。计算器作为一种先进、专业的计算工具，以其携带方便、计算迅速准确、功能强大等优点得到广泛运用，解决了人们日常生活中对数据计算的基本需求。

　　在计算机迅速发展的今天，简单的计算器似乎是一种"夕阳产品"，但我们可以肯定地说，各等级的计算器有各自的运用层面和适用范围。举一个简单的例子，大家对财务软件应该不陌生，国家有关部门明确要求，实现财务电算化是一个趋势，而且大部分单位都用上了财务软件。应该说，在财务管理方面，计算机化、自动化程度已经相当高了，可财务人员是不是不用计算器了？事实正相反，每一个财务人员的手边都备着计算器！为什么？因为财务软件面向的是每个月的财务报表、财务分析这些数据量大并且规律化的财务数据处理工作，而计算器是日常的、基本的数据计算工具。应该没有一个财务人员会用计算机来做每天的核算工作，而每个行业都有数据处理需求，也有数据计算需求。因此，计算器这样一个解决数据计算基本需求的设备是不会被淘汰的。目前，计算机、计算器与珠算等计算工具，功能各有所长，适用范围和场合也各有不同，我们不能简单地说某一种计算工具好或不好。科学的态度是扬长避短，使各种计算工具的长处都能得到恰到好处的运用。

　　从外形分，计算器有台式、便携式和超小型等；从用途分，计算器有一般型、函数型、程序型、钟表型和专用型等；按数字显示的方式分类，计算器有荧光显示和液晶显示等。

适合财务人员使用的台式计算器一般为简单计算器。常用的简单计算器主要分为两种类型，即一般型计算器和函数型计算器。一般型计算器可用来进行加、减、乘、除、幂、开平方运算及累计等。函数型计算器的功能较强，它除了具备上述功能外，还有统计学指标的专用键，可作为求样本标准差、均方差、平均数、平方各数据项数、求和以及求正态分布函数等运算。在日常财务工作中，财务人员使用一般型计算器即可；而在月末进行财务分析和统计时，财务人员就用得上函数型计算器。

二、一般型计算器的外部结构及按键功能

一般型计算器的外观如图 5-1 和图 5-2 所示。

图 5-1 台式计算器的外形

图 5-2 插交流电的电子计算器外形

计算器靠手指击键输入各种信息，利用按键来进行各种操作。尽管不同的计算器按键的个数及排列的位置有所不同，但一般型计算器的外部结构都包括了电源开关键、输入键、运算功能键、累计显示键、清除键等。

1. 电源开关键

（1）"ON/C：电源开关键及清除屏幕键。按下此键即接通电源或清除屏幕上的内容，显示屏显示出"0"。

（2）"OFF"：关闭电源键。其功能是切断电源。按下此键后，电源关闭，显示屏关闭。有的计算器是太阳能的，当计算器停止使用几分钟后，就自动关闭电源，因此没有此键。

2. 输入键

用于输入各种数字符号，它是计算器上主要的键。

（1）"0""1""2"…"9"：数字键用来输入计算时需要的数字。输入顺序是从高位到低位依次输入，每按一键，输入一位。

（2）"00""000"：快速增"0"键。按一下，同时出现 2 个或 3 个"0"。

（3）"."：小数点键：用来输入小数点。

（4）"+/－"：正负数转换键。用来输入数字的符号，使输入的数字改变正负。输入负数时，先输入数字的绝对值，再按符号键即可。

3. 运算功能键

运算功能键是进行加、减、乘、除算术四则运算的按键。

（1）"+"：加法键。进行基本加法和连加的运算。

（2）"−"：减法键。进行基本减法和连减的运算。

（3）"×"：乘法键。进行基本乘法和连乘的运算。

（4）"÷"：除法键。进行基本除法和连除的运算。

注意：加、减、乘、除键在计算时都可以代替等号键。

（5）"$\sqrt{}$"：开平方键。用来进行开平方运算。先输入数字，再按下此键，不必按等号键即可得出结果。

4. 等号键

"="：等号键。在两项数字进行相加、相减、相乘、相除或其他运算后按此键，可得出计算结果。

5. 清除键

（1）"C"：清除键。如果是太阳能计算器，在计算器关闭状态下，按此键则开启电源，显示屏显示出"0"。

（2）"AC"：全部清除键，也叫总清除键。其作用是将显示屏所显示的数字全部清除。

（3）"⟶"：右移键。其功能是荧屏值向右位移，删除最右边尾数。

（4）"CE"：部分清除键，也叫更正键。其功能是清除当前输入的数字，而不清除以前输入的数。如刚输入的数字有误，立即按此键可清除，待输入正确的数字后，原运算继续进行。值得注意的是，在输入数字之后如果按了"+""−""×""÷（/）"键，再按"CE"键时，数字将不能清除。

（5）"MC"：累计清除键，也叫记忆式清除键。其功能是清除累计数时，只清除存储器中的数字，而不清除显示器上的数字。

6. 累计显示键

（1）"M+"：记忆加法键，也叫累加键。其功能是将输入的数或中间计算结果进行累加，可加上屏幕上数值并独立记忆之。

（2）"M−"：记忆减法键，也叫累减键。其功能是将输入的数或中间计算结果进行累减，可减去屏幕上数值并独立记忆之。

7. 存储读出键

（1）"MR"：存储读出键。按下此键后，可使存储在"M+"或"M−"中的数字显示出来，或同时参加运算，数字仍保存在存储器中，在未按"MC"键以前有效。

（2）"MRC"：存储读出和清除键。按一次显示存储数，按第2次清除存储数。

（3）"GT"：总和计算。按下"="或"%"键，结果会累计在总和中，按一次可显示总和，如果连续按2次，可清除总和。

8. 损益运算键

"MU"：损益运算键。按下该键完成利率和税率的计算。

9. 显示屏（器）

显示屏在计算器的上方，一般为液晶显示，用于显示输入的数据、计算公式和运算结果。它说明计算器当前的工作状态和性质。由于各种功能融为一体，显示屏上除了显示各种数据和运算结果外，还显示有关符号所表示的状态记号。

（1）","：分节号，表示3位数分离符，只对整数部分有效。

（2）"GT"：总和记忆指示符。

（3）"M"：独立记忆指示符（表示计算器内储存了一些数字）。

（4）"E"：错误指示符。

（5）"−"：负值指示符。

（6）ERROR 记号：当答案容量超过荧幕位数时，荧幕会出现 ERROR 记号。按"AC"键时，可清除所有数值；按"C"键时，清除"ERROR"记号，但荧幕上的数值仍可继续使用，且"MR"和"GT"值仍存在。

10. 开关说明

（1）"↑"：无条件进位键。

（2）"5/4"：四舍五入键。

（3）"↓"：无条件舍去键。

（4）小数位数选择：单组开关除置于"F"位置外均设定为 2 位小数。

"F"：代表浮动小数。

"4、3、2、0"：代表小数点以后取 4 位数、3 位数、2 位数、0 位数。

"A（ADD2）"：当开关设定于"A"时，表示小数已自动设定为 2 位数。如输入"9"显示结果为"0.09"，可作加、减法之连算，但对乘、除法无效。若输入小数点"."键，则以该小数点指示位置为准。

（5）"GT."：总和记忆开关。将总和记忆开关设定在"GT"位置上，即可开启总和记忆。将其移至"."的位置上，即可关闭总和记忆。

三、一般型台式计算器的基本操作方法

1. 操作前的准备工作

在使用计算器前，首先要知道计算器的类型。对于不熟悉的计算器，要仔细阅读说明书，掌握其功能、符号及操作方法。某些计算器是按照法则运算的，即可以自己按照数的运算规则进行运算；而另外一些则是按照顺序运算的，即按照输入数据和符号的顺序进行运算，其运算结果与按照法则运算完全不同。因此，用户可以通过一个简单的试验，如输入算式"2+4×3="进行计算，就可判断手持的计算器的运算规律。目前，市场上流行的计算器多数是按照顺序运算的。

2. 计算器的操作方法

开机后，根据需要将计算器调到所需状态。一般型顺序计算器遵循的按键顺序是：先括号内→再乘除→最后加减。对于复杂的算式，计算前要进行分析，按照算术运算法则，应考虑将先要得出结果的部分输入，得出结果后再参加下一部分运算；有时也可以依据代数原理去括号后再按键；也可以分段运算。在运算中，要充分利用计算器的存储功能进行操作。

3. 台式计算器的指法操作

具体在计算器上指法的分工如下。

右手的食指，在键盘分区中主要负责"7""4""1""0"键或"GT""━━▶""CE""ON/C"键，有时也可负责"M+"键的击键工作，一般是将食指放于"4"基本键上。

右手的中指，在键盘分区中主要负责"8""5""2""00"键，有时也可负责"M-"键的击键工作，一般是将中指放于"5"基本键上。

右手的无名指，键盘分区中主要负责"9""6""3""."键的击键工作，一般是将无名指放于"6"基本键上。

右手的小指或无名指，在键盘分区中主要负责"×""+""÷""-""="或"MC""MR""M-""M+"键的击键工作，如表 5-1 所示。

右手的大拇指负责握笔，如图 5-3 所示。

表5-1   各手指在计算器上的指法分工

拇指或食指	食指	中指	无名指	无名指或小指
GT	7	8	9	× ÷ MC
→	4	5	6	− MR
CE	1	2	3	+ = M−
ON/C	0	00	.	M+

4. 台式计算器的操作技巧

（1）计算器的放置。计算器在使用时，要平稳放置，以免按键时晃动和滑动。计算资料要紧挨计算器，便于计算。一般根据操作人员身材的实际情况，计算器放于操作人员击打键盘感觉最舒适的地方，一般是放于右手边某个最合适的位置。

（2）操作人员的姿势。正确的坐姿，能使操作者肌肉放松，活动自如，动作协调，减轻劳动强度，如图5-3所示。操作人员应眼睛俯视单据上的数据，按下数字键后，应看显示器上的显示是否正确；按运算键时，要看显示器上的数字是否闪动，如无闪动说明键未按到底，需要重新按键。

图5-3 操作人员的姿势

（3）按键的技巧。按键时用力要轻重适度，动作幅度不应太大，手指尽量贴在键面上；也不要久按一个键不放，不能用手指或钢笔敲击键盘，以防止计算器的键损坏和数据丢失。当基本指法练熟后，操作人员应逐步从左看数据、右看键盘（即"左顾右看"）变为尽量只看数据，少看或不看键盘，实现"盲打"。

（4）灵活使用清除键。因为它在修改时起很大作用，避免重新输入，从而节省时间。每次运算前，要清除计算器里的数据，按一下清除键"ON/C"。有的计算器把这个键记作"AC"或"C"。在计算过程中，如发现刚输入的一个数字有误，可按右移键"→"清除；如发现刚输入的数据有误，在没有按运算符以前，可按局部清除键"CE"（英文 Clear Entry 开头字母，表示清除刚输入的数据），这时显示屏上的显示为"0"，而先前输入的数据和运算仍保持有效，然后再输入正确数据。

四、一般型台式计算器的计算过程举例

1. 常数运算

【例5-1】加法运算23+8。

操作顺序：　C　23　+　8　=

显示结果为31。

【例5-2】减法运算92－13。

操作顺序：　C　92　−　13　=

显示结果为79。

【例5-3】乘法运算38×9。

操作顺序：　C　38　×　9　=

显示结果为342。

【例5-4】除法运算872÷8。

操作顺序：　C　872　÷　8　=

显示结果为109。

2. 四则运算类

【例5-5】加减法运算29+14-18。

操作顺序：　C　29　+　14　−　18　=

显示结果为25。

【例5-6】乘除运算28×2÷4。

操作顺序：　C　28　×　2　÷　4　=

显示结果为14。

【例5-7】加减乘除运算24+16×5。

操作顺序：　C　16　×　5　+　24　=

显示结果为104。

【例5-8】加减乘除运算15×（14−4）。

操作顺序：　C　14　−　4　×　15　=

显示结果为150。

3. 改错类

【例5-9】将算式125+35改为125+28。

操作顺序：　C　125　+　35　CE　28　=

显示结果为153。

4. 方根运算类

【例5-10】方根运算$\sqrt{81}$。

操作顺序：　C　81　√　=

显示结果为9。

5. 幂的运算类

【例5-11】幂的运算9^2。

操作顺序：　C　9　×　=

显示结果为81。

【例5-12】幂的运算4^7。

操作顺序：　C　4　×　=　=　=　=　=　=

显示结果为 16 384。

6. 百分比运算

【例5-13】百分比运算 80×40%。

操作顺序： $\boxed{C}$ 80 $\boxed{\times}$ 40 $\boxed{\%}$

显示结果为 32。

【例5-14】百分比运算 360÷16%。

操作顺序： $\boxed{C}$ 360 $\boxed{\div}$ 16 $\boxed{\%}$

显示结果为 2 250。

7. 加成运算

【例5-15】加成运算 328+328×21%。

操作顺序： $\boxed{C}$ 328 $\boxed{+}$ 21 $\boxed{\%}$

显示结果为 396.88。

8. 折扣运算

【例5-16】折扣运算 234−234×18%。

操作顺序： $\boxed{C}$ 234 $\boxed{-}$ 18 $\boxed{\%}$

显示结果为 191.88。

9. 累计与存储类

【例5-17】累计与存储运算。利用存储功能将 3 个算式 37+42=79、52×8=416、(−65)÷13=−5 的计算结果累加起来。

操作顺序： $\boxed{MC}$ 37 $\boxed{+}$ 42 $\boxed{M+}$

显示结果为 M79;

52 $\boxed{\times}$ 8 $\boxed{M+}$

显示结果为 M416;

65 $\boxed{+/-}$ $\boxed{\div}$ 13 $\boxed{M+}$

显示结果为 M−5;

$\boxed{MR}$

显示结果为 490。

【例5-18】累计与存储运算(42+8)×(66+34)。

操作顺序： $\boxed{MC}$ 42 $\boxed{+}$ 8 $\boxed{M+}$

显示结果为 M50;

66 $\boxed{+}$ 34 $\boxed{\times}$

显示结果为 M100;

$\boxed{MR}$ $\boxed{=}$

显示结果为 M5 000。

【例5-19】超出显示位数的近似运算 723 034 865 906 +302 479 580 691=1 025 514 446 597。

操作顺序： $\boxed{MC}$ 723 034 865 906 $\boxed{+}$ 302 479 580 691 $\boxed{+}$

显示结果为 1.02551444659E（E=10^{13}）（假设该计算器的有效位数是 12 位）。

五、函数型计算器的外形结构及各键功能

1. 函数型计算器的外部结构（如图 5-4 所示）

函数型计算器的外部结构包括电源开关键、输入键、运算键、累计显示键、清除键。

图 5-4　函数型计算器的外部结构

2. 函数型计算器的功能键

| EXP |：指数键。

| F←→D |：浮动小数点计数形式与科学计数形式之间的变换键。当数值以浮动小数点形式显示时，按下此键可将数值以科学形式显示。再按一次，数值还原为以浮动小数点形式显示。

| 2ndF |、| F |、| INV |：第二功能启动键。

| sin |、| cos |、| tan |：正弦、余弦、正切键。用于计算三角函数。

| sin | 2ndF |、| cos | 2ndF |、| tan | 2ndF |：反正弦键、反余弦键、反正切键。用于计算反三角函数。

| log |、| ln |：常用对数函数键、自然对数键。用于计算常用对数和自然对数函数。

| 2ndF |、| e^x |、| 2ndF | 10^x |：以 e 为底和以 10 为底的指数键。用来计算指数函数。

| Int |：取整函数键。用于计算数字的整数部分。

| 1/x |：倒数键。用于计算屏幕上数字的倒数。

| x^y |、| X^3 |、| X^2 |：幂函数键。用于计算幂函数。

| $\sqrt[x]{y}$ | 2ndF |：幂指数函数键。用于计算 y 的 x 次方根。

| $\sqrt{}$ |、| $\sqrt[3]{}$ |：平方根键、立方根键。用于计算数字的平方根和立方根。

| n! |：阶乘键。用于计算 n 的阶乘 $n! = 1 \times 2 \times 3 \times \cdots \times n$。

| hyp |：双曲线函数计算启动键。

| 2ndF | arc hyp |：反双曲函数计算启动键。

| hyp | sin |、| hyp | cos |、| hyp | tan |：双曲函数键。

| 2ndF | arc | hyp | sin |、| 2ndF | arc | hyp | cos |、| 2ndF | arc | hyp | tan |：反双曲函数键。

| MODE | DRC |：角度单位变换键。每按一次键，从角度变换到弧度；再按一次键，又从弧度变换到角度。

| →DEG |：进制转换键。用于六十进制向十进制变换。

| →DMS |：进制转换键。用于十进制向六十进制变换。

$\boxed{\text{Min}}$　$\boxed{\text{X→M}}$：存储键。在存储一个新数的同时，清除了以前已经存入存储器中的数。一般作为第 1 个数据存入时使用，这样就可省去清除存储器的步骤。

$\boxed{\text{X← →M}}$　$\boxed{\text{X/M}}$：显示的数字与存储器中的数字互换键。按下此键可将当前显示的数字存入，然后将原存储器中的数字显示出来。

六、函数型计算器的基本操作方法

下面以常见的函数型计算器为例，说明函数型计算器的使用和操作。在使用中要特别注意函数型计算器是以数学法则进行运算的，这与一般简单计算器顺序运算不同。以下运算举例皆在"DEG（度）"状态下进行。

1. 四则运算类

【例 5-20】加减乘除运算 $45+32\times5$。

操作顺序：$\boxed{\text{C}}$ 45 $\boxed{+}$ 32 $\boxed{\times}$ 5 $\boxed{=}$

显示结果 205。

【例 5-21】加减乘除运算 $11\times（34-9）$。

操作顺序：$\boxed{\text{C}}$ 11 $\boxed{\times}$ $\boxed{（}$ 34 $\boxed{-}$ 9 $\boxed{）}$ $\boxed{=}$

显示结果 275。

2. 方根运算类

【例 5-22】方根 $\sqrt{5}+\sqrt{13\times17}$。

操作顺序：$\boxed{\text{C}}$ 13 $\boxed{\times}$ 17 $\boxed{=}$ $\boxed{\sqrt{\ }}$ $+5$ $\boxed{\sqrt{\ }}$

显示结果 17.10 213。

3. 幂的运算类

【例 5-23】幂的运算 5^2+4^3。

操作顺序：$\boxed{\text{C}}$ 5 $\boxed{X^2}$ $\boxed{+}$ 4 $\boxed{X^3}$ $\boxed{=}$

显示结果 89。

【例 5-24】幂的运算 $6^7+3.4^{2.5}$。

操作顺序：$\boxed{\text{C}}$ 6 $\boxed{X^y}$ 7 $\boxed{+}$ 3.4 $\boxed{X^y}$ 2.5 $\boxed{=}$

显示结果 279 957.315 587。

4. 倒数运算类

【例 5-25】$\dfrac{1}{(6+4)\times2}$。

操作顺序：$\boxed{\text{C}}$ $\boxed{（}$ 6 $\boxed{+}$ 4 $\boxed{）}$ $\boxed{\times}$ 2 $\boxed{=}$ $\boxed{1/x}$

显示结果 0.05。

5. 百分比运算类

【例 5-26】百分比运算 $765\times40\%$。

操作顺序：$\boxed{\text{C}}$ 765 $\boxed{\times}$ 40 $\boxed{\text{2ndF}}$ $\boxed{\Delta\%}$

显示结果 306。

说明：$\boxed{\Delta\%}$ 为第二功能键，按此键前应先按 $\boxed{\text{2ndF}}$ 进行转换。

$\boxed{\text{C}}$　$\boxed{\text{X→M}}$ 为存储器、显示屏清零。

6. 指数运算类

【例 5-27】指数运算 $5\times10^3+2\,500\times10^{-2}$。

操作顺序：5 $\boxed{\text{EXP}}$ 3 $\boxed{+}$ 2 500 $\boxed{\text{EXP}}$ 2 $\boxed{+/-}$ $\boxed{=}$

显示结果 5 025。

7. 三角函数和反三角函数运算类

【例5-28】三角函数运算 $4\times\sin30°+2\times\cos60°$。

操作顺序： C 4 × 30 sin + 2 × 60 cos =

显示结果3。

【例5-29】三角函数运算 $\tan(\pi/4)$。

操作顺序： C π ÷ 4 = tan

显示结果1。

【例5-30】反三角函数运算 $\sin^{-1}(1/2)$。

操作顺序： C 1 ÷ 2 = 2ndF sin

显示结果为30。

8. 对数运算类

【例5-31】对数运算 $\log 2.56$。

操作顺序： C 2.56 log

显示结果 0.4 082 399。

七、使用计算器的注意事项

1. 计算器的日常维护

在使用计算器之前应仔细阅读说明书，了解计算器使用环境和条件，如温度、湿度等具体要求，正确的维护可以延长计算器的使用寿命。计算器一般要求防摔、防压、防震、防潮、防尘、防高温、防金属粉末的侵入，以免发生电路短路。

2. 计算器的能源维护

使用计算器时要了解计算器电池的规格及性能，检查电池的电量。如果显示屏显示的数字明显暗淡，则电量不足，会造成计算错误。停止使用时，注意及时按关闭键，节省用电。如果长期不使用，应取出电池，否则电池腐蚀，会造成计算器的损坏。

第二部分 任 务 实 训

任务实训 5-1 计算器基本指法及加减法实训

日期_____ 班级_____ 学号_____ 姓名_____ 成绩_____

一、实训指导

在熟练掌握计算器按键指法和 1~9 共 9 个基数的基本加减法运算的基础上，为了提高计算能力，就必须加强综合练习，达到不假思索、见数即按的"盲打"熟练程度。计时测试是从计算器上按第 1 个数开始的。

二、指法分工及加减法练习

1. 定数连加连减练习

要求：①定时不定量训练，每次以 1 分钟为单位计时，平均每秒能按两个数字键为及格；

②定量不定时训练，每次以连加某数 10 遍、20 遍或 100 遍为单位，计算需要多长时间，比较本次比前次是否有进步。

（1）连加 1 与连减 1：1+1+1+ … +1−1−1−1− … −1=0

（2）连加 2 与连减 2：2+2+2+ … +2−2−2−2− … −2=0

（3）连加 3 与连减 3：3+3+3+ … +3−3−3−3− … −3=0

（4）连加 4 与连减 4：4+4+4+ … +4−4−4−4− … −4=0

（5）连加 5 与连减 5：5+5+5+ … +5−5−5−5− … −5=0

（6）连加 6 与连减 6：6+6+6+ … +6−6−6−6− … −6=0

（7）连加 7 与连减 7：7+7+7+ … +7−7−7−7− … −7=0

（8）连加 8 与连减 8：8+8+8+ … +8−8−8−8− … −8=0

（9）连加 9 与连减 9：9+9+9+ … +9−9−9−9− … −9=0

2．"625" 连加连减练习

先将 625 连加 4 遍为 2 500，连加 8 遍为 5 000，连加 12 遍为 7 500；连加 16 遍，得数是 10 000；然后连减 16 遍，结果是 0。

3．"16 835" 连加连减练习

先将 16 835 连加 3 遍，得数是 50 505；连加 6 遍，得数是 101 010；连加 9 遍，得数是 151 515；连加 12 遍，得数是 202 020；连加 15 遍，得数是 252 525。反过来，用得数减去 16 835 若干遍，直到结果为 0。

4．定量不定时练习

将下列各题计时练习一遍。要求先准后快、快中见准、准中求快，逐步进行"盲打"。每做完一题后学生举手，教师报时并记录完成时间。

（1）加减 666 练习。

1+2+3+…+36=666　　　　　666−1−2−3−…−36=0

达标速度标准：要求 30 秒内准确完成。

（2）加减百子练习。

1+2+3+…+100=5 050　　　　5 050−1−2−3−…−100=0

为了便于分段检查，其各段加和减的得数列如表 5-2 所示。

表 5-2　　　　　　　　　　　　各段加和减的得数列

加到的数	10	20	30	40	50	60	70	80	90	100
和	55	210	465	820	1 275	1 830	2 485	3 240	4 095	5 050
减到的数	10	20	30	40	50	60	70	80	90	100
差	4 995	4 840	4 585	4 230	3 775	3 220	2 565	1 810	955	0

① 加百子达标速度标准：80～100 秒为及格，60～79 秒为良好，60 秒以下为优秀。

② 减百子达标速度标准：120～140 秒为及格，90～119 秒为良好，90 秒以下为优秀。

5．加减九盘清法

这是练习默记一笔多位数连续加减的传统练习法。

（1）加顺 "九盘清"。先将 123 456 789 键入计算器，默记此数，再逐次加上 123 456 789；连加 9 遍，连同原数一共加了 10 个 123 456 789，得数为 "1 234 567 890"。

各遍得数如下：

原数： 123 456 789	第 1 遍得数：246 913 578
第 2 遍得数：370 370 367	第 3 遍得数：493 827 156
第 4 遍得数：617 283 945	第 5 遍得数：740 740 734
第 6 遍得数：864 197 523	第 7 遍得数：987 654 312
第 8 遍得数：1 111 111 101	第 9 遍得数：1 234 567 890

达标速度标准：50～60 秒为及格；35～49 秒为良好；35 秒以下为优秀。

（2）减顺"九盘清"。从 1 234 567 890 中连减 123 456 789 共 9 遍，得数为"123 456 789"。各遍得数刚好是把顺"九盘清"的各遍得数倒过来。如第 1 遍的结果则为加顺"九盘清"第 8 遍的结果，即 1 111 111 101。

达标速度标准：60～80 秒为及格；40～59 秒为良好；40 秒以下为优秀。

（3）加逆"九盘清"。将 987 654 321 拨在盘上，默记此数，连加 9 遍，得数为"9 876 543 210"。

达标速度标准：50～60 秒为及格；35～49 秒为良好；35 秒以下为优秀。

（4）减逆"九盘清"。从 9 876 543 210 中连减"987 654 321" 9 遍，得数为"987 654 321"。

达标速度标准：60～80 秒为及格；40～59 秒为良好；40 秒以下为优秀。

6. 5 分钟定数训练

将下列各定数连加 5 分钟，要求逐步进行"盲打"。

（1）147 258 369	（2）258 369 147
（3）369 147 258	（4）417 528 639

7. 加"大九九"法

将大九九乘法口诀表中的乘积从"——01"到"九九 81"边念口诀边加积，全部加起来，其总和为 2 025。然后再减积还原，使盘面成 0。各个部分积总和如表 5-3 所示。

表 5-3　　　　　　　　　　各个部分积总和

被乘数	1	2	3	4	5	6	7	8	9
积	45	90	135	180	225	270	315	360	405

达标速度标准：30～40 秒完成为及格。

8. 听算练习法

听算又叫唱算、念算或读算。它是由一个人念，另一个人或几个人进行计算的一种方法。此计算法既可以锻炼学生的记数能力、反应能力和注意力，又可以提高学生的心理素质，使他们在参加各类比赛、等级鉴定、招聘考试等活动时有一种稳定的心理状态，取得好成绩。

（1）	（2）
5 374	9 204
658	5 371
109	−682
8 293	3 157
568	−2 093
721	846
15 723	15 803

任务实训5-2 加算实训

日期_____ 班级_____ 学号_____ 姓名_____ 成绩_____

一、实训指导

采用"一目一行看数键入法"，左手食指指着每一行数，眼睛迅速看完，大脑同步记住该数，并指挥右手快速键入该数。

二、加算练习

1. 将表5-4所示的大九九乘法口诀表中各竖行、横行分别汇总，再将其合计数加总写在右下角交叉处，两个答案应当完全一样。如果不同，请找出原因（先练看打，最后做到全部盲打）。

表5-4   大九九乘法口诀表

序号	1	2	3	4	5	6	7	8	9	合计
1	11.01	21.02	31.03	41.04	51.05	61.06	71.07	81.08	91.09	
2	12.02	22.04	32.06	42.08	52.10	62.12	72.14	82.16	92.18	
3	13.03	23.06	33.09	43.12	53.15	63.18	73.21	83.24	93.27	
4	14.04	24.08	34.12	44.16	54.20	64.24	74.28	84.32	94.36	
5	15.05	25.10	35.15	45.20	55.25	65.30	75.35	85.40	95.45	
6	16.06	26.12	36.18	46.24	56.30	66.36	76.42	86.48	96.54	
7	17.07	27.14	37.21	47.28	57.35	67.42	77.49	87.56	97.63	
8	18.08	28.16	38.24	48.32	58.40	68.48	78.56	88.64	98.72	
9	19.09	29.18	39.27	49.36	59.45	69.54	79.63	89.72	99.81	
合计										

2. 从上表11.01+12.02+13.03+…+98.72+99.81=_____，计时测试，求出总合计。达标速度标准：140～160秒为及格；120～139秒为良好；120秒以下为优秀。

3. 计算表5-5所示的各题（限时10分钟，对8题以上为普通六级水平记优秀，对7题为良好，对6题为合格）。

表5-5   计算题

（一）	（二）	（三）	（四）	（五）
3 748	32	342	3 105	93
23	157	96	584	741
906	5 907	126	12	3 602
65	29	4 082	97	857
1 057	764	61	7 065	23
98	4 091	3 504	38	4 016
830	28	793	921	39
19	742	27	73	62
6 703	16	7 019	5 109	718
524	6 809	52	753	9 203
36	563	835	86	98
2 091	24	26	8 075	136
83	69	9 108	62	1 097
453	7 014	74	894	54

续表

（六）	（七）	（八）	（九）	（十）
473	4 108	39	815	3 206
5 206	93	751	76	94
98	762	6 908	24	851
137	59	47	9 301	79
84	6 087	832	87	408
2 019	25	64	5 163	5 367
65	341	1 059	429	203
842	9 576	283	68	85
71	104	15	3 402	4 902
5 608	82	4 706	971	716
94	37	952	56	98
812	2 016	73	478	73
53	384	8 091	15	4 052
6 097	25	64	2 039	61

4. 计算表 5-6 所示的各题（限时 10 分钟，做对 8 题以上为普通五级水平记优秀，对 7 题为良好，对 6 题为及格）。

表 5-6　　　　　　　　　　　　计算题

（一）	（二）	（三）	（四）	（五）
102	3 018	602	8 267	572
356	674	3 847	135	857
8 249	957	915	108	6 132
421	109	841	982	243
6 583	7 236	2 350	3 907	1 908
907	859	679	205	804
573	746	623	963	673
5 061	2 831	437	5 176	9 015
289	403	4 107	409	856
940	579	519	347	534
7 123	4 168	456	2 803	8 012
486	705	1 908	654	673
376	420	327	415	749
2 805	9 231	486	6 817	4 209
194	658	9 052	369	316

（六）	（七）	（八）	（九）	（十）
904	423	7 039	815	3 206
9 178	5 702	251	768	945
526	259	1 908	9 024	851
361	3 087	457	8 301	6 392
4 083	425	832	827	408
927	341	649	5 163	5 367
589	7 574	4 059	429	203
1 067	134	283	608	845
524	384	156	3 402	2 902
348	937	5 706	971	716
659	9 016	952	563	398
813	324	730	478	273
5 041	809	8 091	159	1 052
792	6 108	674	2 039	461
7 062	809	506	432	782

5. 计算表 5-7 所示的各题（限时 10 分钟，做对 6 道题、7 道题、8 道题分别为普通六级、五级、四级水平）。

表 5-7　　　　　　　　　　　　　　　　　计算题

（一）	（二）	（三）	（四）	（五）
284	51 703	732	492 675	30 492
6 410	795	408	39 125	5 683
390 682	6 829	8 506	803	8 461
15 367	710	195 683	781	697 425
248	72 436	87 914	9 102	986
359	398 104	6 871	8 735	7 964
5 712	502	902	7 062	801
915 638	9 057	230	319	49 630
7 931	832 941	489 306	4 068	692
327	4 682	72 108	754	9 647
914	397	417	412 076	894 160
1 253	8 174	6 183	617	728
408	6 958	674	9 105	1 205
43 701	726	3 659	462	364
8 946	305	7 823	15 298	802

（六）	（七）	（八）	（九）	（十）
1 406	5 062	6 405	537 209	696
567	318	207 159	614	74 503
396	79 307	827	5 387	6 459
72 685	896 475	5 810	912	817
432	3 682	893	7 056	3 072
2 401	547	3 527	492 135	513 861
623	604	719	3 541	714
1 954	7 569	49 038	81 362	8 932
347 059	813	921	503	516
5 947	28 436	475 138	769	92 130
31 568	270	4 025	8 306	3 525
412	894	28 730	725	60 824
260 139	4 301	6 532	89 037	937
860	183 429	863	548	854
7 015	5 042	706	3 910	5 928

任务实训 5-3　乘除算实训

日期_____　班级_____　学号_____　姓名_____　成绩_____

一、乘法练习

1. 计算下列有效数为 1 位数的乘法题

（1）285×7=

（2）9.04×5=

（3）12.45×600=

（4）7 142×0.9=

（5）0.9015×0.2=

（6）0.7681×30=

（7）30.12×0.04=

（8）0.0125×800=

（9）50.18×0.6=   （10）1 040×0.003=

2. 计算下列多位数乘法题

达标训练：（1）～（10）题为普通六级题型，（11）～（20）题为普通五级题型，（21）～（30）题为普通四级题型。（限时 15 分钟，积数保留 2 位小数，以下四舍五入，要求准确率达 80%以上）

（1）307×98=   （2）53×47=

（3）82×38=   （4）95×76=

（5）147×72=   （6）71×801=

（7）29×193=   （8）608×59=

（9）48×64=   （10）36×25=

（11）927×56=   （12）61×807=

（13）0.802×6.43=   （14）24×4 382=

（15）175×29=   （16）3.598×0.76=

（17）76×801=   （18）43×325=

（19）506×97=   （20）893×109=

（21）71×358=   （22）83×2 416=

（23）359×807=   （24）406×975=

（25）93.27×0.48=   （26）1 438×59=

（27）648×2 079=   （28）7.65×3 608=

（29）67×5 209=   （30）39×6 401=

二、除法练习

1. 计算下列有效数为 1 位数的除法题（整除题练习）

（1）201÷3=   （2）5 960÷20=

（3）9 940÷4=   （4）5.46÷7=

（5）325.36÷8=   （6）1 422÷9=

（7）57 407÷0.7=   （8）4 660÷0.05=

（9）4 251÷3=   （10）5 600÷8=

2. 计算下列有效数为 1 位数的除法题（有余数题练习，精确到 0.01）

（1）123÷3=   （2）406÷0.5=

（3）0.573÷0.04=   （4）859 120÷7=

（5）5 509÷80=   （6）45.69÷0.6=

（7）0.067÷0.09=   （8）587÷2=

（9）632÷0.008=   （10）254.33÷7=

3. 计算下列全国珠算技术等级鉴定普通五级标准试题（保留 2 位小数，以下四舍五入。限时 5 分钟，对 8 题为合格）

（1）13 384÷14=   （2）1 311÷23=

（3）49 167÷607=   （4）28 000÷875=

（5）12 978÷309=   （6）71.49÷98=

（7）11.27÷58=   （8）42 884÷71=

（9）4 452÷42=   （10）1 792÷64=

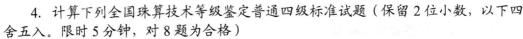
4．计算下列全国珠算技术等级鉴定普通四级标准试题（保留2位小数，以下四舍五入。限时5分钟，对8题为合格）

（1）29 484÷39＝   （2）10 212÷138＝

（3）4 935.37÷842＝   （4）233 013÷307＝

（5）63 717÷951＝   （6）20 898÷43＝

（7）3.8896÷2.89＝   （8）29 328÷52＝

（9）587 576÷607＝   （10）646 850÷761＝

任务二　计算机小键盘的使用

第一部分　相关知识

计算机小键盘是向计算机输入数字的重要输入设备。小键盘区也称为辅助键盘区，位于键盘的最右侧，主要用于大量数字的输入。该区的大部分按键具有双重功能，一是代表数字和小数点，二是代表某种编辑功能。利用该区左角的"Num Lock"数字锁定键，可在两种功能之间进行转换。

一、计算机小键盘键的分布及功能

纵向键从左至右的顺序和手指分工如图5-5所示。

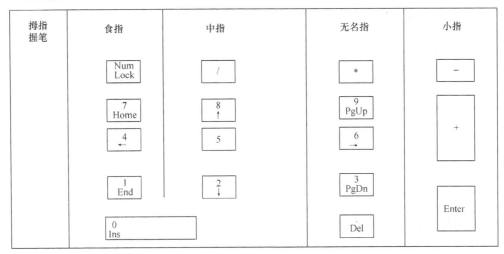

图5-5　计算机小键盘键的分布和手指分工

Num Lock：数字锁定键。具有开关作用，只对小键盘区的按键有效。按一下该键，上方的指示灯亮，此时按某个按键输入的是数字；再按一下该键，相应的指示灯熄灭，此时按某个按键执行的是相应的编辑功能。小键盘区处于编辑功能状态时，与编辑区的对应键功能相同。

【例5-32】当指示灯亮时，按 $\boxed{\begin{array}{c}7\\ \text{Home}\end{array}}$ 键输入的是数字7；当指示灯熄灭时，按该键执行的是相应的编辑功能，即光标移至行首。

$\boxed{-}$：指示灯亮与熄该键都显示减号。

$\boxed{+}$：指示灯亮与熄该键都显示加号。

二、计算机小键盘的指法

计算机小键盘是向计算机下达输入数字命令的重要设备，是银行、财会部门工作人员必不可少的操作工具，所以掌握小键盘的使用方法非常必要。

1. 指法

手指在键盘上的位置非常重要。为了便于有效地使用键盘，通常规定右手的食指、中指、无名指和小指依次放于第3排的"4""5""6""Enter"基准键上。当准备操作小键盘时，手指应轻轻放在相应的基准按键上。敲击完其他按键后，也应立即回到原指定的基准按键上。

2. 各手指负责的键域（见图5-5）

要学会正确使用小键盘，因为并不是任何一个手指都可以随便按任何一个按键的。为了提高键盘的敲击速度，在基准按键的基础上，通常将小键盘划分为几个区域，每个区域都由一个手指负责，各手指一定要明确分工、互不侵犯。

（1）右手的食指。在小键盘分区中主要负责"Num Lock""7""4""1"键，有时也可负责"0"键的击键工作，一般放于"4"基准键上。

（2）右手的中指。在小键盘分区中主要负责"/""8""5""2"键，有时也可负责"0"键的击键工作，一般放于"5"基准键上。

（3）右手的无名指。在小键盘分区中主要负责"*""9""6""3""."键的击键工作，一般放于"6"基准键上。

（4）右手的小指。在小键盘分区中主要负责"–""+""Enter"键的击键工作。

总之，右手食指、中指和无名指分别放在基准键位数字"4""5""6"键上，每当敲击完其他键后要迅速回到基准键位上。

3. 右手的握笔

握笔的习惯对于提高击键速度非常关键，直接影响到运算的进程。方法是把笔横压在右手拇指与手掌之间，使笔与手掌平行，笔杆上端伸出虎口并将1/3笔尖露在外侧。这样执笔对于击键特别有利，而且便于书写计算结果，减少了取、放笔的次数，避免了时间的浪费。

第二部分 任 务 实 训

任务实训5-4 计算机小键盘指法操作实训

日期_____ 班级_____ 学号_____ 姓名_____ 成绩_____

1. 计算下列各题

使用计算器和计算机小键盘，练习击键的速度，进行以下训练，分别锻炼中指、食指、无名指及小指的运动范围。

（1）4.56+1.23+7.89−3.58−6.54−1.53=

（2）17.02+7.20+407.65+16.52+32.58+98.76−563.21=

（3）987.64−60.41−2.09−3.69−182.54−38.90−617.32−14.60−5.87=

（4）3.06+614.28+109.70+85.91+1.79+53.18+47.26+9.03+87.19+396.82=

（5）413.06+94.18+209.76+185.53+801.74+503.17+400.97+39.08+57.69+308.86=

（6）4 156+1 023+7 529−3 158+6 954+1 453=

（7）98 264−6 241+21 509+3 569−182 254+38 990+617 032+14 360+5 687=

（8）17 802+7 001+407 815+167 852+391 258+98 376+563 521=

（9）4 156+1 623+7 589+37 058+6 254+1 953=

（10）9 864+69 341+209+3 169+182 954+38 907+617 327+14 608+5 871=

2. 计算下列各题

（1）421	（2）3 402	（3）3 672.18	（4）756.18
983	983	−569.27	5 435.09
7 156	401	3.69	−124.86
247	2 569	−84.07	47.53
301	715	609.51	4 916.18
8 529	670	3.72	−375.62
567	1 567	9 706.13	27.81
4 019	234	−39.26	6 504.93
184	809	45.82	−237.15
609	5 721	−60.59	403.97
2 017	938	2.38	8 056.19
804	604	4.17	−18.42
6 078	291	70.61	73.28
452	6 508	−3.95	390.14
367	743	2.43	−16.32

3. 计算表5-8所示的各题（限时10分钟，对8题以上为普通三级水平）

表5-8　　　　　　　　　　　　　　　计算题

（一）	（二）	（三）	（四）	（五）
4.25	4 282.56	50.98	68.76	7 862.75
6 513.86	8.09	4.03	7.08	324.23
3.07	572.32	55.17	406.32	−867.04
961.18	3.54	983.24	5 042.17	−3.41
36.04	483.17	9 872.19	18.05	5 462.38
7.80	75.08	8.60	4 787.43	7 108.49
504.32	391.71	78.79	−342.05	3.14
8 171.27	7 192.65	5.01	6.81	−945.83
65.24	67.06	36.42	9 841.42	81.09
752.73	422.53	69.05	45.96	−89.50
16.87	2 188.16	5.71	−729.75	276.16
5 926.53	7.94	6 972.34	2 178.64	−481.62
637.48	19.60	5.47	346.39	6 057.95
1 233.20	8 590.67	857.12	−4.07	63.57
546.35	506.23	7.63	−177.50	3.02

续表

（六）	（七）	（八）	（九）	（十）
5.32	658.91	56.89	728.45	3 158.72
87.81	4.89	134.18	-36.02	56.24
403.09	3 927.76	2.25	7 768.45	5.76
9 735.21	431.21	8 315.78	5 497.53	-430.28
406.69	5.86	156.31	5.74	36.53
6 453.85	2 312.53	93.09	-812.39	-345.21
810.32	56.73	9 058.41	2 138.56	8.75
65.74	467.06	140.56	-560.31	527.16
7.16	8.59	2.17	64.12	-68.70
1 931.43	1 795.47	902.82	6.42	9 341.08
711.62	758.34	5 640.01	-4 908.65	6.07
5 896.14	235.60	4.09	813.24	219.32
1.67	89.73	760.98	-657.87	5 465.79
905.67	4 504.16	53.56	19.06	344.76
45.38	76.85	6 191.70	2.92	9 608.25

4. 计算表5-9所示的各题（限时 10 分钟，对 8 题以上为普通二级水平）

表 5-9   计算题

（一）	（二）	（三）	（四）	（五）
875.19	80 271.69	1 647.02	90 764.18	8 074.16
320.56	94.58	92 053.47	-19.75	361.82
91 264.35	9 283.01	712.35	6 195.47	-95.37
91.08	65.84	96.78	92.06	89 014.63
6 079.41	3 051.26	8 907.56	8 327.41	-817.45
61.57	92 354.17	18.24	-956.09	7 509.12
207.83	7 593.26	78 592.36	8 764.13	-928.04
70.34	78.45	805.12	75 412.36	70 896.32
2 401.68	190.36	4 081.39	456.02	780.64
73 058.94	2 845.29	36.51	-5 031.79	-3 652.19
2 315.47	963.08	579.04	807.95	41.26
962.08	307.14	4 103.69	-283.14	32.97
8 076.25	4 167.25	42.18	32.08	-5 364.01
4 853.61	631.47	5 963.02	-3 950.24	6 405.93
49.23	87.09	834.96	68.32	27.58

（六）	（七）	（八）	（九）	（十）
4 695.02	490.82	80 472.65	487.92	6 012.58
563.71	3 152.76	9 205.38	-93.65	-3 705.84
91.45	410.85	73.61	72 508.19	57.19
6 849.27	78.49	641.37	-2 079.34	72.41
704.19	90 281.54	65.29	43.08	908.57
85 032.46	8 904.23	3 029.64	268.71	91 268.13
507.28	253.17	810.92	90.82	-3 286.52
1 758.36	6 301.98	71 296.35	90 314.75	91.78
65.04	85.36	90.84	-3 501.24	340.69
94 508.72	718.04	8 306.41	2 685.17	78 425.63
92.38	75.69	15.78	-514.36	-4 398.17
6 130.89	7 546.23	581.03	6 420.58	715.09
92.13	65.42	9 235.47	514.79	-360.42
701.34	73 904.61	4 870.29	96.82	49.61
273.58	2 078.46	613.75	8 203.67	6 035.24

5. 计算表 5-10 所示的各题（限时 10 分钟，对 8 题以上为普通一级水平）

表 5-10 计算题

（一）	（二）	（三）	（四）	（五）
2 490.56	50.49	18 507.93	750.98	809 137.46
197 308.25	20 178.56	498.25	-13 289.45	45.09
52 690.38	302.89	1 840.69	601 476.29	-8 612.97
807.61	9 168.75	380 276.54	83.54	-21 046.53
92.54	401 952.87	81.73	-7 068.13	924.75
4 571.26	41.36	56 409.32	204.65	639 547.29
59 708.31	5 189.03	196.73	-24 173.96	60.18
561.08	182 905.36	7 045.28	372 809.15	-3 217.56
4 629.83	692.57	205 938.71	80.59	19 582.63
318 240.79	60 738.24	64.08	-3 068.47	-475.02
14.09	40.76	12 793.64	721.96	320 518.94
930.72	437.02	160.45	61 054.73	71.28
18 365.47	31 645.29	2 719.53	503 916.24	-5 039.17
732 418.56	748 351.62	807 246.35	-82.75	68 970.43
73.64	8 419.37	61.92	5 239.16	468.03

（六）	（七）	（八）	（九）	（十）
31.45	58 617.39	527.16	316 725.48	5 487.92
1 705.94	190.45	31 280.59	-4 610.93	-41 309.68
284 691.37	3 742.18	48.72	58.32	925 073.14
526.13	270 185.63	4 179.03	13 079.24	724.81
72 905.48	54.09	213 480.65	-804.75	-60.57
74.83	48 936.57	509.76	521 490.67	5 207.49
8 041.56	461.03	71 683.04	6 207.18	-63 087.12
156 903.27	2 679.15	91.83	-81.93	482 901.63
590.64	549 308.62	7 209.36	15 034.76	760.31
29 708.35	72.54	625 073.91	903.65	-36.25
64.19	18 065.29	815.43	-250 198.43	8 153.09
3 172.68	918.07	47 950.28	4 927.58	14 527.98
815 937.02	3 061.72	64.72	64.72	-267 094.35
620.84	349 827.06	3 896.45	-38 092.65	513.86
30 782.96	84.26	518 409.62	916.78	98.64

项目六　传票算、账表算与票币计算

教学目标及重点、难点

本项目要求读者了解传票算和账表算的种类，计算器、计算机小键盘或珠算比赛用传票算和账表算的题型以及竞赛标准；熟练掌握用计算器、计算机小键盘或珠算计算传票算、账表算和票币计算的基本方法，熟练运用传票算和账表算进行会计报表的核算。

教学重点是用计算器或计算机小键盘计算传票算、账表算与票币计算。

教学难点是传票算的一次翻两页、一次翻三页的打法和账表算的快速计算方法。

思政目标是培养吃苦耐劳的品质。

任务一　传　票　算

第一部分　相　关　知　识

传票是指记有文字和数字的单据、凭证，如发票、支票、收据、记账传票等，因在有关人员之间传递周转，故称为传票。在银行，它是业务活动相关传递过程的重要记账凭证。

传票运算简称为传票算，是用计算器、计算机、算盘对各种单据、发票和记账凭证上的数字金额进行加减运算的一种方法，也称为凭证汇总算。根据传票形式和内容的不同，其计算方法也有所不同。在银行柜员工作中，对凭证的计算处理是第一道"工序"，"传票算"也因此得名。银行柜员每天必须翻打很多凭证进行核算，银行也经常以此作为招聘员工的考试内容，考核工作人员的业务素质，甚至将其作为银行业务技术比赛的项目之一。目前，由于计算器和计算机在银行柜台业务中相当普及，用计算器和计算机小键盘进行传票算也成为银行业务技术比赛中的主要项目。因此，对于银行柜员而言，熟练掌握传票算的知识和技巧，不仅重要，而且必要。

一、传票的种类

传票的种类多种多样。传票根据装订与否，分为装订本和活页本两种。装订本如发票存根、收据存根和各种装订成册的单据等。活页本如会计的记账凭证、银行支票、工资卡片等。传票按照计算内容的不同，分为单式传票（单项目传票）和复式传票（多项目传票）两种。单式传票如银行支票、领料单等。复式传票如记账凭证、生产记录表等。传票的分类如图6-1所示。计算器、计算机和珠算比赛所使用的传票就是模拟实际工作中的传票设计的。下面分别介绍用计算器和计算机小键盘（或算盘）计算单式传票和复式传票的方法。

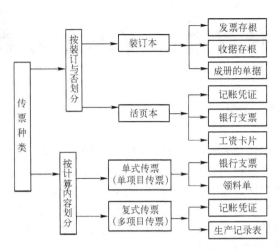

图 6-1　传票的分类

二、翻打百张单式传票

1．百张单式传票规格及单式传票算题型

（1）规格。单式传票一般是活页本，长 19cm、宽 9cm，用 4 号宋体铅字，两行数字颠倒印制成甲、乙两种版，可供两次计算。每页右上角印的阿拉伯数字编号：001、002……表示传票的页数，每本 100 页（如图 6-2 所示）。

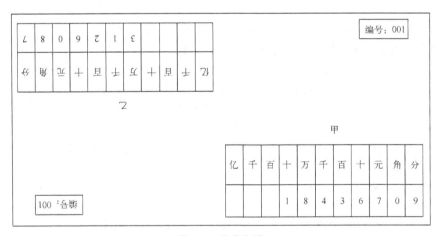

图 6-2　单式传票

（2）百张单式传票算题型。每版每页 1 行数，每百页中最高 9 位数，最低 4 位数，全为金额单位。其中，4 位数 16 页，5～8 位数各 17 页，9 位数 16 页，共 650 个数码，0～9 共 10 个数码均衡出现。命题时，以求某版连续 100 页的该行合计数为一题；一般在命题考试时，抽出某 1 页或某 2 页来计算其他 99 页或 98 页的合计数为 1 题。

目前，百张单式传票算主要有两种考核方式。一是银行系统业务竞赛常用的比赛形式，采取"限量不限时"的方式，百页数字一次计算，在答数正确的基础上，以速度决定名次。二是采用"限量限时"的方式，每题要求 3～5 分钟完成，答数正确，在 5 分钟以内做对为合格，4 分钟以内做对为良好，3 分钟以内做对为优秀。

2. 百张单式传票算的运算步骤和方法

（1）整理传票。在进行单式传票运算前，先对传票进行检查，主要是看有无少页、重页、破页和数字印刷不清等错误的地方。

为了便于正确翻页，加快翻页的速度，在运算前需要将传票整理成扇面形状。

整理扇面的方法：将左手拇指放在传票封面左上角，其余四指放在传票封底左上角；右手拇指放在传票封面右下角，其余四指放在传票封底右下角；然后用右手捏住传票，并将传票右上角以右手大拇指为轴向怀内翻卷，翻卷后左手随即捏紧，使传票各页均匀散开，一般右手向内翻动 2 次就可以打成扇形。扇形要求如下：传票封面向里凸出，封底向外凸出，扇形面不宜过大，最后用夹子将传票的左上角夹住，使扇形固定，防止错乱，便于翻页。由于传票最后几页紧挨桌面，较难翻起，还可以用一个小夹子在传票的右下角将第 100 页与封底夹在一起，使之与桌面有一点间隙，便于翻动，如图 6-3 所示。

整理传票与传票的
放置位置

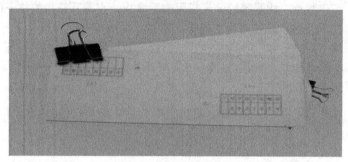

图 6-3　整理传票样式

（2）传票的放置位置。传票放置的位置有几种：一是放在计算器（或计算机小键盘、算盘）左边；二是放在计算器（或计算机小键盘、算盘）上框左半部略高部位；三是放在计算器（或计算机小键盘、算盘）的下框左半部略低部位，与传票算题答案纸呈并列状。总之，传票的摆放位置要贴近计算器（或计算机小键盘、算盘），易于看数和有利于翻页与拨珠。

（3）用计算器（或计算机小键盘、算盘）做单式传票的翻页、计算。按要求调好计算器上的开关键。因传票中的数据都是 2 位小数，故将计算器开关设定于"A"处，表示小数已自动设定为 2 位小数，免去小数点的输入，从而提高计算速度。

① 一次翻一页打法。其翻打方法是将传票捻成扇形后，把左手小指、无名指呈自然弯曲状压在传票封面中部稍左，拇指同传票平行，用拇指最凸出部位轻轻把要翻之页的边缘掀起，当右手将此页有关数字从左到右（从高位到低位）依次输入计算器（或输入计算机小键盘，或拨入算盘）还剩下 2 个数码时，默记末 2 位数，右手边输入末 2 位数，左手拇指马上翻起此页，食指立即弯缩跨过此页，放到中指和食指之间夹住，拇指继续翻起下页传票。这样，左手拇指将传票一页一页地翻，同时右手将每页传票的有关数字从左到右输入计算器（或输入计算机小键盘，或拨入算盘），直至终页。

一次翻一页和一次
翻两页打法

② 一次翻两页打法。其翻打方法是左手无名指和小指放在传票封面的中部偏左，用拇指翻起起始页，使起始页与第 2 页之间留有一定距离，让视线与上、下 2 张传票翻开的角度相适应，使 2 行数字同时映入眼帘。右手输入计算器（或输入计算机小键盘，或拨入算盘）的数据按一页一输入的方法进行输入。当最后还剩下 2 个数码时，默记末 2 位数，右手边输入末 2 位数，左手拇指迅速将已计算过的 2 页翻起，中指、食指同时弯缩跨过这 2 页，交给

无名指与中指夹住，拇指移到下一页准备继续翻页计算，直至最后一页。

③ 一次翻三页打法。其翻打方法是左手无名指和小指放在传票的封面中部偏左，中指放在起始页上，然后拇指翻起第1页，食指马上放在第2页上，拇指再翻起第2页，使眼睛能看清第1页、第2页、第3页的数字。右手输入计算器（或输入计算机小键盘，或拨入算盘）的数据按一页一输入的方法进行输入。当第3页的最后2个数码即将输入计算器（或输入计算机小键盘，或拨入算盘）时，拇指迅速将已计算过的第3页翻起，中指、食指同时弯缩跨过这3页，交给无名指与中指夹住，拇指移到下一页准备继续翻页计算，直至最后一页。此方法三页翻一次，翻33次，最后剩1页，就可写出答数。实践证明，一次翻三页打法速度快，建议采用此方法。

一次翻三页打法

（4）盯显示屏（或算盘）写答数。盯显示屏（或算盘）写答数是速写计算器（或计算机、算盘）计算结果的一项技巧。方法是眼睛盯着计算器（或计算机、算盘）显示屏上的数、分节号（千分空）和小数点，用眼睛的余光指示左手食指，点着写答数的格子的左前端，右手自动找到左手食指凭手感从左至右写出答数，看数、写数与标分节号（千分空）、小数点一次完成。可以采取"照本抄数""盯卷抄数""盯屏写数"等几种方式进行练习。

【例6-1】将某单式传票中的第26页抽出，用计算器（或计算机、算盘）求甲版第1～100页的合计数。甲版各页数如下。

第1页：   896.15
第2页：   4 700.39
第3页：   98 776.24
第4页：   172.64
第5页：   39 135.76
第6页：   10 294.87
……

一次翻一页打法的解题步骤为：将第1页中的896.15从左到右依次输入计算器（或输入计算机，或拨入算盘）中，在快输入（拨入）"15"时，拇指翻起第1页，食指和中指迅速夹住第1页；将第2页中的4 700.39从左到右依次输入计算器（或输入计算机小键盘，或拨入算盘）中；在快输入（拨入）"39"时，拇指翻起第2页，食指和中指迅速夹住第2页……直至第100页，盯屏（或盯盘）写出答数。

一次翻两页打法的解题步骤为：左手无名指和小指放在传票封面的中部偏左，用拇指翻起第1页，使第1页与第2页之间留有一定距离，让视线与上、下2张传票翻开的角度相适应，使2行数字同时映入眼帘，右手将896.15输入计算器（或输入计算机小键盘，或拨入算盘），再将4 700.39的数据输入，当输入到"39"时，默记39，右手输入39，左手拇指迅速将已计算过的2页翻起，中指、食指同时弯缩跨过这2页，交给无名指与中指夹住，拇指移到第3页准备继续翻页计算，直至最后一页。

一次翻三页打法的解题步骤为：左手无名指和小指放在传票的封面中部偏左，中指放在起始页上，然后拇指翻起第1页，食指马上放在第2页上，拇指再翻起第2页，使眼睛能看清第1页、第2页、第3页的数字。右手将896.15输入计算器（或输入计算机小键盘，或拨入算盘）中，再将4 700.39输入计算器（或输入计算机小键盘，或拨入算盘）中，当输入第3页的98 776.24最后2个数码"24"时，默记24，拇指迅速翻起第3页，中指、食指同时弯缩跨过这3页，交给无名指与中指夹住，拇指移到第4页准备继续翻页计算，直至最后一页。此方法三页翻一次，翻33次，加上最后一页的数字，就可写出答数。

三、翻打百张复式传票

1. 复式传票规格及复式传票算题型

（1）规格。全国珠算比赛用复式传票在左上角装订成册，传票一般长 19cm，宽 9cm，用 4 号手写体铅字印制。每本 100 页，每页印有 5 行数字。每行由上到下依次标有（一）、（二）、（三）、（四）、（五），分别表示第 1 行数、第 2 行数……其中第 2 行和第 4 行为粗线，其他行为细线。每页右上角印有阿拉伯数字，表示传票的页数，如图 6-4 所示。

图 6-4　复式传票

图中"（一）946.87"表示为第 1 行数，"（二）29.74"表示为第 2 行数，依此类推。传票右上角的"18"表示第 18 页。

（2）复式传票算题型。每页 5 行，各行数字从 1 页到 100 页均为 550 个字；每笔最高为 7 或 9 位数，最低为 4 位数，全为金额单位。命题时可任意选定起止页数，以求每连续 20 页的某个同一行合计数为一题，即每页只计算一行数字，把这 20 页的同一行数字连加起来，就得出这道题的结果；0～9 数码均衡出现；珠算比赛用传票每题的数字构成：7 位数 5 个，6 位数 5 个，5 位数 5 个，4 位数 5 个，共 20 笔数，110 个字码。计算器和计算机小键盘用传票每题 20 笔数的数字构成：由 4～9 位数组成，其中 4、9 位数各占 10%，5、6、7、8 位数各占 20%，题型如表 6-1 所示。

表 6-1　　　　　　　　　　　　复式传票算题型

题序	起止页码	行数	答数	题序	起止页码	行数	答数
一	1～20	（五）		六	29～48	（四）	
二	21～40	（三）		七	34～53	（五）	
三	41～60	（四）		八	76～95	（一）	
四	61～80	（二）		九	58～77	（三）	
五	81～100	（一）		十	67～86	（二）	

表 6-1"一"表示第 1 题，"1～20（五）"表示从第 1 页的第 5 行数开始，将这 20 页中全部的第 5 行加起来，直到第 20 页的第 5 行数为止，然后把计算结果写入答数栏中。

目前，计算器、计算机或珠算比赛用复式传票算多采用"限时不限量"的方式，每场比赛 10 分钟（或 8 分钟或 5 分钟）。如果答数完全正确，按每题 10 分或 15 分标准计分。要求按顺序计算，不准跳题；否则跳题部分作错题论，倒扣正确题的分数。有的银行招聘录用考试采用限时 3 分钟，每题 20 分，算对 3 题，书写完全正确，得 60 分为合格；有的银行采用限时 4 分钟，每题 20 分，算对 4 题，书写完全正确，得 80 分为合格。

2. 复式传票的运算步骤和方法

不管是用计算器、计算机还是珠算做复式传票，除找页、记页和写答数与单式传票的运算方法有区别之外，其他步骤基本相同。下面重点介绍找页、记页和写答数的方法。

（1）整理传票。与单式传票的整理方法相同。

（2）传票的放置位置。与单式传票的放置位置相同。

（3）找页。在运算过程中，复式传票题不是按照传票的自然页数逐题进行运算的，而是交叉组合进行的。如表6-1所示，第6题是29～48（四），即从第29页起计算到第48页的第4行合计；第7题是34～53（五），即求第34页到第53页第5行的合计，这就需要找34页。找页动作的快慢、准确与否，直接影响打传票的速度。因此，找页是一个很重要的基本功。

所谓找页，就是凭左手的感觉，借助眼睛的余光，迅速摸找到各题的起始页。要求做到翻动传票两三次就能解决。练习方法如下。

首先，练习手感。这就是用手摸传票前20页、前40页、前60页、前80页或前10页、前30页、前50页、前70页的厚度，经过一段时间的练习，达到能够摸准每20页和前10、前20页、前30页、前40页、前50页、前60页、前70页、前80页厚度的水平。

其次，边念边找页。在上述基础上，练习迅速、准确地找出各计算题起始页的本领。方法是自我测试与相互考查相结合，自己心中默记一个页码或同学之间任意念出一个页码，凭手感觉传票厚度，至多翻动3次找到起始页。例如，找第32页，在凭手感30页厚度的基础上，再略多翻几页；如果不准，迅速调整一下，就应该翻到第32页。

最后，练习写答数与找页同时进行。方法是当一题运算完毕，右手抄写答数时，眼睛余光看下一题的起始页。例如，上题止页是第51页，下题起始页是第62页，则顺着向前用大拇指摸10页的厚度，稍做调整翻到第62页；如果下题起始页是第37页，则大拇指稍稍放松已翻过的页码，凭手感传票页码的厚度，倒翻到第37页。同时右手写完答数、清屏或清盘，进行下一题的运算。注意一定要双手配合默契，准确、快速找页。

（4）翻页、计算、记页。计算方法有一次翻一页、一次翻两页、一次翻三页等多种打法。除记页外，翻页、计算的方法与做单式传票的运算方法相同，下面重点介绍记页。

① 一次翻一页打法。记页方法：传票是20页为一题，有的学生担心页码打多了，在打到最后几页时总是看页码，这必然影响计算速度。记页就是解决此问题的。记页的方法是每翻动一次就按顺序默记一次，一次翻一页的打法要翻记19次，就可写出答数。

【例6-2】"1～20（五）"第1页第5行数为70 281.45，第2页第5行数为317.68，第3页第5行数为59.36……

解题步骤为：将第1页中的70 281.45从左到右依次输入计算器（或输入计算机小键盘，或拨入算盘）中，在快输入（拨入）"45"时，拇指翻起第1页，食指和中指迅速夹住第1页，大脑按顺序默记1次。将第2页中的317.68从左到右依次输入（拨入），在快输入（拨入）"68"时，拇指翻起第2页，食指和中指迅速夹住第2页，大脑按顺序默记2次……直至默记19次，最后1页不用记，运算到第20页，右手抄写答数同时左手找下一题的起始页，再进行下一题的运算。

② 一次翻两页打法。记页方法：边一次翻两页边采用一页一输入的方法，当输入到第2页的最后2个数码时，拇指迅速将已计算过的2页翻起，中指、食指同时弯缩跨过这2页，拇指移到下一页准备继续计算，同时在脑子里默记一次。重复以上动作，默记9次就输入了18页数据，最后2页不用记，输入完就可写出答数。

一次翻两页打法

【例6-3】"1～20（五）"第1页、第2页、第3页上的数据同【例6-2】。

翻打、记页解题步骤为：左手无名指和小指放在传票封面的中部偏左，用拇指翻起第1

页，使第 1 页与第 2 页之间留有一定距离，让视线与上、下 2 张传票翻开的角度相适应，使 2 行数字同时映入眼帘，右手将 70 281.45 输入计算器（或输入计算机小键盘，或拨入算盘），再将 317.68 输入，当输入到"68"时，左手拇指迅速将已计算过的 2 页翻起，中指、食指同时弯缩跨过这 2 页，交给无名指与中指夹住，大脑按顺序默记 1 次，拇指移到第 3 页准备继续翻页计算。重复以上动作，默记 9 次，运算到第 20 页，右手抄写答数，同时左手找下一题的起始页，再进行下一题的运算。

③ 一次翻三页打法。翻打、记页方法是左手无名指和小指放在传票的封面中部偏左，中指放在起始页上，然后拇指翻起第 1 页，食指马上放在第 2 页上，拇指再翻起第 2 页，使眼睛能看清第 1 页、第 2 页、第 3 页的数字。右手输入计算器（或输入计算机小键盘，或拨入算盘）的数据按一页一输入的方法进行输入。当第 3 页的最后 2 个数码即将输入计算器（或输入计算机小键盘，或拨入算盘）时，拇指迅速将已计算过的第 3 页翻起，中指、食指同时弯缩跨过这 3 页，交给无名指与中指夹住，大脑按顺序默记 1 次，拇指移到下一页准备继续翻页计算。重复以上动作，默记 6 次，最后剩 2 页输入完，就可写出答数。一次翻三页打法默记次数少，既快又准，建议采用此方法。

一次翻三页打法

【例 6-4】"1～20（五）"第 1 页、第 2 页、第 3 页上的数据同【例 6-2】。

翻打、记页解题步骤为：左手无名指和小指放在传票封面的中部偏左，中指放在起始页上，然后拇指翻起第 1 页，食指马上放在第 2 页上，拇指再翻起第 2 页，使眼睛能看清第 1 页、第 2 页、第 3 页的数字。右手将 70 281.45 输入计算器（或输入计算机小键盘，或拨入算盘），再将 317.68 输入，当输入第 3 页的数据 59.36 到"36"时，拇指迅速将已计算过的第 3 页翻起，中指、食指同时弯缩跨过这 3 页，交给无名指与中指夹住，大脑按顺序默记 1 次，拇指移到下一页准备继续翻页计算，重复以上动作，默记 6 次，最后输入完第 19、第 20 页后，右手抄写答数，同时左手找下一题的起始页，再进行下一题的运算。

（5）写数。采用盯显示屏或盯盘写数法写出答数。右手在写答数、清除显示屏中答数或清盘的同时，左手要找下一题的起始页。

传票运算的类型，除上面介绍的两种外，还有多种形式。例如，发票算，为连加法，每本 200 张，正、反两面共印 400 页码，每页印一行数，每 30 页为一道题，命题时任意选定起止页码，如 8～37、52～81 等。还有百张传票算，即将每张传票的 5 行数字打出各行的合计数等。无论用哪一种形式进行运算，都少不了翻页、看数、计算、记页等几个环节。其中翻页、计算、记页是重点也是难点，必须刻苦练习，才能做到"眼准手稳、协调连贯、衔接紧凑、连续运算、计算迅速"。

第二部分 任 务 实 训

任务实训 6-1 翻打百张单式传票实训

日期_____ 班级_____ 学号_____ 姓名_____ 成绩_____

一、实训指导：翻打百张单式传票的练习方法

（1）用左手专门练习一次翻三页或一次翻两页的翻法。

（2）练习看数、记数。看数、记数一般应遵循分节看数、分节记数、分节输入的原则。其基本方法如下。

① 看数时，应按分节号（或千分空）和小数点分段默读，看一小节数字，迅速记住，同时按相应的键（或拨相应珠）。当手指接触到这一小节的最后一个数字的键位（或算珠）时，眼睛马上去看下一小节的数字并记住，这样随看、随记、随按不间断地进行。开始时稍有停顿，熟练后，看数、记数和输入动作就会连贯起来。

② 看数、记数时，不必记个、十、百等数位名和元、角、分等金额单位，只看数字、分节置数，切忌念出声音；不要将数字看颠倒、看漏、看夹行，数字中连续有几个相同数时，可连记几个数，如 90 004.32，可记 9、3 个 0、4.32。

③ 随着熟练程度的提高，分节看数、记数应由 1 节扩大到 2 节，逐步增大位数。待一目一行熟练后再练一目多行，以减少看数次数，把翻页与看数、记数结合起来练习，以加快计算速度。

④ 看数、记数的练习方法。

a. 先做一些数的小卡片，并放在一起，随机抽一张，瞟一眼，再将看到的数写在纸上。以 10 个数为一组，看完写完后记下所用的时间，并检查自己的记数是否有差错。如有错误，分析出错的原因并改正。

b. 以竖式加减法题为练习资料，由易而难、由准而快地进行练习。练习时，把计算题放在左前方，紧靠练习题的右边放一张白纸，右手握笔，瞟一眼，记下数字，随即把它默写在纸上。以 10 个题为一场来训练，记下每一场所用的时间，并逐行核对，以检查记数的速度和准确度。练习一段时间后，可以结合计算器、计算机或算盘上置数、盯屏或盯盘写数来进行综合练习。

c. 采取看快速行驶的车辆牌号以及门牌号码、电话号码等办法来帮助练习，以养成看数、记数的好习惯。

（3）练习翻页、看数、记数、输入，争取做到翻、看、记、输入同时进行。

（4）按传票算比赛规则进行实际传票一次三页或两页的打法综合练习。

（5）计时练习是提高计算速度的有效方法；每做错一道题，反复打 3 遍，看答案是否错得一样。分析出错原因是提高正确率的有效途径。

二、翻打百张单式传票练习题

1. 用计算器（或计算机小键盘、算盘）翻打百张单式传票甲版或乙版，分别求出前 10 页、前 20 页、前 30 页、前 40 页、前 50 页、前 60 页、前 70 页、前 80 页、前 90 页、前 100 页的合计数，如表 6-2 所示。达标要求：做对甲版或乙版 1～100 页的合计数，5 分钟以内为及格，4 分钟以内为良好，3 分钟以内为优秀。

表 6-2　　　　　　　　　　　翻打百张单式传票题（1）

序号	起止页码	甲版答数	乙版答数	序号	起止页码	甲版答数	乙版答数
1	1～10			5	41～50		
2	11～20			6	51～60		
3	21～30			7	61～70		
4	31～40			8	71～80		

续表

序号	起止页码	甲版答数	乙版答数	序号	起止页码	甲版答数	乙版答数
9	81～90			35	38～67		
10	91～100			36	1～40		
11	1～20			37	41～80		
12	21～40			38	5～44		
13	41～60			39	45～84		
14	61～80			40	3～42		
15	81～100			41	43～82		
16	4～23			42	61～100		
17	24～43			43	13～52		
18	44～63			44	37～76		
19	64～83			45	57～96		
20	80～99			46	1～50		
21	8～27			47	51～100		
22	37～56			48	8～57		
23	42～61			49	18～67		
24	79～98			50	49～98		
25	65～84			51	1～60		
26	1～30			52	41～100		
27	31～60			53	14～73		
28	61～90			54	1～70		
29	7～36			55	31～100		
30	37～66			56	1～80		
31	67～96			57	21～100		
32	14～45			58	1～90		
33	49～78			59	11～100		
34	6～35			60	1～100		

2. 用计算器（或计算机小键盘、算盘）翻打单式传票，在1～100页中每折起任何1页不打，做一题，即将任意的99张传票进行连加，写一个答案。请做表6-3中练习题，如甲版序号1表示第1题，折页表示把甲版第1页折起来不打，从第2页加起，加到100页，计时练习，其计算所需时间和答案写在序号1右边的格里，以此类推，要做202道题。达标要求同上。

表6-3 翻打百张单式传票题（2）

序号和折页	甲版测试时间	答数	序号和折页	乙版测试时间	答数
1			1		
2			2		
3			3		
4			4		
5			5		
6			6		
7			7		
8			8		
9			9		
10			10		
11			11		
12			12		
13			13		
14			14		
15			15		
16			16		
17			17		
18			18		
19			19		
20			20		
21			21		
22			22		

续表

序号和折页	甲版测试时间	答数	序号和折页	乙版测试时间	答数
23			23		
24			24		
25			25		
26			26		
27			27		
28			28		
29			29		
30			30		
31			31		
32			32		
33			33		
34			34		
35			35		
36			36		
37			37		
38			38		
39			39		
40			40		
41			41		
42			42		
43			43		
44			44		
45			45		
46			46		
47			47		
48			48		

序号和折页	甲版测试时间	答数	序号和折页	乙版测试时间	答数
49			49		
50			50		
51			51		
52			52		
53			53		
54			54		
55			55		
56			56		
57			57		
58			58		
59			59		
60			60		
61			61		
62			62		
63			63		
64			64		
65			65		
66			66		
67			67		
68			68		
69			69		
70			70		
71			71		
72			72		
73			73		
74			74		

续表

序号和折页	甲版测试时间	答数	序号和折页	乙版测试时间	答数
75			75		
76			76		
77			77		
78			78		
79			79		
80			80		
81			81		
82			82		
83			83		
84			84		
85			85		
86			86		
87			87		
88			88		
89			89		
90			90		
91			91		
92			92		
93			93		
94			94		
95			95		
96			96		
97			97		
98			98		
99			99		
100			100		
1～100	合计		1～100	合计	

任务实训 6-2　翻打复式传票实训

日期_____　班级_____　学号_____　姓名_____　成绩_____

一、实训指导

（1）记页练习。为了避免多打页或打错页，最好的方法是翻一次页记一次。在训练中，要采用分节看数法看运算的数据，不要默念，只凭数字的字形反应直接输入或拨珠，心里默记翻页次数，20 页为一题的，用一次翻三页打法只须记 6 次，用一次翻两页打法只须记 9 次，如此反复练习，就会习惯记页。

实训操作：计算机
翻打复式传票

记传票页数。由于实际工作中传票上并没有数字号，所以不仅要把传票上的金额统计出来，还要把传票的张数统计出来，以便把业务量统计出来。

（2）练习翻页、看数、输入数字、记页。先从相邻 3 页或 2 页第 5 行数字开始练习，因为第 5 行的数字容易看清；然后逐渐往上移，第 4 行、第 3 行、第 2 行、第 1 行，依次将数据输入计算器（或输入计算机，或拨入算盘上）。以上四个环节是一个有机结合的整体，在传票翻打的过程中一定要做到一边翻页一边看数字，一边看数字一边输入数字，一边输入数字一边记页数，这样才能提高传票翻打的速度和准确度。

（3）复式传票算比赛规则。

① 考生自带计算工具、笔。

② 由监考教师将复式传票发给每个学生，由学生整理清点传票，看传票是否有漏页、重页和错页；如有，须更换。

③ 正式开考前，监考人员发卷。待考生准备完毕后，监考人员发出"预备，开始！"口令，监考人员同时按下计时表计时，考生开始操作。每题答案必须写在试卷上。10 分钟后，监考人员下达"时间到，五、四、三、二、一，停！"口令，考生停止操作，将考试传票、试卷放在各自的桌面上，迅速离开考场。

（4）传票算和账表算的错题与扣分标准。

① 答数必须书写清楚。凡字迹过于潦草，评分人员确实无法辨认的被判错题；一题有 2 个答案的被判错题。

② 更改答数必须划线更正，即将原答数用单线划去，重新写上新的答数。凡不按规定更正，任意涂改数字的被判错题。

③ 小数点和分节号（千分空）必须有明显区别。小数点左边起每隔 3 位数要写分节号（千分空），凡属小数点漏点或点错位置的被判错题。

④ 跳题者每跳一题，倒扣一道正确题的分数。

二、翻打复式传票算练习题

1. 自备百张复式传票，用一次翻三页或一次翻两页或一次翻一页的方法，从第 1 页开始，求每 20 页的第 5 行的合计数；再用同样方法求第 4 行、第 3 行、第 2 行、第 1 行的合计数，如表 6-4 所示。

表6-4　　　　　　　　　　翻打复式传票算题（1）

题序	起止页码	行数	答数	题序	起止页码	行数	答数
1	1～20	（五）		31	17～36	（四）	
2	21～40	（五）		32	9～28	（四）	
3	41～60	（五）		33	29～48	（四）	
4	61～80	（五）		34	36～55	（四）	
5	81～100	（五）		35	69～88	（四）	
6	1～20	（四）		36	56～75	（三）	
7	21～40	（四）		37	77～96	（三）	
8	41～60	（四）		38	74～93	（三）	
9	61～80	（四）		39	46～65	（三）	
10	81～100	（四）		40	67～86	（三）	
11	1～20	（三）		41	8～27	（二）	
12	21～40	（三）		42	13～32	（二）	
13	41～60	（三）		43	25～44	（二）	
14	61～80	（三）		44	43～62	（二）	
15	81～100	（三）		45	54～73	（二）	
16	1～20	（二）		46	65～84	（一）	
17	21～40	（二）		47	19～38	（一）	
18	41～60	（二）		48	47～66	（一）	
19	61～80	（二）		49	72～91	（一）	
20	81～100	（二）		50	63～82	（一）	
21	1～20	（一）		51	5～24	（四）	
22	21～40	（一）		52	14～33	（一）	
23	41～60	（一）		53	66～85	（二）	
24	61～80	（一）		54	79～98	（五）	
25	81～100	（一）		55	58～77	（三）	
26	10～29	（五）		56	32～51	（一）	
27	30～49	（五）		57	44～63	（四）	
28	50～69	（五）		58	36～55	（二）	
29	70～89	（五）		59	49～68	（三）	
30	79～98	（五）		60	53～72	（五）	

2. 计算表6-5中复式传票题的答数，采用限时不限量的方法，每天集中训练30分钟。达标要求：使用计算器或计算机小键盘进行运算，每10分钟做对8题为及格、9题为良好、10题为优秀；使用珠算运算，每10分钟做对7题为及格、8题为良好、9题以上为优秀。

表6-5　　　　　　　　　　翻打复式传票算题（2）

题序	起止页码	行数	答数	题序	起止页码	行数	答数
1	1～20	（四）		5	81～100	（三）	
2	21～40	（二）		6	12～31	（二）	
3	41～60	（五）		7	34～53	（五）	
4	61～80	（一）		8	55～74	（三）	

续表

题序	起止页码	行数	答数	题序	起止页码	行数	答数
9	9～28	（四）		35	38～57	（五）	
10	37～56	（一）		36	51～70	（二）	
11	46～65	（五）		37	62～81	（四）	
12	68～87	（二）		38	74～93	（一）	
13	6～25	（三）		39	44～63	（五）	
14	27～46	（一）		40	67～86	（三）	
15	49～68	（四）		41	8～27	（四）	
16	17～36	（三）		42	15～34	（一）	
17	29～48	（一）		43	26～45	（五）	
18	78～97	（五）		44	43～62	（二）	
19	52～71	（四）		45	54～73	（三）	
20	30～49	（二）		46	66～85	（一）	
21	25～44	（一）		47	19～38	（三）	
22	79～98	（二）		48	47～66	（五）	
23	58～77	（五）		49	76～95	（四）	
24	32～51	（四）		50	63～82	（二）	
25	23～42	（三）		51	7～26	（三）	
26	22～41	（五）		52	14～33	（一）	
27	16～35	（二）		53	27～46	（四）	
28	56～75	（三）		54	33～95	（二）	
29	28～47	（一）		55	35～54	（五）	
30	50～69	（四）		56	39～58	（五）	
31	13～32	（三）		57	11～30	（一）	
32	18～37	（四）		58	36～55	（四）	
33	24～43	（二）		59	48～67	（二）	
34	31～53	（一）		60	59～78	（三）	

任务二　账　表　算

第一部分　相　关　知　识

账表算就是对各种账簿、表格的计算，也叫表册算。它是归类、分组、整理、汇总表的一种方法。在财务工作中，要经常计算账表，如资金平衡表、资产负债表和利润表等会计报表。在一张账表中，数据要进行纵横加总，要求纵横双方总额轧平。当然，现在大多数情况下可以用计算机的电子表格来处理，但有些场合还是需要财务人员用手工来计算的。账表算是会计部门和金融部门日常工作中的重要业务

之一，财务人员必须掌握好。

一、账表算的种类

账表算按形式的不同可分为竖式账表算、横式账表算；按计算内容的不同可分为单项目算、多项目算。账表算种类不同，打法上也有区别。现以计算器、计算机小键盘或珠算比赛用账表为例，说明账表算的方法。

二、账表算的规格及题型

1. 计算器和计算机小键盘比赛用账表算

每张表由横 10 栏、纵 10 行阿拉伯数码组成，纵向 10 个算题，横向 10 个算题，要求纵、横轧平，结出总计数。账表中各行数字最低 5 位，最高 9 位，纵向、横向每题 70 个字码，由 5、6、7、8、9 位各 2 个数组成；一般为金额单位，也有为整数的，不设减法，基本格式如表 6-6 所示。

表 6-6　　　　　　　　　　　　　　　　账表算（1）

行次	（一）	（二）	（三）	⋯	（十）	小计
一	2 805 714.39	781.35	491 250.68	⋯	85 326.49	
二	73 816.05	4 297.01	7 013 865.24	⋯	2 691 403.57	
三	398.64	670 159.28	657.92	⋯	4 258.36	
四	6 183.90	3 208 517.96	30 916.85	⋯	385 017.62	
⋮	⋮	⋮	⋮	⋮	⋮	
十	700 264.12	26 479.31	5 432.06	⋯	726.45	
小计						

账表算一般采用限时不限量的比赛办法，每场 15 分钟。每张表纵向、横向各 10 题，每题 5 分；小计 20 题，共 100 分。纵横轧平数正确，再加 10 分，全表共 110 分。该项要求按顺序算题，前表不打完，后表不计分。

2. 全国珠算比赛用账表算

全卷两张，每张表由横 5 栏、纵 20 行阿拉伯数码组成，纵向 5 道算题，横向 20 道算题，要求纵、横轧平，结出总计数。账表中各行数字最低 4 位，最高 8 位，纵向每题 120 个字码，4~8 位各 4 行组成；横向每题 30 个字码，由 4 位、5 位、6 位、7 位、8 位数各 1 行组成，均为整数，不带角分。每张表中有 4 个减号，纵向第 4 题、第 5 题中各有 2 个，横向分别在 4 个题中各有 1 个，不设倒减法，基本格式如表 6-7 所示。

表 6-7　　　　　　　　　　　　　　　　账表算（2）

行次	（一）	（二）	（三）	（四）	（五）	小计
一	90 865 714	3 762 084	398 251	4 978	81 326	
二	23 816	4 296	7 013 865	−701 495	28 691 403	
三	4 372 598	370 159	83 401 657	59 684	4 257	
四	7 183	60 278 519	30 916	4 401 987	385 019	
⋮	⋮	⋮	⋮	⋮	⋮	
二十	638 295	26 478	5 431	61 083 729	5 049 726	
小计						

账表算一般采用限时不限量的比赛办法，比赛时间每场 15 分钟。全卷两张，每一张表纵向 5 题，每题 14 分；横向 20 题，每题 4 分。纵横轧平数正确，再加 50 分，全表共 200 分。要求按顺序算题，前表不打完，后表不计分；跳 1 题，倒扣 1 道正确题的分数。

3. 实际工作中的账表算

下面以会计报表填制为例说明会计报表的编制有其规律性，数据之间也相互关联。通过训练，要求学生掌握资产负债表、利润表部分数据的填制方法，并进一步巩固、加强计算能力。利润表的基本格式如表 6-8 所示。

表 6-8　　　　　　　　　　　　　　　利润表

项目	2003 年	2004 年	2005 年
一、主营业务收入	74 454 944	69 599 968	93 419 736
减：主营业务成本	18 342 630	16 996 936	20 697 476
减：主营业务税金及附加	3 528 211	2 882 190	4 574 361
二、主营业务利润			
加：其他业务利润	442 212	227 267	0
减：营业费用	17 671 828	16 467 402	23 447 544
减：管理费用	26 884 104	27 388 880	25 925 998
减：财务费用	7 088 224	5 345 317	7 715 119
三、营业利润			
加：投资收益	641 000	162 865	3 813 979
加：补贴收入	0	460 000	0
加：营业外收入	80 632	102 648	3 030
减：营业外支出	2 486	411	691 314
四、利润总额			
减：所得税	213 295	421 776	1 542 895
五、净利润			

三、用计算器或计算机小键盘计算账表算

1. 账表的摆放位置

用计算器或计算机小键盘计算的账表，是一种横式多项目和竖式多项目相结合的综合表格。一般把账表（单页形式）放在计算器的下面稍左，左手一边点数，一边随着计算行数的下移，将账表往上推，即点题移卷运

计算器计算账表算

算，使计算的行数尽量与计算器距离接近。当账表左半部分的题计算完毕，马上调整账表右半部分与计算器的距离，尽量接近，以便看数、击键、写答案。

2. 账表算的计算要求

① 使用加法计算。要求在规定的时间（一般为 15 分钟）完成横 10 行、竖 10 列的合计，以及纵、横轧平，结出总计数。

② 答案书写要规范。注意分节号（千分空）与小数点，漏掉应有的小数点时答案算错。

③ 熟悉计算器常用按键功能。例如，应熟记"M＋""MR""MC""AC""C""GT"等按键的功能。

④ 按要求调好计算器上的开关键。如果账表中的数据都是 2 位小数，则将计算器开关设定于"A"处，表示小数已自动设定为 2 位小数，免去小数点的输入，从而提高计算速度。如果是整数，就不用设定此开关。

3. 账表算的计算方法

（1）利用计算器或计算机小键盘的"+""="按键进行计算。此种方法是最基本的算法，可作为了解账表算的计算过程，其步骤如下。

① 纵向 10 道算题采用一目一行算法输入。每输入一个数按一次"+"号键，输入完这一道题的最后一个数，按"="号键或"+"号键，显示屏上显示的数就是计算的结果。

② 横向 10 道算题采用一目一栏算法。方法与一目一行算法输入相同。

③ 纵横轧平运算。运算方法和纵算、横算方法一样，一般采用合计 10 道横向算题的答数，一次成功；再以合计纵向 10 道算题的答数进行核对。

为了提高计算速度，如果第 1 表能在规定的时间内打完，则在做完第 10 道横向题后不清除，紧接着连加第 1、2……9 道横向题的答案，得出总计数（即轧平数）。如无能力打完全张，则此总计数不要计算。在比赛中即使计算对了轧平数，也不评分。下面举几个简单的账表算来说明其运算过程。

【例 6-5】请用计算器或计算机小键盘求出账表算中纵向和横向的合计数，并纵横轧平求出总计数，如表 6-9 所示。

表 6-9 账表算（3）

题号	①	②	③	④	合计
①	1.25	2.79	3.62	4.82	
②	2.16	3.92	4.56	6.35	
③	3.27	6.43	7.82	5.94	
④	5.03	8.17	2.35	9.78	
合计					

其运算步骤如下。

① 将计算器开关设定于"A"处，表示小数已自动设定为 2 位小数。如果是计算机小键盘就不用设定，每个数据必须输入小数点。

② 先做纵向 4 道题。

a. 按"125+216+327+503="，显示屏上显示答案 11.71，在账表纵向合计栏①中写上答案。

b. 按"279+392+643+817="，显示屏上显示答案 21.31，在账表纵向合计栏②中写上答案。

c. 按"362+456+782+235="，显示屏上显示答案 18.35，在账表纵向合计栏③中写上答案。

d. 按"482+635+594+978="，显示屏上显示答案 26.89，在账表纵向合计栏④中写上答案。

做完第 4 道纵向题后答案不清除，紧接着连加纵向其他 3 道题的合计数得出总计数，即 26.89+11.71+21.31+18.35=78.26。

③ 再做横向 4 道题。

a. 按"125+279+362+482="，显示屏上显示答案 12.48，在账表横向合计栏①中写上答案。

b. 按 "216+392+456+635="，显示屏上显示答案 16.99，在账表横向合计栏②中写上答案。

c. 按 "327+643+782+594="，显示屏上显示答案 23.46，在账表横向合计栏③中写上答案。

d. 按 "503+817+235+978="，显示屏上显示答案 25.33，在账表横向合计栏④中写上答案。

④ 纵横轧平运算。

做完第 4 道横向题后答案不清除，紧接着连加横向其他 3 道题的合计数得出总计数，即 25.33+12.48+16.99+23.46=78.26。检查纵向和横向的答案是否相等，如果相等，说明纵横扎平；如果不等，则要检查错误，使其平衡，其计算结果如表 6-10 所示。

表 6-10   账表算（4）

题号	①	②	③	④	合计
①	1.25	2.79	3.62	4.82	12.48
②	2.16	3.92	4.56	6.35	16.99
③	3.27	6.43	7.82	5.94	23.46
④	5.03	8.17	2.35	9.78	25.33
合计	11.71	21.31	18.35	26.89	78.26

（2）利用计算器的 "M+" "MR" "MC" "C" "=" "GT" 和 "AC" 等按键进行计算。此种方法可以减少求总和的运算，节省计算时间。其运算步骤如下。

① 将计算器总和记忆开关键设定在 "GT" 位置，即开启总和记忆键。

② 先计算纵向题之和。每算完纵向一列数字，按 "M+"，将答案储存在计算器内。即先算第 1 列，当第 1 列计算完后，按 "M+" 储存，并在第 1 列的合计栏写上答案；再算第 2 列，当第 2 列计算完后，按 "M+" 储存，在第 2 列的合计栏写上答案，以此类推，把纵向所有题答案全部计算出来后，按 "MR" 就可得出所有纵向题答案的总计数，写在总计栏内；最后按 "MC" 键，清除储存在计算器里的全部数字。

③ 再计算横向题之和。每算完横向一行数字，按 "="，将答案储存在计算器内。即先算第 1 横行，当第 1 行计算完后，按 "=" 储存，并在第 1 横行的合计栏内写上答案；再算第 2 横行，当第 2 横行计算完后，按 "=" 储存，在第 2 横行的合计栏写上答案，以此类推，把横向所有题答案全部计算出来后，按 "GT" 键就可得出所有横向题答案的总计数。

④ 纵横轧平运算。把横向题答案的总计数与纵向题的总计数核对，如果两个答案相同，表示纵横轧平。最后按 "AC" 键，清除储存在计算器里的全部数字。

【例 6-6】请求出纵向和横向的合计数，并纵横轧平求出总计数，如表 6-11 所示。

表 6-11   账表算（5）

题目	①	②	③	④	合计
①	81	62	53	74	270
②	32	36	45	39	152
③	93	69	17	48	227
④	65	78	24	56	223
合计	271	245	139	217	872

运算步骤如下。

① 将计算器总和记忆开关键设定在 "GT" 位置，即开启总和记忆键。

② 先计算纵向题之和。

a. 按 "81+32+93+65　　　M+"，得第 1 列合计数 271。

b. 按 "62+36+69+78　　　M+"，得第 2 列合计数 245。

c. 按 "53+45+17+24　　　M+"，得第 3 列合计数 139。

d. 按 "74+39+48+56　　　M+"，得第 4 列合计数 217。

③ 按 "MR"，得出纵向答案之总和 "872"。按 "MC" 或 "C" 键清空储存在计算器内的全部数字，然后再计算每一行之和。

a. 按 "81+62+53+74="，得第 1 行合计数 270。

b. 按 "32+36+45+39="，得第 2 行合计数 152。

c. 按 "93+69+17+48="，得第 3 行合计数 227。

d. 按 "65+78+24+56="，得第 4 行合计数 223。

④ 纵横轧平运算。按 "GT" 键得出横行答案之总和 "872"，与纵向答案之总和 "872" 相等，纵横轧平。按 "AC" 键，清除储存在计算器里的全部数字。

（3）运用计算器的 "M+" "MR" "AC" "GT" 等按键有机结合进行计算

此种方法可以减少求总和与第 1 行合计数两步运算，计算速度快，建议熟练掌握。

【例 6-7】请求出纵向和横向的合计数，并纵横轧平求出总计数，如表 6-12 所示。

表 6–12　　　　　　　　　　　　　账表算（6）

题目	①	②	③	④	合计
①	7.23	8.12	9.64	5.09	30.08
②	1.03	2.98	3.21	7.93	15.15
③	6.08	5.13	4.92	2.06	18.19
④	4.89	6.09	8.37	9.25	28.60
合计	19.23	22.32	26.14	24.33	92.02

运算步骤如下。

① 将计算器开关设定于 "A" 处，表示小数已自动设定为 2 位小数。将计算器总和记忆开关键设定在 "GT" 位置，即开启总和记忆键。

② 先计算纵向题之和，再计算横向题之和，最后纵横轧平求出总数。

a. 按 "723 M+ +103+608+489="，得第 1 列合计数 19.23。

b. 按 "812 M+ +298+513+609="，得第 2 列合计数 22.32。

c. 按 "964 M+ +321+492+837="，得第 3 列合计数 26.14。

d. 按 "509 M+ +793+206+925="，得第 4 列合计数 24.33。

e. 按 "GT" 键得总和 92.02，按 "MR" 键得第 1 行之和 30.08，再从第 2 行开始进行后面 3 行的计算。

f. 按 "103+298+321+793　　　M+"，得第 2 行合计数 15.15。

g. 按 "608+513+492+206　　　M+"，得第 3 行合计数 18.19。

h. 按 "489+609+837+925　　　M+"，得第 4 行合计数 28.60。

i. 按 "MR" 得总和 92.02，按 "AC" 键清空。

第二部分　任务实训

任务实训6-3　账表算实训

日期_____　班级_____　学号_____　姓名_____　成绩_____　计算时间_____

一、实训指导

（1）计算器或计算机比赛用账表中的数位比较多，最高为8位数，这对于初学者来说，确实有难度。练习者为了尽快适应账表算的打法，可以先从数位少的题目开始练习，循序渐进，逐步过渡到适应计算器或计算机比赛用的账表算题型。

（2）账表算需要反复练习，练习者应根据自己的情况，确定适合的做法，如怎样心算，计算工具放置试卷何处，怎样折叠、移动试卷等。

（3）账表算比赛规则如下。

① 考生自带计算工具、笔。

② 正式开考前，监考人员发卷，待考生准备完毕后，监考人员发出"预备——开始！"口令，监考人员同时按下计时表计时，考生开始操作。每题答案必须写在试卷上。15分钟后，监考人员下达"时间到，五、四、三、二、一，停！"口令，考生停止操作，将考试卷放在各自桌面上，迅速离开考场。

③ 计算器计算传票算和账表算，一定要按顺序作答。书写答案要清楚、规范。

二、账表算练习题

运用计算器的"M+""MR""+""=""GT"等按键有机结合进行以下账表算的计算。先将下面各表中每一纵列和每一横行分别求出合计算，再将纵列合计数加总求出总计数，写在右下角交叉处，最后将横列合计数加总求出总计数与之核对，两个答案完全一样，则账表纵横轧平。

账表算练习题（1）

表6-13所示为账表算全国珠算等级鉴定普通五级标准（限时：10分钟）。

表6-13　　　　　　　　　　　五级标准

题序	一	二	三	四	五	六	七	八	九	十	合计
1	6.07	3.67	73.23	56.79	96.02	18.07	97.53	9.07	59.06	32.03	
2	8.24	9.18	4.35	3.01	31.75	1.34	5.38	89.21	8.14	3.28	
3	54.96	3.45	4.05	4.12	4.09	93.26	7.06	70.34	6.01	9.63	
4	7.11	7.09	8.09	5.32	54.8	4.09	1.81	2.58	6.53	17.85	
5	25.34	27.45	5.68	9.08	16.28	80.21	23.01	6.79	4.02	1.35	
6	5.07	95.03	10.39	45.23	6.02	8.23	98.22	56.01	5.36	8.39	

续表

题序	一	二	三	四	五	六	七	八	九	十	合计
7	48.91	6.55	4.69	4.05	5.23	59.37	9.07	4.03	5.32	17.09	
8	2.01	1.74	6.71	78.14	3.27	6.45	8.76	5.09	20.43	6.41	
9	5.67	78.09	3.81	9.01	4.16	3.54	7.17	49.23	6.87	5.67	
10	87.21	1.01	58.79	8.09	8.93	6.17	3.89	2.58	48.19	3.48	
11	5.09	59.43	9.13	32.88	54.32	4.92	4.15	23.01	56.04	57.06	
12	12.34	3.08	8.27	6.24	1.01	1.91	7.57	3.44	4.78	74.18	
13	9.09	8.59	1.94	19.57	6.58	8.29	4.09	5.01	5.98	6.66	
14	2.45	43.21	34.56	8.76	2.32	3.04	61.07	8.24	67.05	9.89	
15	3.98	6.57	72.43	3.02	23.46	45.67	58.02	8.95	8.04	43.04	
合计											

账表算练习题（2）

表6-14所示为账表算全国珠算等级鉴定普通四级标准（限时：10分钟）。

表6-14　　　　　　　　　四级标准

序号	一	二	三	四	五	合计
一	418	324 056	731	23 076	276	
二	5 123	892	903 142	531	3 418	
三	159	7 135	865	809 476	509	
四	378	6 089	9 616	4 952	6 738	
五	698 704	247	75 038	138	720 951	
六	4 106	35 176	3 407	795	8 425	
七	2 087	560	169	26 042	36 041	
八	13 946	349	287	8 953	4 567	
九	5 821	82 067	45 398	604	129	
十	506	613 249	2 105	6 127	680 942	
十一	739	7 109	674	364 208	815	
十二	451 302	1 583	819	7 159	54 897	
十三	6 807	294	7 302	908	862	
十四	495	6 780	8 945	381	836	
十五	95 473	482	594 034	764	359	
合计						

账表算练习题（3）

表6-15所示为账表算全国珠算等级鉴定普通三级标准（限时：10分钟）。

表6-15 三级标准

序号	一	二	三	四	五	合计
一	20 549	93 728	128 065	51 478	64 912	
二	974 601	807 142	816	9 063	607	
三	5 093	2 091	4 915	206 748	529 074	
四	49 561	384	724	35 916	607 548	
五	948	541 069	34 809	248	26 387	
六	6 539	81 427	528 091	248	26 374	
七	4 763 015	3 579	8 136	629	284	
八	269	14 562	50 247	2 730 158	390 145	
九	21 806	396	894 607	68 402	21 749	
十	6 189	304 782	365	8 419	3 594	
十一	843 105	8 015	14 293	175 304	25 046	
十二	37 096	670	9 842	43 196	196	
十三	523 082	509 237	506 178	352 810	327 082	
十四	670	61 849	57 416	768	89 321	
十五	84 823	51 984	70 831	12 076	2 087	
合计						

账表算练习题（4）

表6-16所示为账表算全国珠算等级鉴定普通二级标准（限时：10分钟）。

表6-16 二级标准

序号	一	二	三	四	五	合计
一	3 729	802 561	678 132	81 063	53 867	
二	160 895	3 072	1 059 427	4 906 275	2 416	
三	103 926	80 513	9 081	1 728	615 208	
四	3 758	728 649	27 913	31 246	90 671	
五	29 137	24 375	3 807	460 395	1 025	
六	30 618	1 503	832 052	5 731	170 542	
七	1 504 786	904 861	20 163	206 948	6 834	
八	10 564	6 059 128	208 796	8 695 417	264 783	
九	459 329	76 945	1 635	581 073	56 172	
十	10 478	4 236	539 027	1 947	867 094	

续表

序号	一	二	三	四	五	合计
十一	432 097	186 542	61 204	68 492	5 410 936	
十二	2 403 187	2 096	940 283	275 309	14 708	
十三	9 594	1 840 632	3 957	60 235	2 945 017	
十四	368 459	272 007	7 416 809	5 106	570 128	
十五	7 105	79 304	54 732	382 974	1 826	
合计						

账表算练习题（5）

表 6-17 所示为全国珠算比赛用账表算，在 15 分钟内完成为合格。

表 6-17　　　　　　　　　　　珠算比赛用账表算

序号	（一）	（二）	（三）	（四）	（五）	小计
（一）	80 216	7 961 358	247 095	81 967 342	6 429	
（二）	29 064 813	5 472	2 879 026	340 918	83 041	
（三）	5 987	532 701	16 843 904	26 891	4 509 863	
（四）	7 304 528	90 123 486	35 721	4 975	591 807	
（五）	341 079	27 198	3 548	7 458 321	3 456 709	
（六）	98 073 241	64 392	170 459	8 459	67 580 231	
（七）	21 739	4 586	59 316 708	2 346 901	209 348	
（八）	3 351 768	106 942	2 379	59 021 476	15 847	
（九）	568 149	7 048 325	8 765 104	13 027	6 954	
（十）	5 048	3 702 958	37 169	561 087	97 642 801	
（十一）	5 479	18 237 904	8 750 234	28 713	5 089 312	
（十二）	87 213 690	45 312	6 734	6 780 285	541 709	
（十三）	5 306 245	180 796	28 091	4 358	80 132 675	
（十四）	758 091	6 740	4 073 652	98 375 012	32 908	
（十五）	72 968	1 970 563	80 421 756	247 609	4 061	
（十六）	7 693	82 491 065	514 709	5 607 481	12 346	
（十七）	21 869	346 719	3 208 795	5 670	87 091 425	
（十八）	135 097	5 683	18 246	94 312 087	6 790 412	
（十九）	90 731 245	4 357 708	6 984	41 537	479 085	
（二十）	9 621 807	14 079	29 318 405	743 802	5 623	
合计						

账表算练习题（6）

表 6-18 所示为计算器比赛用账表算，在 15 分钟内完成为合格。

计算器比赛用账表算

表 6-18

单位：元

序号	（一）	（二）	（三）	（四）	（五）	（六）	（七）	（八）	（九）	（十）	小计
（一）	4 852.16	79 603.58	1 470.95	819 603.42	2 408 574.29	7 810 054.79	382 079.54	182 379.06	4 207 613.58	801 326.75	
（二）	1 290 648.13	2 006 154.72	58 790.26	5 409.18	833.41	872 136.90	67 502.31	87 605.34	267.40	40 736.52	
（三）	359.87	5 327.01	168 439.04	268.91	45 098.63	53 062.45	4 006 297.14	5 004 687.13	983 750.12	329.08	
（四）	73 045.28	901 234.86	357.21	8 610 349.75	5 918.07	7 580.91	250 869.13	657 893.12	19 705.63	4 217.56	
（五）	3 410.79	271.98	6 470 935.48	74 583.21	34 567.09	729.68	253.67	453.12	2 476.09	4 127 000.61	
（六）	2 980 732.41	643.92	1 704.59	3 120 084.59	675 802.31	8 903 476.93	9 012 567.34	2 809 160.35	824 910.65	5 147.09	
（七）	706 217.39	7 083 145.86	593 167.08	23 469.01	2 093.48	218.69	69 802.85	617 302.84	56 074.81	1 059 023.46	
（八）	33 517.68	1 069.42	6 500 213.79	590 214.76	158.47	1 350.97	3 417.09	5 416.08	3 467.19	32 087.95	
（九）	305 681.49	70 483.25	87 651.04	130.27	1 052 869.54	907 312.45	1 807.96	41 802.93	356.70	870 914.25	
（十）	950.48	37 029.58	371.69	5 610.87	976 428.01	96 218.07	380.71	280.92	5 000 126.83	182.46	
合计											

任务实训 6-4 资产负债表、利润表等填制实训

日期_____班级_____学号_____姓名_____

1. 计算资产负债表（如表 6-19 所示）

计算时间_____成绩对____题_错_____题

表 6-19　　　　　　　　　　　　资产负债表　　　　　　　　　　单位：元

资产项目	2003 年	2004 年	2005 年
货币资金	32 039 384	18 718 276	5 993 620
短期投资	39 992 000	17 995 000	90 000 000
应收票据	8 000	5 000	0
应收账款	20 160 219	12 464 956	14 491 670
预付账款	9 158 207	3 191 436	6 824 523
其他应收款	130 940 689	27 568 856	82 886 912
存货	15 884 342	5 929 084	32 505 339
流动资产合计			
长期股权投资	16 608 128	76 807 096	81 650 384
长期债权投资	9 999 991	29 999 992	34 000 012
固定资产	30 106 716	59 825 192	47 246 540
无形资产	12 809 545	8 229 000	5 071 012
长期待摊费用	92 164	64 800	72 900
资产总计			
短期借款	51 080 000	44 121 000	117 971 000
应付票据	18 340	0	0
应付账款	49 100 000	24 929 666	39 383 500
预收账款	24 324 174	29 040 196	31 584 474
应付工资	129 208	76 933	971 918
应付福利费	151 565	5 736 942	6 471 255
应付股利	20 021 581	7 661 447	14 260 190
应缴税金	10 408 289	51 005 664	46 584 848
其他应交款	237 991	4 616 024	4 751 072
其他应付款	24 608 324	53 907 808	20 520 367
流动负债合计			
长期借款	20 000	20 000	10 000 000
应付债券	0	0	30 000 000
长期应付款	80 000	80 000	0
长期负债合计			
负债合计			
股本	76 010 200	76 010 200	76 010 200
资本公积金	28 053 272	84 733 236	71 844 332
盈余公积金	6 876 873	21 694 836	21 694 836
未分配利润	3 679 607	83 135 264	91 305 080
股东权益合计			
负债和股东权益合计			

2. 计算利润表（如表6-20所示）

计算时间＿＿＿＿＿ 成绩对＿＿＿＿题 错＿＿＿＿题

表6-20   利润表   单位：元

项目	2003 年	2004 年	2005 年
一、主营业务收入	1 543 917 184	1 283 529 344	1 018 547 712
减：主营业务成本	1 065 728 704	794 984 896	724 092 992
减：主营业务税金及附加	39 538 360	36 841 932	24 487 560
二、主营业务利润			
加：其他业务利润	18 488 700	21 827 928	16 937 528
减：营业费用	157 161 888	127 554 672	108 176 016
减：管理费用	130 600 416	221 150 480	87 803 576
减：财务费用	96 448 880	78 758 656	84 108 712
三、营业利润			
加：投资收益	41 589 288	26 136 288	43 508 548
加：补贴收入	540 000	2 820 000	2 405 000
加：营业外收入	1 649 994	2 682 834	11 237 118
减：营业外支出	59 836 780	55 508 404	36 555 068
四、利润总额			
减：所得税	22 958 632	20 411 424	15 733 678
五、净利润			

任务三　票币计算

第一部分　相关知识

一、票币计算的概念

票币计算就是对不同面额、不同张数的票币组合，迅速计算出它们的合计金额。

二、票币计算的方法

1. 心算出券别金额

根据不同的券别金额张数心算出金额，心算方法如下。

（1）券别是100元、10元、1元、0.1元和0.01元的1倍心算方法是用票面乘以张数，或票面是100元，在对应的张数后面加2个0；是10元加1个0；是1元不加0，是0.1元则在对应张数上小数点向左移一位，是0.01元则在对应张数上小数点向左移两位。

【例6-8】券别100元，53张，金额100×53=5300或在53后面加2个0得5300；

券别0.1元，58张，在58向左移一位小数点得5.8；

（2）券别是20元、2元、0.2元和0.02元的2倍心算方法是票面乘以张数。或张数加张数，再分别乘以10、1、0.1和0.01。或直接用心算规律：自身加倍取个，下位满5进1。

【例6-9】券别20元，92张，金额=20×92=1840或（92+92）×10=1840（元）；或者十位是9，满5进1，写1；9加倍本个是8，下位2，不满5，不进位，写8；2加倍为4，写4，得1840（元）；

券别2元，28张，金额=2×28=56或（28+28）×1=56（元），

券别 0.2 元，23 张，金额=0.2×23=4.6 或（23+23）×0.1=4.6（元）；

券别 0.02 元，17 张，金额=0.02×17=0.34 或（17+17）×0.01=0.34（元）。

（3）券别是 50 元、5 元、0.5 元和 0.05 元的，用张数除以 2，再分别乘以 100、10、1 和 0.1。

【例 6-10】券别 50 元，53 张，金额=53÷2×100=26.5×100=2650（元）；

券别 5 元，12 张，金额=12÷2×10=6×10=60（元）；

券别 0.5 元，68 张，金额=68÷2×1=34×1=34（元）；

券别 0.05 元，24 张，金额=24÷2×0.1=12×0.1=1.20（元）。

2. 把心算好的券别金额加到计算工具上。如果是用计算器，还可以不用心算，运用"×""="和"GT"键，或者用"×""M+"和"MR"键直接求和，。

3. 边心算边加，不断重复 1 和 2 的步骤，直至运算完。

三、票币计算题型及运算步骤

票币计算的题型有竖版和横版两种，如表 6-21 和表 6-22 所示。

1. 竖版

表 6-21　　　　　　　　　　　　　　　竖版

序号	第1题		第2题		第3题		第4题		第5题		第6题	
券别	张数	金额	张数	金额	张数	金额	张数	金额	张数	金额	张数	金额
100 元	98	9 800	14		36		25		29		52	
50 元	53	2 650	24		97		37		19		53	
20 元	92	1 840	59		46		62		37		19	
10 元	97	970	52		67		78		25		76	
5 元	12	60	98		14		92		32		37	
2 元	28	56	85		65		51		65		47	
1 元	24	24	68		54		26		23		92	
5 角	68	34	47		62		42		12		74	
2 角	23	4.60	65		14		86		45		87	
1 角	58	5.80	34		58		74		78		96	
5 分	24	1.20	68		94		68		62		24	
2 分	17	0.34	64		67		12		56		35	
1 分	64	0.64	25		94		35		78		46	
	答案	15 446.58	答案	5 072.83	答案		答案		答案		答案	

方法 1：心算出券别金额，用计算器或计算机（算盘）的"+""="键进行求和，建议尽量采用此方法。

【例 6-11】请用计算器或计算机（算盘）的"+""="键进行计算求出表 6-21 所示第 1 题的合计数，其运算步骤如下。

① 纵向 10 道算题采用一目一行算法输入。每输入一个数按一次"+"号键，输入完这一道题的最后一个数，按"="号键或"+"号键，显示屏上显示的数就是计算的结果。

② 心算券别 100 元，98 张，金额=100×98=9800，将 9800 输入到计算器或计算机（算盘）;

③ 心算券别 50 元，53 张，金额=53÷2×100=26.5×100=2650，按+号键，将 2650 输入计算器或计算机（算盘）;

④ 心算券别 20 元，92 张，金额=（92+92）×10=1840，按+号键，将 1840 输入计算器或计算机（算盘）；依此类推，心算 10 元 97 张 970 元，按+号键，输入 970；心算 5 元 12 张 60 元，按+号键，输入 60；心算 2 元 28 张 56 元，按+号键，输入 56；心算 1 元 24 张 24 元，按+号键，输入 24；心算 5 角 68 张 34 元，按+号键，输入 34；心算 2 角 23 张 4.6 元，按+号键，输入 4.6；心算 1 角 58 张 5.8 元，按+号键，输入 5.8；心算 5 分 24 张 1.2 元，按+号键，输入 1.2，心算 2 分 17 张 0.34 元，按+号键，输入 0.34；心算 1 分 64 张 0.64 元，按+号键，输入 0.64；按=号键得总和 15446.58。

2. 横版

表6-22　　　　　　　　　　　　　　　　　　横版

序号	券别和张数													金额（元）
	100元	50元	20元	10元	5元	2元	1元	5角	2角	1角	5分	2分	1分	
1	98	53	92	97	12	28	24	68	23	58	24	17	64	15 446.58
2	72	63	31	96	28	84	18	37	45	54	29	64	26	12 291.89
3	36	97	46	67	44	45	54	32	72	58	94	18	24	
4	32	54	49	25	17	71	92	74	89	96	18	63	26	

方法2：不用心算，直接用计算器的"×""="和"GT"键，或者用"×""M+"和"MR"键进行求和。

【例6-12】请用计算器"×""="和"GT"键，或者用"×""M+"和"MR"键，求出表6-22中第2题的合计数，其运算步骤如下。

① 将计算器总和记忆开关键设定在"GT"位置，即开启总和记忆键，按"AC"键，清除储存在计算器里的全部数字。

② 按"100×72="，累加7200到计算器或计算机中；按"50×63="，累加3150；按"20×31="，累加620；按"10×96="，累加960；按"5×28="，累加140；按"2×84="，累加168；按"1×18="，累加18；按"0.5×37="，累加18.5；按"0.2×45="，累加9；按"0.1×54="，累加5.4；按"0.05×29="，累加1.45；按"0.02×64="，累加1.28；按"0.01×26="，累加0.26；按GT键得总和12291.89。

注：用计算器的"×""M+"和"MR"键进行票币计算，只要把上面运算步骤②中的所有=号键换成M+键，把GT键换成MR键就可以了。

四、注意事项

1. 准备。题、笔、计算工具（计算器、计算机或算盘）清零。

2. 计算的题应放在计算工具下端，离工具越近越好，以利于看数。

3. 心算要准、快，左手点题，右手输入数据或拨珠，动作要简洁、利落、准确，数位要对准，切记不能串位。

4. 记数。分节号、小数点必须准确，不能漏写、写错，答案数字书写清楚。

<h1 style="text-align:center">第二部分　任务实训</h1>

任务实训6-5　票币计算实训

日期_____班级_____学号_____姓名_____

一、实训指导及票币计算鉴定标准

（一）设定级别及时间

票币计算设定初、中、高三个级别，限时为10分钟，计算工具：计算器或计算机、算盘。

（二）合格标准

初级：对15题；中级：对20题；高级：对30题

（三）题型与题量

1. 人民币100元、50元、20元、10元、5元、2元、1元、5角、2角、1角、5分、

2分、1分共 13 种券别，每种券别数量为两位数，个位数不得为零。

2. 票币计算试题中，两位数为 55 以上占 40%，55 以下占 60%。每页 20 题，共 2 页，答案只写小写金额。

（四）计算要求

1. 按顺序做题，跳题者试卷无效。

2. 小数点后角、分位无有效数字，末位"零"补位。

3. 答案书写用签字笔、钢笔或圆珠笔。

4. 答案书写必须清晰可辨，一题两个答案，此题无效。

二、票币计算练习题

1. 竖版票币计算题（见表 6-23）

表 6-23　　　　　　　　　　　　　　竖版计算题

序号	1		2		3		4		5		6		7	
	券别	张数	券别	张数	券别	张数	券别	张数	券别	张数	券别	张数	券别	张数
	100元	38	100元	68	100元	96	100元	87	100元	25	100元	49	100元	89
	50元	27	50元	96	50元	37	50元	62	50元	34	50元	17	50元	37
	20元	15	20元	63	20元	32	20元	28	20元	72	20元	86	20元	26
	10元	24	10元	74	10元	78	10元	13	10元	35	10元	54	10元	38
	5元	66	5元	87	5元	69	5元	68	5元	28	5元	97	5元	23
	2元	34	2元	45	2元	85	2元	26	2元	67	2元	74	2元	52
	1元	15	1元	32	1元	59	1元	43	1元	23	1元	49	1元	75
	5角	28	5角	21	5角	64	5角	87	5角	69	5角	75	5角	31
	2角	67	2角	78	2角	19	2角	28	2角	91	2角	68	2角	45
	1角	49	1角	12	1角	38	1角	19	1角	58	1角	83	1角	34
	5分	84	5分	76	5分	64	5分	18	5分	72	5分	69	5分	21
	2分	38	2分	46	2分	97	2分	47	2分	38	2分	54	2分	47
	1分	51	1分	37	1分	59	1分	27	1分	53	1分	99	1分	24
	答案		答案		答案		答案		答案		答案		答案	

2. 横版票币计算题（横版计算题）

表 6-24　　　　　　　　　　　　　　横版计算题

序号	券别和张数													金额（元）
	100元	50元	20元	10元	5元	2元	1元	5角	2角	1角	5分	2分	1分	
1	86	41	97	24	72	47	53	82	65	27	31	45	38	
2	52	34	69	12	98	85	68	47	65	34	36	21	65	
3	67	91	21	57	14	65	54	62	15	63	49	37	24	
4	48	26	38	21	57	61	92	74	37	96	14	68	53	
5	34	98	68	85	29	25	14	35	67	52	78	69	24	
6	12	78	95	23	61	48	27	31	34	32	65	83	37	
7	78	46	37	53	56	39	43	61	41	74	32	82	48	
8	45	23	89	34	78	86	18	52	73	15	47	96	41	
9	56	69	13	78	91	43	32	93	45	38	89	21	17	
10	78	17	19	29	36	23	51	58	39	82	37	95	66	
11	16	21	93	54	74	27	59	62	65	37	51	42	68	
12	42	74	61	32	68	87	64	37	54	39	26	27	69	
13	87	93	41	54	74	63	59	28	19	47	89	54	26	
14	48	26	38	21	57	61	92	74	37	96	14	68	53	
15	27	31	34	32	65	89	37	34	98	68	85	29	85	
16	12	78	97	23	61	48	78	46	37	53	56	39	81	
17	43	61	41	74	32	32	48	45	23	89	34	78	76	
18	72	83	65	47	69	51	18	56	39	13	48	91	27	
19	63	32	93	25	58	89	21	97	78	17	19	23	45	
20	29	36	73	51	58	39	82	37	95	66	42	54	94	

项目七　文字录入

教学目标及重点、难点

本项目要求读者了解计算机文字录入的各种方法，掌握王码五笔字型汉字输入法的输入规则及方法，熟练地运用五笔字型在计算机上进行汉字录入。

教学重点是五笔字型的单字录入方法。

教学难点是五笔字型的识别码。

思政目标是树立严肃认真的工作态度。

任务一　键盘基本操作和指法

第一部分　相关知识

一、键位的分布

个人计算机有台式计算机和便携式计算机（笔记本电脑）两种，其键盘的功能结构大致相同。以台式计算机为例，目前常用的键盘有 101 键、102 键、104 键和 107 键等几种键盘。下面以 104 键的计算机为例，其键盘主要由主键盘区、小键盘区、功能键区、编辑控制键区、状态指示灯区等几部分组成，如图 7-1 所示。

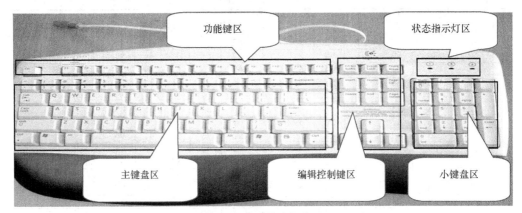

图 7-1　键盘的功能分区

1. 主键盘区

主键盘区又称为打字键区，主要用于输入英文字母、数字和符号，是键盘上最重要的区域。主键盘区包括 26 个字母、21 个数字和符号键及 14 个控制键。其中，数字和符号键包括 0～9 这 10 个数字键，还有标点符号和运算符号键。在这 21 个键中，每个键的上方和下方都各有一个数字或符号，所以这 21 个键又称为双字符键。双字符键盘上方的字符称为上档字符，下方的字符称为下档字符。双字符键的输入方法是：如果输入下档字符，单击该键即可；若要输入上档字符，则须在按住 Shift 键的同时，单击双字符键。

控制键位于键盘区打字键的两侧，共 14 个。为了操作时双手使用方便，其中的 Shift 键、Alt 键、Ctrl 键在左右各有一个。除了用户特别指定情况外，左右两边 Shift 键、Alt 键、Ctrl 键的功能是一样的。这些控制键的功能介绍如下。

Tab 键，称跳格键或制表定位键。单击该键，可使光标向右移动一个制表位。

Caps Lock 键，称大写字母锁定键。如果键盘右上方 Caps Lock 指示灯不亮，文字输入默认是小写字母状态，单击字母键输入的都是小写字母。此时单击一下 Caps Lock 键，对应的 Caps Lock 指示灯亮，转为大写字母状态，单击字母键输入的就是大写字母了。再单击 Caps Lock 键，则又恢复小写字母状态。

Shift 键，称上挡键或换挡键。该键单独使用不起作用。在小写字母状态下，按住 Shift 键的同时，单击字母键输入的是对应的大写字母。例如，在小写字母状态下，按住 Shift 键的同时，单击 A 键，输入的就是 "A"；相反，在大写字母状态下，按住 Shift 键的同时，单击 A 键，这时输入的就是 "a"。另外，Shift 键还可以与别的键组合成快捷键。

Ctrl 键，称控制键，也不能单独使用。大多数情况下它与别的键组成快捷键。例如，按住 Ctrl 键的同时，单击 A 键，其功能一般为 "选定全部"。

Alt 键，又称转换键，也不能单独使用。一般情况下它也与别的键组成快捷键，如按住 Alt 键的同时，单击 F4，其作用是关闭窗口。

Backspace 键，称退格键，有的键盘上的标志是 ← 。单击此键可使光标向左移动一个字符位，即删除光标前面的一个字符。

Enter 键，称回车键，在文字编辑过程中起换段作用，它在运行程序时起确定作用。

Space 键或 ⬚ 键，称空格键，在打字键区最下方，是最长的键。单击该键，出现一个空格符，同时光标向右移动一个字符。

⊞ 称 Windows 键或系统功能键，单击该键会出现开始菜单。

▤ 键，位于右边的 Alt 键和 Ctrl 键之间，是键盘的保留键。不同的程序对它有不同的定义，一般是等效于单击鼠标右键（可作为弹出选定对象的快捷键）或者是调出选定对象的属性。

2. 编辑控制键区

编辑控制键区在键盘的中间部分，它有 13 个键。

Print Screen SysRq 键，称屏幕打印键。在 Windows 环境中，单击该键可将屏幕上所显示的全部内容以图片的形式复制到剪切板中，然后可以粘贴在其他支持图片的软件中。如果按下 Alt 键不放，再单击该键，则可将当前活动窗口显示的内容以图片的形式复制到剪切板中。

Scroll Lock 键，称屏幕滚动键，按下此键屏幕停止滚动显示（Scroll Lock 指示灯亮），直到再次按下此键为止。

Pause Break 键，称暂停键。在程序或者命令正在执行的情况下，按住 Ctrl 键的同时，单击 Pause Break 键可强行终止程序的运行。

Insert 键，称插入/改写键。当文字输入默认的是 "插入" 状态时，输入的字符将直接插入到光标所在处。单击该键后则转换为 "改写" 状态，这时输入的字符将覆盖光标所在处原先的字符。再单击该键则又恢复"插入"状态。

Delete 键，称删除键。在文字编辑状态下单击该键可删除被选中的内容或者删除光标后面的一个字符，在窗口状态可删除被选中的文件。

Home 键，称起始键，在文字编辑状态下单击该键，可将光标移动到光标所在行的行首，在窗口状态单击该键可选中第1个文件。

End 键，称终点键，在文字编辑状态下单击该键，可将光标移动到光标所在行的行尾，在窗口状态单击该键可选中最后一个文件。

Page Up 键，称前翻页键，单击该键，可使屏幕显示内容向前翻一页。

Page Down 键，称后翻页键，单击该键，可使屏幕显示内容向后翻一页。

光标方向键 →、←、↑、↓ 在编辑区最下方，单击这些键可使光标向箭头指示的方向移动。

3. 小键盘区

小键盘区在键盘最右边，又称数字键区，它包括17个键，主要是为了快速输入数字和进行数学运算。其中 Number Lock 键为数字锁定键。当键盘右上角的 Number Lock 指示灯不亮时，单击 Number Lock 键，Number Lock 指示灯变亮，此时可以输入小键盘区各键的上档字符，即可以输入数字。再单击 Number Lock 键，则 Number Lock 指示灯灭，下档字符起作用。

4. 功能键区

功能键区位于键盘的最上方，主要包括 Esc 键和 F1～F12 键，共13个键。在不同的情况下这13个键具有不同的功能。其中，Esc 键是最常用的键，在执行某些程序时单击此键可直接退出程序。

5. 状态指示灯区

状态指示灯区在键盘的右上角，从左到右分别为 Number Lock 指示灯、Caps Lock 指示灯和 Scroll Lock 指示灯。这些灯亮时，分别代表数字锁定状态、大写锁定状态、屏幕滚动锁定状态。

二、键盘输入操作的姿势

键盘输入操作时，应保持正确的姿势，如图7-2所示。

（1）坐在椅子上，两脚平放，上身保持平直、放松。

（2）将全身重量置于椅子上，有条件时要调整座椅高度，前臂与键盘尽量成水平线。

（3）两肘自然下垂，轻松地靠在身体两侧，手指轻放于基准键位上，手腕平直。

图7-2　键盘输入操作的姿势

（4）显示器宜在键盘的正后方，稿纸一般在键盘的左侧，打字时眼观稿纸。

（5）打字时除了手指以外，身体的其他部位不能接触计算机台面或键盘。

三、主键盘区的输入指法

主键盘区的输入指法如图7-3所示。

图 7-3　主键盘区的输入指法

1．基准键位与手指的对应关系

基准键位是指用户上机时的标准手指位置。它位于键盘的第 2 排（中排键），共有 8 个键基准键，包括 A 、 S 、 D 、 F 、 J 、 K 、 L 和 ; 。每个基准键位对应着一个手指，其他键的位置都是以它们为基准来记忆的。当其他手指放置于基准键位上时，大拇指轻放在空白键位上。在手指单击任何字键后，都要回到基准键位上来。它们对应的手指如图 7-4 所示。

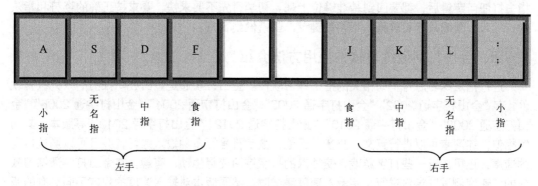

图 7-4　基准键位与手指的对应关系

其中， F 、 J 键是食指定位键，一般这两个键上有一个凸起的圆点或横线，是为操作者击键后不看键盘就能通过触摸这两个键回归基准键位而设的。只要双手食指一定位，其余各指自然也就定位了。 F 、 J 键上的小凸起为盲打提供了方便。所谓盲打就是操作者进行输入时，只看稿纸或屏幕，不看键盘。

2．字键的击法

（1）手腕平直，手臂保持不动，全部动作仅限于手指。

（2）手指保持弯曲，微微拱起，靠近指尖的关节微成弧形，分别轻轻地放在基准键的中央。

（3）要打字时，双手轻轻抬起一点，要击键的手指伸出去击键，击毕立即缩回基准键位，不可停留在已击的字键上。

（4）打字过程中，尽量用相同的节奏轻轻击打字键中央，不可用力过猛。

3．空格键的击法

用大拇指外侧横向下击打一下，击毕立即抬起。

4．回车键（换行键）的击法

用右手小指击一次后立即退回原基准键位，注意在回归过程中，小指要弯曲，以免将 ; 带入。

5．其他字键的指法分区

在确定基准键位的基础上，对于其他字母、数字、符号都采用与各基准键位相对应的位置来记忆。键盘的指法分区如图 7-5 所示，在同一斜线上的字键，都必须由规定的同一手指击键。

图 7-5　键盘的指法分区

6. 键盘指法练习要点

准备打字时，除大拇指外其余的 8 个手指分别放在基准键位上。打字时，各个手指负责的键必须分工明确。手指由双手食指触摸 $\boxed{F}$ 、$\boxed{J}$ 键上凸起的圆点或横线来定位。在双手手指击打任何字键后，都要回到基准键位上来。初学时先不要求快，要求按正确的姿势和指法进行练习，眼睛只能看屏幕，不能看键盘，坚持做到盲打。

四、金山打字通练习软件使用方法介绍

进行指法练习时可借助相关的指法练习软件。金山打字通是金山公司推出的系列教育软件，有"金山打字通 2002""金山打字通 2003""金山打字通 2004""金山打字通 2006""金山打字通 2008""金山打字通 2010""金山打字通 2012""金山打字通 2013"等版本，其功能相似，练习者可以进行英文、拼音、五笔、数字符号等多种输入练习，并且可以测试打字的速度，还可以玩一些打字游戏，使枯燥的打字练习变得生动、有趣。在金山打字通练习软件的"速度测试"窗口进行文字录入速度测试时，不同版本对输入速度的规定不同。有的版本的输入速度以显示在屏幕上的字符数为基数来计算，允许在输入错误后进行修改，不影响正确率的计算（如"金山打字通 2003""金山打字通 2013"等版本）；有的版本的输入速度以曾经显示在屏幕上的字符数为基数来计算，输入错误后进行修改也会影响正确率的计算（如"金山打字通 2006""金山打字通 2012"等版本）。不过，若用"成绩 = 平均速度×正确率"来计算，则各种版本的成绩一致。

下面以"金山打字通 2003"为例说明如何进行指法练习。首先在桌面双击"金山打字通 2003"，启动打字程序，如图 7-6 所示。

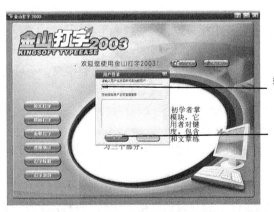

输入用户名或从列表中
选择用户名

单击"登录"按钮

图 7-6　"金山打字通 2003"主页面

登录后可进行学前测试，或直接进行打字练习。选择"英文打字"，进入"英文打字"界面，如图7-7所示。

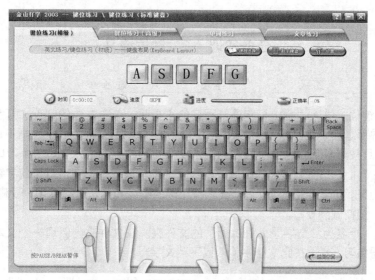

图7-7 "金山打字通2003"英文打字界面

英文打字训练有"键位练习（初级）""键位练习（高级）""单词练习""文章练习"这4种从易到难的英文打字方案。初学者应从最基本的"键位练习（初级）"开始，逐步提高自己的打字水平。在练习过程中，屏幕下方有绿色小圆泡的手指就是字母所对应的手指。需强调的是，练习时眼睛要看着屏幕，不能看键盘；当自己对手指位置有怀疑时，就触摸食指定位键 F 、 J 键上的小凸起进行重新定位；要坚持盲打，为提高打字速度奠定坚实的基础。

在"金山打字通2013"版本中，在首页单击"新手入门"，在弹出练习模式选择对话框中选择"自由模式"，进入"字母键位练习"页面进行键位练习。在键位练习过关的基础上，再由首页转入"英文打字"中的"单词练习""语句练习""文章练习"，逐步提高英文的打字水平，如图7-8所示。

图7-8 "金山打字通2013"英文打字界面

第二部分　任务实训

任务实训 7-1　键位练习

日期_____班级_____学号_____姓名_____成绩_____

1. 熟悉键位。进入"金山打字通"程序的主页面，单击左边的"英文打字"选项，进入英文打字界面。在"键位练习（初级）"窗口单击"课程选择"，在下拉框中选择"键盘布局"。初学者可按屏幕下方绿色小圆泡的提示使用正确的手指输入字母。练习时，手指由双手食指触摸 ⏺F⏺、⏺J⏺ 键上凸起的圆点或横线来定位。双手手指在击打任何字键后，都要回到基准键位上来。初学时先不要求快，要求按正确的姿势和指法进行练习，眼睛只能看屏幕，不能看键盘，坚持做到盲打。

2. 新建一个名为"文字录入训练题"的文件夹。在文件夹内新建一个文本文档，命名为"英文字母练习.txt"。在此文档中输入以下英文字母。

asdf	ghjk	llkj	hgfd	aasd	fghj	kllk	jhlk	jhlk
jhgf	dsaa	sdfg	hjkl	gfds	ahjk	lqwe	rtyu	iopp
oiuy	trew	qqaw	sedr	ftfy	juji	kolp	;p;o	liku
jyjt	frfe	dwsq	apol	ikuj	yjtf	rfed	wsqa	pqwe
rtyu	iopt	rewq	yuio	pzxc	vbnm	mnzx	cvbn	mmnb
vcxz	axsc	dvfb	fnjm	klkm	knjb	jvfc	dxsx	szam
jnjb	fvfc	dxsz	azax	scdv	fbfn	jmjk	lqui	ckab
cdef	ghij	klmn	opqr	stuv	wxyz	zhef	oxju	mpso
vert	hedo	gbvc	xzmn	bvcx	zzxc	vbnm	bvcx	znmt
hequ	ickb	rown	foxj	umps	over	thel	azyd	ogab
cdef	ghij	klmn	opqr	stuv	wxyz	abcd	efgh	ijkl
mnop	qrst	uvwx	yzzy	xwvu	tsrq	ponm	lkji	hgfe
dcba	abcd	efgh	ijkl	mnop	qrst	uvwx	yzfg	htfy
jvfb	fnjm	jkab	cdef	ghij	klmn	opqr	stuv	wxyz

3. 将上题的文件夹复制、粘贴到"金山打字通"程序（复制方法见"任务实训 7-4"）中进行重复练习，直至录入速度为每分钟 80 字以上。

4. 逐步提高主键盘英文输入速度。重复"金山打字通"程序中"英文打字"→"键位练习（初级）"→"键盘布局"的练习 10 遍以上，以便于尽快熟悉键位，做到盲打。

任务实训 7-2　英文录入练习

日期_____班级_____学号_____姓名_____成绩_____

1. 对各个字母键的输入进行有针对性的练习。进入"金山打字通"程序中"英文打字"→"键位练习（初级）"，依次选择"课程一 asdf jkl""课程二 ei""课程三 ru""课程四 gh""课程五 C""课程六 yt""课程七 mv""课程八 bn""课程九 ow""课程十 pqz""课程十一 x"进行英文字母输入练习。

2. 在熟悉键位、做到盲打的基础上逐步提高主键盘的输入速度。重复"金山打字通"程序中"英文打字"→"键位练习（初级）"→"键盘布局"的练习，直到完成全部练习的速度达到 100 字/分钟以上。

3. 在"金山打字通"程序"英文打字"中的"单词练习"和"文章练习"选择不同的内容进行输入练习，提高英文输入的速度。

任务二　汉字录入基本知识

第一部分　相 关 知 识

一、汉字输入法的种类

从输入手段上区分，汉字输入法可分为键盘输入法和非键盘输入法。

非键盘输入法有语音输入法、手写输入法、鼠标输入法和扫描输入法等。汉字输入采用最广泛的是键盘输入法。

汉字键盘输入法是采用将音、形、义与特定的键相联系，遵照一定编码方案来组字形成编码，利用键盘进行编码输入的方法。常见的汉字键盘输入法有以下几类。

1. 数字编码

这类输入法的代表为区位码，是以汉字内码的区位码形式作为汉字输入码的输入方法。因需要记忆的量太大，一般情况下，该输入法只是作为输入某些特殊符号的辅助输入法。本书对此类输入法不做具体介绍。

2. 音码

这类输入法是按照汉语拼音来输入汉字。常见的有全拼法、双拼法、微软拼音法、智能ABC、搜狗输入法等。拼音输入法除了用 ˇ 键代替韵母"ü"外，没什么特殊的规定，操作者只要按汉语拼音发音输入即可，本书不做具体的介绍。

由于拼音输入法对用户的认字量和发音准确度要求较高，且同音字太多、重码率高，故输入效率低。因此这种输入方法适合普通的计算机操作者，但不适合对打字速度和精确度有特殊要求的打字员、银行前台柜员等工作人员。

3. 形码

形码是按照汉字的字形和结构特征来进行编码的。形码的最大优点是重码少、输入速度快，且不受识字量和发音的影响，因而大多数打字员选择用形码进行汉字录入。常用的形码有五笔字型和表形码等。本书重点介绍五笔字型输入法。

二、五笔字型的基本知识

五笔字型汉字输入法是王永民教授发明的一种汉字输入法，是汉字形码输入法的代表。1983年 8 月，五笔字型问世，1986 年推出了"五笔字型 86 版"，能输入 1980 年国家颁布的国标GB 2312-80 汉字集的全部 6 763 个汉字。1998 年，王永明教授又推出"五笔字型 98 版"，其编码规则与 86 版有所不同。2000 年 3 月，国家颁布了汉字的扩展字符集 GB 18030-2000。于是，五笔字型新的输入软件 WB—18030 版面世，它能输入 GB 18030-2000 的全部 27 533 个汉字，并完全兼容86版。本书重点介绍"五笔字型86版"的输入方法。

五笔字型将汉字划分为3个层次：单字、字根、笔画，如图7-9所示。

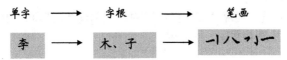

图7-9 汉字的3个层次

1. 5种基本笔画

五笔字型输入法规定：笔画是书写汉字时，一次写成的一个连续不断的线条。笔画分为横、竖、撇、捺、折5种。为了便于记忆和应用，并根据它们使用频率的高低，依次用1、2、3、4、5作为代号，分别代表这5种笔画，如表7-1所示。

表7-1　　　　　　　　　　　　　　　五笔字型的5种基本笔画

笔画代号	基本笔画	笔画名称	笔画走向	笔画变形
1	一	横	左→右	✔（提）
2	丨	竖	上→下	亅（竖钩）
3	丿	撇	右上→左下	丿
4	丶	捺	左上→右下	丶（点）
5	乙	折	带转折	㇆乚

2. 字根及分布规律

由两个或两个以上笔画组成的相对不变的结构通称为偏旁部首。现代汉语词典中选用的偏旁部首有200多个，如果全部作为字根，则太难记忆。因此，五笔字型中，选取这种相对不变的结构作为字根的条件是：要么能组成很多的字，如"王""土""大"等，要么组成的字特别常用，如"日""月""水"。五笔字型的字根总数有130多个，它们按照一定的规律分布在 A ～ Y 25个键上。将五笔字型的各个键上的字根标在各键上，就是五笔字型键位图，如图7-10所示。

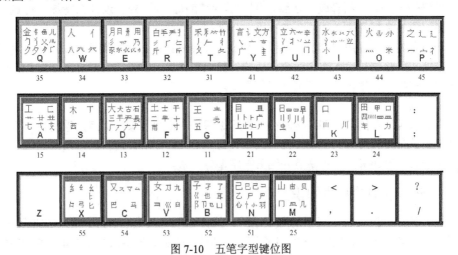

图7-10 五笔字型键位图

记住这些字根及其键位是运用五笔字型输入法的基本功。由于字根较多，初学者可用"助记词"来辅助记忆，如表7-2所示。助记词的记忆方法在以后的内容中将逐一讲解。

表 7-2　　　　　　　　　　　　　五笔字型键名谱和助记词

键名谱		区位号	助记词
1区横起类	王土大木工	11	王旁青头戋五一
		12	土士二干十寸雨
		13	大犬三羊古石厂
		14	木丁西在一四里
		15	工戈草头右框七
2区竖起类	目日口田山	21	目具上止卜虎皮
		22	日早两竖与虫依
		23	口中一川三个竖
		24	田甲方框四车力
		25	山由贝骨下框几
3区撇起类	禾白月人金	31	禾竹反文双人立
		32	白斤气头手边提
		33	月乃用舟家衣底
		34	人八登祭把头取
		35	金夕メ儿包头鱼
4区捺起类	言立水火之	41	言文方广谁人去
		42	立辛两点六门病
		43	水族三点兴头小
		44	火里业头四点米
		45	之字宝盖补ネ礻
5区折起类	已子女又纟	51	已类左框心尸羽
		52	子耳了也框上举
		53	女刀九巛白山倒
		54	又巴劲头私马依
		55	绞丝互腰弓和匕

　　字根在键盘上的分布有以下规律：字根按笔画顺序划分为 5 个区，每一区有 5 个位；中排键里使用左手打字的字母键为第 1 区，是以横起笔的字根；中排键里使用右手打字的字母键为第 2 区，是以竖起笔的字根；上排键里使用左手打字的字母键为第 3 区，是以撇起笔的字根；上排键里使用右手打字的字母键为第 4 区，是以捺起笔的字根；下排键里 N 、 B 、 V 、 C 、 X 为第 5 区；另外，M 键划为第 2 区。每个区都有 5 个键，并由中间向键盘两端分别给予 1～5 个位号。这样，每一个键可用区位号（区号+位号）来表示，即以"11""12""13"……"55"共 25 个区位号来表示。五笔字型字根键盘的键位代码（即字根编码），既可用区位号（11、12、13……55）来表示，也可以用对应的英文字母（G、F、D……X）来表示，如图 7-11 所示。

　　从五笔字型的字根键盘中可以看出，字根的第 1 个笔画的代码号与其所在的区号一致；大多数字根的第 2 个笔画的代号与其所在的位号一致；单笔画字根"一""丨""丿""、""乙"都在各自区的第 1 位；"二""刂""彡""冫""巛"都在各自区的第 2 位；"三""川""彡""氵""巛"都在各自区的第 3 位，"刂丨""灬"都在各自区的第 4 位。

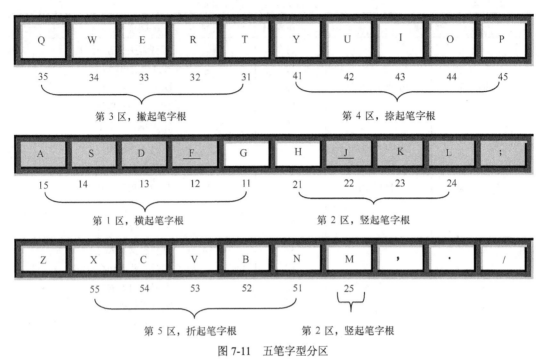

图 7-11　五笔字型分区

三、键名字输入方法

五笔字型输入法从每个键的字根中选出一个有代表性的字根（即键位图上各个键位左上角的第 1 个字根），称为"键名"。将每个键名按区位号的顺序列出来，便可得到一首"键名谱"：

1 区横起类：王土大木工
2 区竖起类：目日口田山
3 区撇起类：禾白月人金
4 区捺起类：言立水火之
5 区折起类：已子女又纟（"纟"可读"丝"音）

键名字的输入方法是：把所在的键连续击打 4 下。例如：土—FFFF；木—SSSS；金—QQQQ；目—HHHH；日—JJJJ；已—NNNN。

四、一级简码的输入方法

在五笔字型输入法中，为了减少击键次数，提高输入速度，将一些常用的字只取其全码最前边的 2 个或 3 个字根（码），再加打空格键输入，分别形成二级简码和三级简码。上面提到的键名字有的可用二级简码输入（如"大""立""水"等），有的可用三级简码输入（如"王""田""山"等），有的则没有简码，必须输入全码（如"土""木""金"等）。

除了二级简码、三级简码外，为了提高打字速度，在五笔字型中，另外还规定了一级简码。一级简码所对应的汉字就是一级简码字。将字根键单击一下，再单击一下空格键所出现的字称为一级简码字。例如，将 Ａ 打一下，再打一下空格，便可打出一级简码字"工"。Ａ～

共 25 个字键分别对应 25 个一级简码字。一级简码字是最常用的汉字，又称为高频字。这 25 个高频字与键位的对应如图 7-12 所示。

图 7-12　一级简码键位图

在"金山打字通 2003"版本中，选择"五笔打字"，进入"五笔打字"界面后，单击"单字练习"，选择"一级简码"，即可进入"一级简码"练习界面。将输入法设置为"五笔字型"，即可练习五笔字型一级简码字的输入，同时还可以进行指法练习，如图 7-13 所示。

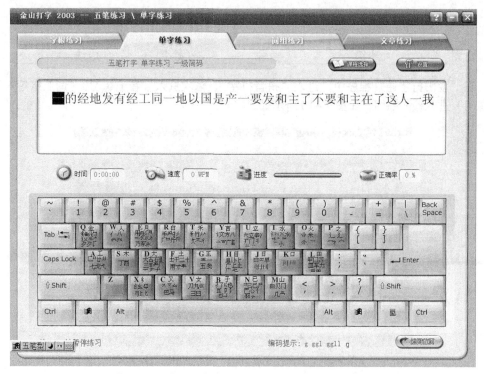

图 7-13　"金山打字通 2003"一级简码打字练习界面

如在"金山打字通 2013"版本中，在首页单击"五笔打字"，进入"五笔打字"中的第四关"单字练习"页面，在右上角"课程选择"下拉菜单选择"一级简码综合 1"和"一级简码综合 2"进行练习，如图 7-14 所示。

图 7-14 "金山打字通 2013"一级简码打字练习界面

第二部分　任 务 实 训

任务实训 7-3　拼音打字练习

日期_____班级_____学号_____姓名_____成绩_____

在"金山打字通"程序中，进入"拼音打字"，依次进入"音节练习""词汇练习""文章练习"进入输入练习，如图 7–15 所示。

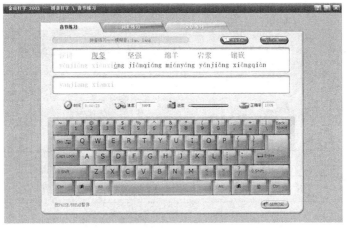

图 7-15 "金山打字通 2003"拼音打字练习界面

任务实训 7-4　键名字练习

日期_____班级_____学号_____姓名_____成绩_____

1. 新建一个名为"五笔字型练习题"的文件夹，在文件夹内新建一个文本文档，命名为"键名字练习.txt",在此文档中输入以下的键名字(空格不用输入)。

王土大木工　目日口田山　禾白月人金　言立水火之　已子女又纟
王土大木工　目日口田山　木大王目日　口田山日口　田山目田口
木大王目日　口田山日口　大口日田木　王木王口工　大口日田山
禾白月人金　禾月人月禾　白金月白人　禾月金禾白　人工人金月
言立水火之　言立水火之　之水言之火　火立水言立　水之火之立
田月水日土　土白口人山　立火禾言之　金之月水大　口水之火言
已子女又纟　已子女又纟　女子已山人　纟又月女子　已山工子又
又大月土王　目水日口田　山已火之金　白木禾立女　人纟言工子
王土大木工　目日口田山　禾白月人金　言立水火之　已子女又纟
工子又大月　土王目水日　口田山已火　之金白木禾　立女人纟言

2. 将上题的文件夹复制、粘贴到金山打字通程序中进行重复练习。如使用的是金山打字通 2003 版本至 2010 版本，操作方法见步骤（1）（2）（3）（4）；如使用的是金山打字通 2013 版本，操作方法见步骤（1）（5）（6）。

（1）将金山打字通程序安装在 C 盘"Program Files"中（默认安装）。

（2）如果使用的是金山打字通 2003 版本，则将文件夹"五笔字型练习题"复制到目录"C:\Program Files\Kingsoft\TypeEase 2003\Data\Chinese\Professional"中；如果使用的是金山打字通 2010 版本，则将文件夹"五笔字型练习题"复制到目录"C:\Program Files\Kingsoft\TypeEasy\TypeEasy\Data\Chinese\Professional"目录中。

（3）在"金山打字通 2003"版本中，进入"五笔打字"中的"文章练习"→"课程选择"→"专业文章"→"五笔字型练习题"，再从中选定"键名字练习"即可。练习时可根据需要在屏幕右上方的"设置"选项中选择是否显示"编码提示"，如图 7-16 所示。

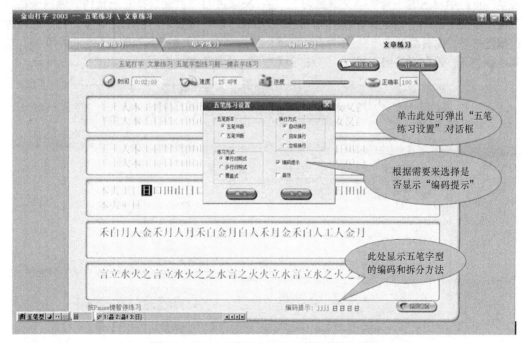

图 7-16　"金山打字通 2003"五笔打字练习界面

（4）在"金山打字通"进行输入速度测试。进入"金山打字通"→"速度测试"→"屏幕对照"→"课程选择"→"专业文章"→"五笔字型练习题"，再从中选定"键名字练习"即可进行测试。测试过程中，错误的字将显示为红色字体。全部练习输入完毕，则会自动显示输入速度、正确率、退格次数等信息。如果中途要结束训练，单击左下方的"完成测试"按钮，则可显示已输入部分正确率、平均速度、退格次数等信息，如图 7-17 所示。通常情况下，打字速度（成绩）用以下公式来计算："成绩 = 平均速度×正确率"。初学者要在正确率不低于 95%的情况下来提高打字速度。

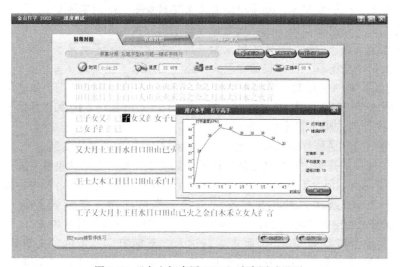

图 7-17 "金山打字通 2003"速度测试界面

（5）如果使用的是"金山打字通 2013"版本，则可在首页选择"五笔打字"，在"五笔打字"页面中单击右下角的"文章练习"。在"文章练习"页面选择右上角的"课程选择"下拉菜单最下方的"自定义课程"，然后按提示操作即可将练习内容粘贴到金山打字通内进行重复练习。此页面的右下角的"练习/测试"切换按钮，可进行五笔练习和测试的切换。在测试状态下，没有五笔编码提示；在练习状态下，会有五笔编码提示，如图 7-18 所示。

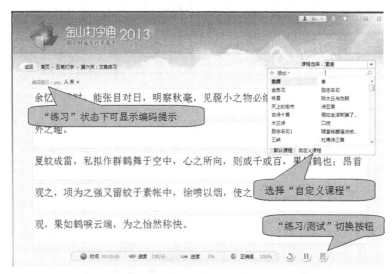

图 7-18 "金山打字通 2013"五笔打字练习界面

（6）在"金山打字通 2013"版本的首页下方选择"打字测试"。在打字测试页面，选择右上角的"课程选择"下拉菜单最下方的"自定义课程"，然后按提示操作即可将练习内容粘贴到金山打字通内进行重复练习，如图 7-19 所示。

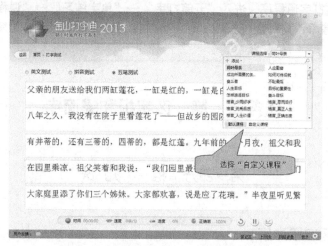

图 7-19　"金山打字通 2013"打字测试界面

任务实训 7-5　一级简码练习

日期_____班级_____学号_____姓名_____成绩_____

1. 新建一个名为"五笔字型练习题"的文件夹，在文件夹内新建一个文本文档，命名为"一级简码字练习.txt"，在此文档中输入以下的一级简码字（空格不用输入）。

一一地地	在在要要	工工上上	是是中中	国国同同	和和的的	有有人人
我我主主	产产不不	为为这这	民民了了	发发以以	经经	
一一地地	在在要要	工工上上	是是中中	国国同同	和和的的	有有人人
我我主主	产产不不	为为这这	民民了了	发发以以	经经	
地地工工	在在要要	一一地地	在在工工	一一在在	工工在在	地地工工
是是中中	上上国国	是是中中	国国同同	是是中中	同同上上	中中同同
工工中中	一一中中	国国要要	上上是是	在在同同	地地上上	同同一一
中中国国	是是要要	上上国国	在在要要	中中同同	工工同同	一一地地
我我人人	有有的的	和和我我	人人有有	的的和和	我我有有	的的和和
我我工工	人人要要	有有在在	的的地地	和和地地	有有一一	和和一一
主主产产	不不为为	这这主主	产产不不	为为这这	这这不不	主主为为
主主是是	产产是是	不不中中	为为国国	这这国国	这这同同	主主中中
中中在在	不不有有	为为和和	这这我我	产产有有	为为和和	这这不不
和和中中	的的工工	不不中中	人人为为	我我这这	不不主主	这这中中
民民了了	发发以以	经经民民	了了发发	以以经经	民民了了	发发以以
民民是是	了了地地	发发地地	以以在在	经经要要	经经工工	了了地地
发地以在	经要工了	以在有地	一上不是	中国同民	为这我的	人和产发
人经主工	了以在有	地一上不	是中国同	民为这我	的人和产	发人经主
一一地地	在在要要	工工上上	是是中中	国国同同	和和的的	有有人人

我我主主 产产不不 为为这这 民民了了 发发以以 经经

2. 将上题的文件夹复制、粘贴到金山打字通程序（复制方法见"任务实训7-4"）中进行重复练习，直到输入速度达 60 字/分钟以上。

3. 打开金山打字通程序，进入"五笔打字"→"单字练习"→"课程选择"→"一级简码"进行重复练习，直到输入速度达 60 字/分钟以上。训练时要注意眼睛不能看键盘，坚持做到盲打。

任务三　第一区字根和键面字

第一部分　相 关 知 识

一、第一区字根详解

第一区键位图如图 7-20 所示。

图 7-20　第一区键位图

第一区字根的助记词如下：

11　王旁青头戋五一
12　土士二干十寸雨
13　大犬三羊古石厂
14　木丁西在一四里
15　工戈草头右框七

G 键的字根中，"王"为键名；"一"为笔画字根；"戋"字与"兼"同音，借音转义；以上字根均以"横"为首笔，且第 2 笔也为"横"。

F 键的字根中，"土"为键名；"二"为笔画字根；大多数字根均以"横"为首笔，"竖"为次笔；"干"与"土""士"类似，均为两横（位号为 2）；"甲"与"干"类似。

D 键的字根中，"大"为键名；"三"为笔画字根；"大、犬、石、厂、广"等字根的第 2 笔都是撇；"古"与"石"相近；"手、￡、长"的头 3 笔均为横（位号为 3）。

S 键的字根中，"木"为键名；助记词中的"一四里"指的是"第一区第四个位"；"丁"可联想为在甲、乙、丙、丁……中排第 4，故排在第 4 位，"西"的下部类似"四"，也放在第 4 位。

A 键的字根中，"工"为键名；"戈、匚、七、弋"等的第 2 笔均是折（位号是 5）；其余键均与"艹"类似。

二、键面字的输入方法

本身就是汉字的字根叫作成字字根。成字字根所对应的汉字叫单根汉字或键面字。键面字的输入方法分以下 3 种情况。

1. 键名字

键名字输入方法就是把所在的键连打 4 下。

2. 单笔画字

单笔画字的输入方法就是连打 2 下字根所在的键位（可称为"报户口"）后，再加打 2 次 L 键。即

单笔画字 = 报 2 次户口 + L L

单笔画字的编码表如表 7-3 所示。

表 7-3 单笔画字的编码表

单笔画字	一	丨	丿	、	乙
编码	GGLL	HHLL	TTLL	YYLL	NNLL

其中，"一"是常用字（高频字），只打一下 G 键加空格也可以。

3. 除键名字和单笔画字外的其他键面字

除键名字和单笔画字外的其他键面字的输入方法为：先打一下字根所在的键（可称为"报户口"），再依次打该字的第 1 个笔画、第 2 个笔画以及最后一个笔画；总数不足 4 码时，再加打一次空格键。即

其他键面字 = 报户口 + 首笔笔画 + 次笔笔画 + 末笔笔画

（总数不足 4 码时，加打一次空格键）。

下面以"戈""石""七"3 个字为例说明其他键面字的输入方法，如表 7-4 所示。

表 7-4 其他键面字输入方法举例

键面字	输入方法				编码
	报户口	首笔笔画	次笔笔画	末笔笔画	
戈	戈（G）	一（G）	一（G）	丿（T）	GGGT
石	石（D）	一（G）	丿（T）	一（G）	DGTG
七	七（A）	一（G）	乙（N）	（空格）	AGN

第一区的键面字如下：

王五一戋土　士二干十寸　雨大犬三古　石厂木丁西　工戈七卝廾廿匚弋

第二部分　任务实训

任务实训 7-6　第一区字根练习

日期_____班级_____学号_____姓名_____成绩_____

1. 金山打字通各个版本都有五笔字型分区的字根练习。如在"金山打字通 2003"版本中，进入"五笔打字"→"字根练习"→"课程选择"→"横区字根 GFDSA"中，就可进行字根的输入练习，如图 7-21 所示。

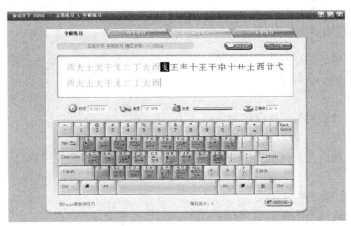

图 7-21 "金山打字通 2003"中五笔打字第一区字根练习界面

如在金山打字通 2013 中，进入首页→"五笔打字"→"字根分区及讲解"（单击右下方的"跳过讲解"）→"字根分区及讲解练习"→"课程选择"→"横区字根"，也可进行分区的字根输入练习，如图 7-22 所示。

图 7-22 "金山打字通 2013"中五笔打字第一区字根练习界面

注意：在字根练习界面练习时，须将输入法改为英文输入状态，且练习时注意在手指击打相应字键后，双手手指均要返回到基准键位上。

2. 继续进行一级简码的输入练习。在"金山打字通 2003"中，进入"五笔打字"→"单字练习"→"课程选择"→"一级简码"进行重复练习，直到输入速度达 80 字/分钟以上。此项练习不仅可作为一级简码的输入练习，也可作为初学者的指法练习之一。训练时要注意坚持做到盲打，为以后的训练打下坚实的基础。

任务实训 7-7 第一区键面字练习

日期_____ 班级_____ 学号_____ 姓名_____ 成绩_____

1. 新建一个名为"五笔字型练习题"的文件夹。在文件夹内新建一个文本文档，命名为"键面字练习.txt"。在此文档中输入以下的键面字。

一 丨 丿 、乙

王五一土士二干十寸雨大犬三古石厂木丁西工戈七弋

2. 对照"五笔字型字根键位图"，试着在文档中继续录入以下其他区的常用键面字。

目上止卜日曰早虫口川田甲四皿车力山由贝几

禾竹白手斤月乃用人八金儿夕

言文方广立辛六门水小火米之

已己尸心羽子耳了也女刀九臼又巴马纟弓匕

3. 将上题的文件夹复制、粘贴到金山打字通程序（复制方法见"任务实训7-4"）中进行重复练习，直至打字速度达 15 字/分钟以上。

任务四　第二区字根和键外字

第一部分　相关知识

一、第二区字根详解

第二区键位图如图 7-23 所示。

图 7-23　第二区键位图

第二区字根的助记词如下：

21　目具上止卜虎皮

22　日早两竖与虫依

23　口中一川三个竖

24　田甲方框四车力

25　山由贝骨下框几

H 键的字根中，"目"为键名；"丨"为单笔画字根；"⺊"可由"止"联想到。键面字有目、上、止、丨、卜。

J 键的字根中，"日"为键名；"刂"为笔画字根；"刂、刂、刂"与两竖类似；"早"的上部为"日"；"虫"比较特殊，也可联想为上部与"口"类似。键面字有日、曰、早、虫、刂。

K 键的字根中，"口"为键名；"川"为笔画字根。键面字有口、川。

L 键的字根中，"田"为键名；"甲、四、皿、罒"及"车"的繁体字均与"田"类似；

"口"俗称"田字框"；"力"字特殊，可将其记为汉语拼音的声母为"L"。键面字有田、甲、四、皿、车、力、口。

M 键的字根中，"山"为键名；除"几"外，其余字根首笔均为竖、次笔均为折；"几"与"几"类似。键面字有山、由、贝、几、几。

二、键外字的输入方法

键外字是指在五笔字根键位图上找不到的汉字。根据键外字所含字根数的不同，其编码规则不同。

① 四根和四根以上的汉字，按书写顺序取其第1、第2、第3及最末的一个字根，共取4码。

② 不足四根的字的输入方法：打完字根码，再补打一个末笔识别码（关于末笔识别码的知识，将在以后的章节中进行详细讲解）。这里有以下两种情况。

由2个字根组成的汉字（二根字），其编码规则为

二根字的编码 = 第1个字根码+第2个字根码 +（识别码）

由3个字根组成的汉字（三根字），其编码规则为

三根字的编码 = 第1个字根码+第2个字根码+第3个字根码+（识别码）

下面举例说明键外字的输入方法，如表7-5所示。

表7-5　　　　　　　　　　　　　　键外字输入方法举例

键外字		字根（编码）	
二根字	左	𠂇　工　（识别码略）	（DA）
	村	木　寸　（识别码略）	（SF）
三根字	硅	石　土　土　（识别码略）	（DFF）
	茵	艹　口　大　（识别码略）	（ALD）
四根及四根以上的字	醛	西　一　艹　王	（SGAG）
	型	一　艹　刂　土	（GAJF）

三、简码输入

按以上规则输入的编码为全码。为了提高汉字输入速度，对于一些常用的字，除了可按它的全码输入外，多数还可以只取前边 2~3 个字根，再加打空格键的方式输入，即用所谓的二、三级简码输入。至于一级简码则是特殊规定的。

1. 一级简码

这是指前面所讲的高频字，只需打单个键加空格，便可打出25个最常用的汉字："一地在要工、上是中国同、和的有人我、主产不为这、民了发以经"，大多数一级简码字的编码是取全码的第一个编码，但以下几个字例外：有、我、不、为、这、发。

2. 二级简码

只输入全码的前两个码，再加空格即可。举例如下。

苟：　艹　丁（空格）

械：　木　戈（空格）

载：　十　戈（空格）

3. 三级简码

只输入全码的前3个码，再加打空格即可。举例如下。

椅：木 大 丁（空格）
震：雨 厂 二（空格）
碍：石 日 一（空格）

第二部分 任 务 实 训

任务实训 7-8 第二区字根练习

日期_____ 班级_____ 学号_____ 姓名_____ 成绩_____

在"金山打字通 2003"中，进入"五笔打字"→"字根练习"→"课程选择"→"竖区字根 HJKLM"进行字根的输入练习。注意：须将输入法改为英文输入状态，且练习时左手的手指要放在基准键位上。在"金山打字通 2013"的练习方法见任务实训 7-6。

任务实训 7-9 第二区组字练习

日期_____ 班级_____ 学号_____ 姓名_____ 成绩_____

1. 新建一个名为"五笔字型练习题"的文件夹，在文件夹内新建一个文本文档，命名为"第二区字根组字练习.txt"，在此文档中输入以下的字（空格和括号内的字均不用输入）。
（二级简码字）

吉百右历　可划功果　虹呈册画　叶呆虽吕　另轩因困　加男进协
查楞或顺　晨蝇曙辊　睛旧崭直　下员朵睦　现虎财于　呀革末左
林械式夺　基枯苛城　寺载霜厅　村革
（三级简码字）

坷哉埋硅　非桔柯棵　枷罩填布　勒若莫茵　茵蜡晶蛔　呵哩品帆
跥咽别咖　架震堪磋　椅棋哥罪　辕蔓颧颗　曝喷嘲嘻　鄙嘶噶横
碍器嘿幅　项苦帅吊　瑞盂贺桌　畸霸柑硅　震磊奔桂　椅棋禁霖
森莽栽某
（无简码字）

韭型槽删　厨桐垣帧　蠢唬堤贵　辈域垣蹒　酣韩露墓　暮募耐匿
勤醛蠕删　薯题帖桐　型噪崖砸　酣醛
（第一、第二区键面字）

王五一戋土　士二干十寸　雨大犬三古　石厂木丁西　工戈七艹廾　廿匚弋
目上止丨卜　日曰早虫刂　口川　田甲四皿车力囗　山由贝门几
（键名字和高频字）

工子又大月　土王目水日　口田山已火　之金白木禾　立女人纟言
工了以在有　地一上不是　中国同民为　这我的要和　产发人经主

2. 将上题的文件夹复制、粘贴到"金山打字通"程序（复制方法见"任务实训 7-4"）中进行重复练习，直至录入速度为每分钟 20 字以上。

任务五　第三区字根

第一部分　相关知识

第三区字根详解如下。
第三区键位图如图 7-24 所示。

图 7-24　第三区键位图

第三区字根的助记词如下：

31　禾竹反文双人立
32　白斤气头手边提
33　月乃用舟家衣底
34　人八登祭把头取
35　金夕乂儿包头鱼

T 键的字根中，"禾"是键名；"竹"包含"⺮"；"丿"是单笔画字根，编码为"TTLL"；"⺈"在助记词中没有，可看成是"竹、夂"的上部；"夂"与"攵"类似。键面字有禾、竹、丿、彳、攵、夂。

R 键的字根中，"白"为键名；"⺮"为笔画字根；"龵"与"手"类似；"厂"是"斤"的左上部。键面字有白、手、斤、扌。

E 键的字根中，"月"为键名；"彡"为笔画字根，"豕""豖""衣""⺆"均与"⺆"类似；"⺗"在助记词中没有，可由"彡"联想。键面字有月、乃、用、彡。

W 键的字根中，"人"为键名，同时也是高频字；"亻"与"人"同义；"八"与"人"形状相似；"夗 夗"与"八"形状相似。键面字有人、八、亻。

Q 键的字根中，"金"为键名；"钅"与"金"同义；"乂"为特殊字根；"儿"与"儿"类似；其余字根的首笔为撇，次笔为折。键面字有金、儿、夕、钅、勹。

第二部分　任务实训

任务实训 7-10　第三区字根练习

日期_____　班级_____　学号_____　姓名_____　成绩_____

在"金山打字通 2003"中，进入"五笔打字"→"字根练习"→"课程选择"→"撇区字根 TREWQ",进行字根的输入练习。注意:须将输入法改为英文输入状态,且练习时右手的手指须放在基准键位上。

任务实训 7-11　第三区字根组字练习

日期＿＿＿＿＿　班级＿＿＿＿＿　学号＿＿＿＿＿　姓名＿＿＿＿　成绩＿＿＿＿

1. 新建一个名为"五笔字型练习题"的文件夹,在文件夹内新建一个文本文档,命名为"第三区字根组字练习.txt",在此文档中输入以下的字(空格和括号内的字均不用输入)。
(二级简码字)

办帮保笔　表伯才采　菜餐长称　持抽处春　从答打代　胆得佃甸
钉多贩腓　风夫负肝　肛格蛤个　各攻共构　垢估骨后　呼胡换会
圾肌极检　匠角介具　克肯扣肋　脸列罗玫　名明内你　年朋睥钱
欠且区全　然扔仍生　失史氏睡　提条铁听　拓外晚胃　无务物吸
析仙向行　胸休秀须　旬押遥原　斩找折针　珍知只肿　珠昨作
(第三区键面字)

禾竹丿彳攵夂　白手斤扌　月乃用彡　人八亻　金儿夕钅勹
(一级简码字)

工了以在有　地一上不是　中国同民为　这我的要和　产发人经主
(二级简码字)

办办帮帮　保保笔笔　表表伯伯　才才采采　菜菜餐餐　长长称称
持持抽抽　处处春春　从从答答　打打代代　胆胆得得　佃佃甸甸
钉钉多多　贩贩腓腓　风风夫夫　负负肝肝　肛肛格格　蛤蛤个个
各各攻攻　共共构构　垢垢估估　骨骨后后　呼呼胡胡　换换会会
圾圾肌肌　极极检检　匠匠角角　介介具具　克克肯肯　扣扣肋肋
脸脸列列　罗罗玫玫　名名明明　内内你你　年年朋朋　睥睥钱钱
欠欠且且　区区全全　然然扔扔　仍仍生生　失失史史　氏氏睡睡
提提条条　铁铁听听　拓拓外外　晚晚胃胃　无无务务　物物吸吸
析析仙仙　向向行行　胸胸休休　秀秀须须　旬旬押押　遥遥原原
斩斩找找　折折针针　珍珍知知　只只肿肿　珠珠昨昨　作作

2. 将上题的文件夹复制、粘贴到"金山打字通"程序(复制方法见"任务实训 7-4")中进行重复练习,直至录入速度为每分钟 30 字以上。

任务六　第四区字根

第一部分　相 关 知 识

第四区字根详解如下。
第四区键位图如图 7-25 所示。

图 7-25　第四区键位图

第四区字根的助记词如下：

41　言文方广谁人去

42　立辛两点六门病

43　水族三点兴头小

44　火里业头四点米

45　之字宝盖补 礻 衤

Y 键的字根中，"言"为键名；"讠"与"言"同义；"丶"为单笔画字根，编码为"YYLL"；其他字根均是首笔为点，次笔为横；"亠"与"言"类似。键面字有言、文、方、广、讠、亠、丶。

U 键的字根中，"立"为键名；"丷"和"冫"均为笔画字根；"六""辛"与"立"类似；"门"的首笔为点，次笔为竖；除"门"外，其余字根均有两点。键面字有立、辛、六、门、冫、丬、疒。

I 键的字根中，"水"为键名；"氵"为笔画字根；"小"与三点类似。键面字有水、小、氵。

O 键的字根中，"火"为键名；"灬"为笔画字根。键面字有火、米、灬。

P 键的字根中，"之"为键名字；"辶、廴"与"之"类似；"冖"与"礻"的首笔均为点，次笔均为折；"宀"与"冖"类似。要注意的是，字根"礻"不带点，要组成"礻"或"衤"必须另外补充 1 个点或 2 个点。这个键位的键面字有之、宀、冖、辶、廴。

第二部分　任 务 实 训

任务实训 7-12　第四区字根练习

日期＿＿＿＿＿班级＿＿＿＿＿学号＿＿＿＿＿姓名＿＿＿＿＿成绩＿＿＿＿＿

在"金山打字通 2003"中，进入"五笔打字"→"字根练习"→"课程选择"→"捺区字根 YUIOP"，进行字根的输入练习。注意：须将输入法改为英文输入状态，且练习时左手的手指要放在基准键位上。

任务实训 7-13　第四区字根组字练习

日期＿＿＿＿＿班级＿＿＿＿＿学号＿＿＿＿＿姓名＿＿＿＿＿成绩＿＿＿＿＿

1. 新建一个名为"五笔字型练习题"的文件夹，在文件夹内新建一个文本文档，命名为"第四区字根组字练习.txt"，在此文档中输入以下的字（空格和括号内的字均不用输入）。

（二级简码字）

爱暗半瓣	边变宾冰	并泊步部	灿偿吵炒	赤炽磁粗
达淡档灯	迪帝订定	锭东度罚	法凡芳放	坟粉烽高
宫关管光	过害煌晃	灰伙寂及	计家尖间	浙江交胶
较杰近景	久就军科	客空宽困	扩拉来乐	类料辚刘
搂嘛没煤	们迷眯秒	宁炮平普	前峭亲庆	秋让认入
闰洒砂闪	商少社审	实示守术	说诉太膛	啼瞳宛汪
瞎显宵肖	信兴喧眩	学训烟炎	燕洋样业	衣义玉匀
晕灾澡灶	曾增赠粘	站芝炙宙	朱烛注浊	棕

（第四区键面字）

言文方广 讠 亠、 立辛六门 氵冫 疒 水小 氵 火米 灬 之 宀 冖 辶 廴

（一级简码字）

工了以在有 地一上不是 中国同民为 这我的要和 产发人经主

（二级简码字）

爱爱暗暗	半半边边	变变宾宾	并并步步	部部偿偿	赤赤磁磁
粗粗达达	档档灯灯	迪迪帝帝	订订定定	东东度度	罚罚法法
凡凡芳放	粉粉高高	关关管管	光光过过	伙伙及及	计计家家
尖尖间间	渐渐江江	交交较较	杰杰近近	景景久久	就就军军
科科客客	空空宽宽	困困扩扩	拉拉来来	乐乐类类	料料刘刘
没没煤煤	们们迷迷	秒秒宁宁	炮炮平平	普普前前	亲亲庆庆
秋秋让让	入入闪闪	商商少少	社社审审	实实示示	守守术术
说说诉诉	显显肖肖	信信兴兴	学学训训	燕燕洋洋	样样业业
衣衣义义	玉玉匀匀	晕晕曾曾	增增粘粘	站站宙宙	朱朱注注

2. 将上题的文件夹复制、粘贴到金山打字通程序（复制方法见"任务实训 7-4"）中进行重复练习，直至录入速度为每分钟 30 字以上。

任务七 汉字拆分原则

第一部分 相 关 知 识

一、汉字的结构

1. 汉字的结构

汉字由字根组成。汉字的结构取决于组成汉字的字根之间的位置关系。汉字的结构可分为 4 种类型：单根结构、交叉结构、连笔结构、离散结构。

（1）单根结构。只由一个字根组成的结构，如王、五、日等。

（2）交叉结构。由两个或几个字根交叉套叠组成的结构，如果、农、申、央等。

（3）连笔结构。由一个单笔画字根和另一个字根连接组成的结构，如夭、且、入、乏、自等。

连笔结构包括带点结构，即一个字根和一个点组成的结构，如勺、术、太、刃等。这种

结构中的点与字根可近可远，可连可不连。故一个字根之前或之后的孤立的点，一律视作是与字根相连。

（4）离散结构。有以下两种情况。

① 离：组成汉字的字根之间保持有一定的距离（不相连、不相交）的结构，如林、磊、知、旦、豆。

② 散：指由两个或多个相连的非单笔画字根组成的结构，如足、矢等。

综上所述，汉字的结构如图7-26所示。

2."连"与"散"的区别

两个字根相连，有以下两种情况。

① 如果其中有一个是单笔画字根，则属连笔结构。

② 如果两个都是非单笔画字根，则属离散结构。

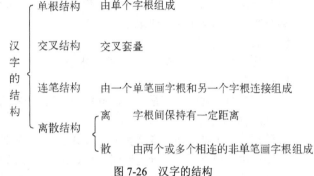

图 7-26　汉字的结构

二、汉字的拆分原则

汉字的拆分原则为按书写顺序、取大优先、能散不连、能连不交、兼顾直观。

1. 书写顺序

在拆分汉字的时候，要注意按照汉字的书写顺序来拆分。其一般规定为先左后右、先上后下、先横后竖、先撇后捺等。举例如下。

新：　立　木　斤　　　　　√
新：　立　斤　木　　　　　×

2. 取大优先

在按书写顺序拆分时，汉字不能无限制地被拆分下去，否则都拆成了单笔画字根了。应当每次都拆取一个尽可能大的字根，即拆分出的字根含有尽可能多笔画，使被拆分的字所含的字根数尽可能少。举例如下。

克：　古　儿　　　　　　　√
克：　十　口　儿　　　　　×
克：　一　丨　丨　乙　　　×
高：　亠　冂　口　　　　　√
高：　亠　口　冂　口　　　×
高：　、　一　丨　一　　　×

3. 能连不交

这是指一个汉字若能按"连笔结构"拆分，就不要按"交叉结构"拆分。举例如下。

天：　一　大　　　（连笔结构）√
天：　二　人　　　（交叉结构）×
生：　丿　　　　　（连笔结构）√
生：　广　土　　　（交叉结构）×

4. 能散不连

这是指一个汉字若能按"离散结构"拆分，就不要按"连笔结构"拆分。举例如下。

午：　亻　十　　　　　（离散结构）√
午：　丿　干　　　　　（连笔结构）×

5. 兼顾直观

这是指在拆字时，尽量照顾到汉字的直观性。举例如下。

困：　囗　木　　　√
困：　冂　木　一　　×
丰：　三　丨　　　√
丰：　二　十　　　×

第二部分　任务实训

任务实训 7-14　汉字拆分练习

日期_____班级_____学号_____姓名_____成绩_____

1. 新建一个名为"五笔字型练习题"的文件夹，在文件夹内新建一个文本文档，命名为"汉字拆分练习.txt"，在此文档中输入以下的字（空格和括号内的字均不用输入）。

（二级简码字）

钱氏啼外	芳铁宛物	打载无洋	务吸宵信	向兴胸学	样商赤因
另年少男	末时南曲	换事顺天	虽现协下	代介东呀	央于册开
员右则遇	得定定凡	罚春丰果	普法风放	夫高负攻	各个本就
百财来查	没们炮城	虎划基画	或进并采	步术亲具	久且科空
克平乐牙	菜区长闪	家及失史	天生		

（三级简码字）

币敝贬睬	闭辨便兵	斌菠丙裁	博病捕舶	补渤蔡材	彩簇糙残
促瘥磋脆	粹挫贷但	带祷担党	低德敌撞		

（无简码字）

筒偷喂兔	挽窝熙献	辖斜嗅携	猖挼敞颤	趁常澄擎	酬痴穿溜
捶锄船猿	俗				

（综合练习）

氏氏物物	载载无无	学学商商	赤赤年年	少少末末	曲曲事事
天天下下	东东呀呀	央央于于	遇遇春春	果果风风	夫夫高高
来来城城	虎虎基基	或或进进	并并采采	步步亲亲	具具久久
且且就就	空空克克	平平乐乐	牙牙区区	长长闪闪	及及失失
史史生生	开开币币	敝敝贬贬	闭闭便便	兵兵斌斌	丙丙裁裁
博博病病	舶舶补补	材材彩彩	簇簇糙糙	残残磋磋	脆脆粹粹
挫挫贷贷	但但带带	低低敌敌	兔兔熙熙	献献辖辖	斜斜携携
挼挼敞敞	颤颤趁趁	常常酬酬	痴痴穿穿	捶捶锄锄	溜溜船船

2. 将上题的文件夹复制、粘贴到金山打字通程序（复制方法见"技能训练 7-4"）中进行重复练习，直至录入速度为每分钟 30 字以上。

任务八　第五区字根

第一部分　相关知识

第五区字根详解如下。

第五区键位图如图 7-27 所示。

图 7-27　第五区键位图

第五区字根的助记词如下：

51　已类左框心尸羽

52　子耳了也框上举

53　女刀九巛臼山倒

54　又巴劲头私马依

55　绞丝互腰弓和匕

N 键的字根中，"已"是键名；"乙"是单笔画字根，编码为 NNLL；"已、己、巳、尸"及"彐"的首笔为折，次笔为横；"心（含忄、⺗）"和"羽"属其他类字根，为特殊字根。键面字有已、己、巳、尸、心、羽、乙。

B 键的字根中，"子"为键名；"了"与"子"类似；"巛"为笔画字根；"耳"与"阝"同义；其他字根首笔均为折，次笔均为竖。键面字有子、耳、了、也、孑、卩、阝、凵。

V 键的字根中，"女"为键名；"巛"为笔画字根；"臼"和"彐"为其他类字根，是特殊字根。键面字有：女、刀、九、臼、彐、巛。

C 键的字根中，"又"是键名；"ㄋㄨㄙ"均与"又"类似；"巴""马"为其他类字根，是特殊字根。键面字有：又、巴、马、厶。

X 键的字根中，"纟"为键名；"纟纟彑"的第一笔、第二笔均为折；"弓"和"匕"为其他类字根，是特殊字根；键面字有：纟、弓、匕、幺。

第二部分　任务实训

任务实训 7-15　第五区字根练习

日期_____　班级_____　学号_____　姓名_____　成绩_____

在"金山打字通 2003"中，进入"五笔打字"，"字根练习"→"课程选择"→"折区字根 NBVCX"，进行字根的输入练习。注意：须将输入法改为英文输入状态。

任务实训 7-16   第五区字根组字练习

日期_____ 班级_____ 学号_____ 姓名_____ 成绩_____

1. 新建一个名为"五笔字型练习题"的文件夹，在文件夹内新建一个文本文档，命名为"第五区字根组字练习.txt"，在此文档中输入以下的字（空格和括号内的字均不用输入）。

（二级简码字）

阿包报必	避服惭忱	陈池耻出	导电断雪	队防孤怀	季记际降
叫节届居	离李联辽	卢屡秘亿	怕岂邮愉	悄沁世收	甩孙所他
屯卫闻习	凶吧杨阳	最安反字	与阵职志	陛参弛充	此当北比
到邓纺肥	分冯凤妇	第对纲给	公姑怪观	归轨汉好	互化毁婚
级继纪艰	恨红结紧	舅累良寻	灵龙轻率	绿妈能么	绵牟姆哪
奶难批皮	妻强取权	劝如弱扫	色纱双它	线妥戏细	台烃嫌限
巡眼药友	姨引约允	杂张涨争	支脂妆长	成承顾官	决矣切肆

（第五区键面字）

已己巳尸心羽乙 子耳了也子 卩阝凵 女刀九臼彐巛

又巴马厶 纟弓匕幺

（一级简码字）

工了以在有 地一上不是 中国同民为 这我的要和 产发人经主

（综合练习）

包包报报	必必服服	惭惭忱忱	陈陈出出	导导电电	断断孤孤
怀怀叫叫	节节离离	联联卢卢	亿亿岂岂	世世收收	甩甩所所
他他卫卫	闻闻习习	凶凶杨杨	最最反反	与与弛弛	充充此此
当当北北	到到互互	分分妇妇	第第纲纲	观观好好	毁毁继继
艰艰舅舅	累累良良	龙龙轻轻	率率绿绿	妈妈能能	哪哪奶奶
皮皮妻妻	弱弱色色	线线妥妥	烃烃雪雪	巡巡友友	允允肆肆
张张争争	支支妆妆	长长成成	承承顾顾	官官决决	矣矣切切

2. 将上题的文件夹复制、粘贴到金山打字通程序中进行重复练习，直至录入速度为每分钟 40 字以上。

任务九   识   别   码

第一部分   相 关 知 识

一、引入识别码的原因

比较下面两组汉字的字根编码。

第1组：叭　只
第2组：沐　汀　洒

第1组两个字的字根相同，其字根编码均为KW；第2组虽然字根不相同，但因其字根所在键位相同，故其字根编码均为IS。如果这些字仅靠字根来定编码，就会带来很多重码，致使打字时将时间浪费在在众多个重码字当中选字的过程中，影响打字的速度。为了解决二字根汉字和三字根汉字的重码问题，五笔字型引入了"末笔识别码"（简称"识别码"）的方法。末笔识别码是五笔字型输入法区别于其他输入法的最重要特点，是使五笔字型输入法中极少重码出现的关键性技术。

二、识别码的输入方法

1. 汉字的字型

除单根字外，根据组成汉字字根之间的位置关系，可以将汉字分为3种字型，如表7-6所示。

表7-6　　　　　　　　　　汉字的字型

字型代号	字型	例字
1型	左右型	汉、输、法
2型	上下型	笔、字、型
3型	杂合型	入、中、国

左右型又称"1型"，上下型又称"2型"，杂合型又称"3型"。字根之间无明显的左右或上下之分，字根与字根相互交叉，或者又交叉又连笔，或者一个字根包围着另一个字根的情况均属于杂合型。

以下几种情况要特别说明。

① 属于交叉结构和连笔结构的二根字一律属于杂合型，如申、里、自、乏、且、夫、入。

② 因一个字根之前或之后孤立的点，一律视作与字根相连，故所组成的字均为杂合型，如勺、太、术、义。

2. 识别码的输入方法

对于左右型（1型）字，字根打完之后，补打1个末笔画构成的"单笔画字根"。例如：

沐：　氵　木　（丶）
汀：　氵　丁　（丨）
洒：　氵　西　（一）
杉：　木　彡　（丿）
孔：　子　乙　（乙）

对于上下型（2型）字，字根打完之后，补打由两个末笔画叠加而成的"两笔画字根"。例如：

卉：　十　廾　（川）
芦：　艹　、　尸　（彡）
仑：　人　匕　（巛）
余：　人　禾　（乀）

召： 刀 口 ②

对于杂合型（3型）字，字根打完之后，补打由 3 个末笔画叠加而成的"三笔画字根"。例如：

回： 囗 口 ③

击： 二 山 Ⅲ

床： 广 木 ☰

勿： 勹 刀 多

亏： 二 乙 巛

在以上的例子中，我们用 15 个笔画字根"一、丨、丿……巛"加个圆圈共 15 个符号代表识别码。在实际输入中，只打圆圈里的笔画字根所在的键即可，圆圈仅仅是为了便于辨认。我们将 15 个代表识别码的符号汇总在一起，可以得到下面的末笔识别码汇总图，如图 7-28 所示。

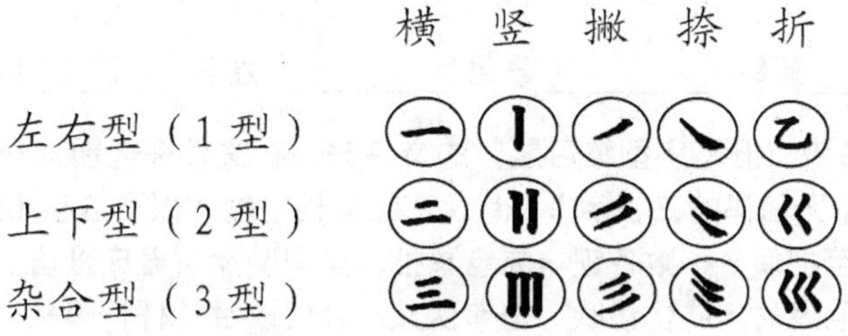

横　竖　撇　捺　折

左右型（1型）　①　丨　丿　丶　乙

上下型（2型）　二　Ⅱ　丷　丿　巛

杂合型（3型）　三　Ⅲ　多　☰　巛

图 7-28　末笔识别码汇总图

三、识别码的特殊约定

为了进一步减少重码，对于所有包围型汉字，约定其末笔为被包围的那部分字根的末笔。这一规定与一般笔顺不同的只出现在用"辶"或"廴""戈""囗"作外围的杂合型汉字中。举例如下。

连： 车 辶 Ⅲ

廷： 丿 士 廴 三

戒： 戈 廾 Ⅲ

圆： 囗 口 贝 ☰

但是，如果用"辶"包围一个字根后与另一个字根组成左右型或上下型的三根字，则这个三根字的末笔仍为包围的那个字根（"辶"）的末笔。举例如下。

链： 钅 车 辶 丶

莲： 艹 车 辶 丿

对于字根"九""刀""力""匕"，约定一律以其"伸"得最长的"折"笔来确定识别码。举例如下。

仇： 亻 九 乙

彻： 彳 七 刀 乙

叻： 口 力 乙

仑： 人 匕 巛

"我""戋""成""戈"的末笔遵循"从上到下"的约定，一律约定"丿"为其末笔。举例如下。

227

笺： ⺮ 戋 ②

伐： 亻 戈 ①

对于"义""太""户""刃""术"等字中的"单独点"（即字根附近的单独点），离字根的距离很难确定，可远可近，为统一起见，认为"点"是与字根"粘"在一起的，视为"杂合型"。举例如下。

户： 、 尸 ③

刃： 刀 、 ②

第二部分　任　务　实　训

任务实训7-17　常规的识别码输入练习

日期_____班级_____学号_____姓名_____成绩_____

1. 新建一个名为"五笔字型练习题"的文件夹，在文件夹内新建一个文本文档，命名为"识别码练习1（无简码的二根字）.txt"，在此文档中输入以下的字（空格不用输入）。

艾哀叭扒　疤笆把坝　柏败备钡　泵仓草扯　尘闯驰斥　丑床丹笛
叮冬斗杜　肚厄洱坊　肪仿访吠　奋弗伏父　讣付改甘　杆秆冈杠
汞勾咕沽　辜蛊故圭　汗弘皇卉　汇讥击忌　贾钾奸茧　见她仅京
井句巨卡　刊看扛苦　库匡旷矿　垃兰雷泪　里利隶栗　粒疗吝码
码蚂吗麦　冒枚眉闷　孟苗庙闽　亩尿农弄　奴拍匹粕　仆扑朴栖
齐企泣芹　青去泉冉　仁茸冗汝　杀晒汕声　什矢屎仕　私宋粟岁
叹讨套汀　头秃吐驮　枉旺未位　纹蚊问毋　吾午伍汐　昔矽硒匣
闲香享忻　芯锌杏兄　玄驯岩厌　喑羊舀耶　曳页沂亦　异邑翌音
应佣拥痈　油铀酉予　余驭元钥　云孕宰皂　责闸盏章　召兆址舟
肘庄壮状　卓仔孜走　足
把把坝坝　柏柏备备　泵泵仓仓　草草扯扯　尘尘闯闯　驰驰斥斥
丑丑床床　丹丹笛笛　叮叮冬冬　斗斗杜杜　厄厄洱洱　访访奋奋
伏伏父父　付付改改　甘甘杆杆　冈冈汞汞　勾勾沽沽　辜辜故故
汗汗弘弘　皇皇卉卉　汇汇击击　忌忌贾贾　见见她她　仅仅京京
井井句句　巨巨卡卡　刊刊看看　扛扛苦苦　库库匡匡　旷旷垃垃
兰兰雷雷　泪泪里里　利利隶隶　栗栗粒粒　疗疗吝吝　吗吗麦麦
冒冒枚枚　眉眉闷闷　孟孟苗苗　庙庙闽闽　亩亩农农　弄弄奴奴
拍拍匹匹　仆仆齐齐　企企泣泣　芹芹青青　去去泉泉　冉冉仁仁
茸茸汝汝　杀杀晒晒　汕汕声声　什什矢矢　仕仕私私　宋宋粟粟
岁岁叹叹　讨讨套套　头头秃秃　枉枉未未　位位纹纹　问问毋毋
吾吾午午　伍伍昔昔　闲闲香香　享享芯芯　杏杏兄兄　玄玄岩岩
厌厌羊羊　舀舀耶耶　曳曳页页　亦亦异异　邑邑翌翌　音音应应
油油铀铀　酉酉予予　余余元元　云云孕孕　宰宰责责　章章召召
兆兆址址　舟舟庄庄　壮壮状状　卓卓仔仔　孜孜走走　足足

2. 将上题的文件夹复制、粘贴到"金山打字通"程序中进行重复练习，直至录入速度为每分钟 15 字以上。

3. 新建一个名为"五笔字型练习题"的文件夹，在文件夹内新建一个文本文档，命名为"识别码练习 2（无简码的三根字）.txt"，在此文档中输入以下的字（空格不用输入）。

岸皑拜拌　卑狈剥厕　岔场倡程　臭触待单　悼等饵忿　粪封拂赶
皋告苟刮　挂闺豪葫　惶昏荤霍　伎剂佳肩　涧秸惊竞　炯卷抉钧
抗恩哭框　奎坤烂蕾　厘凉晾漏　芦旅美谜　拈捏涅判　刨票奇茄
怯琼蛆雀　润腮扇尚　市誓谁诵　酥坍贴童　徒推洼唯　紊芜捂悟
惜湘翔屑　刑洶绣锈　阎彦秧佯　仰蛹誉翟　债砧值植　痔置住坠
谆阻

岸岸拜拜　卑卑场场　倡倡程程　触触待待　单单等等　封封赶赶
告告苟苟　刮刮挂挂　豪豪昏昏　荤荤霍霍　剂剂佳佳　肩肩涧涧
惊惊竞竞　炯炯卷卷　抉抉抗抗　恩恩哭哭　框框坤坤　烂烂蕾蕾
厘厘凉凉　漏漏芦芦　旅旅美美　谜谜拈拈　捏捏判判　刨刨票票
奇奇茄茄　怯怯琼琼　雀雀润润　腮腮扇扇　尚尚市市　誓誓谁谁
诵诵贴贴　童童徒徒　推推唯唯　悟悟惜惜　湘湘翔翔　屑屑刑刑
洶洶绣绣　阎阎彦彦　秧秧仰仰　誉誉翟翟　债债值值　植植置置
住住坠坠　谆谆阻阻

4. 将上题的文件夹复制、粘贴到"金山打字通"程序中进行重复练习，直至录入速度为每分钟 15 字以上。

任务实训 7-18　特殊约定情况的识别码输入练习

日期＿＿＿＿＿　班级＿＿＿＿＿　学号＿＿＿＿＿　姓名＿＿＿＿＿　成绩＿＿＿＿

1. 新建一个名为"五笔字型练习题"的文件夹，在文件夹内新建一个文本文档，命名为"识别码练习 3（无简码的二根字）.txt"，在此文档中输入以下的字（空格和括号内的字均不用输入）。

（带单笔画字根的二根字）

艺气孔鱼　轧札乞扎　幻旦正千　万丫自升　血牛尺飞　乡歹亏丘
乏壬申巾　亡刀尹丸　叉丈尤舌　刃勺户

（带单笔画字根的三根字）

今屹仲　仟钟虾吁　忘卯犯酒　庐泄扦讫　羌疟沃渔　礼忙买忍
妒钓爪巧凹

（识别码有特殊约定情况的字）

回连迫　逐夯栈戎　戒囚贱笺　伐仇浅仑　饯溅劫庱　贼廷囱筋　圆彻固

（综合练习）

艺艺气气　孔孔鱼鱼　轧轧札札　乞乞扎扎　幻幻旦旦　正正千千
万万丫丫　升升自自　血血牛牛　尺尺飞飞　乡乡歹歹　亏亏丘丘
乏乏壬壬　申申巾巾　亡亡刀刀　尹尹丸丸　叉叉丈丈　尤尤舌舌
刃刃勺勺　户户今今　屹屹仲仲　仟仟钟钟　虾虾吁吁　忘忘卯卯
犯犯酒酒　庐庐泄泄　扦扦讫讫　羌羌疟疟　沃沃渔渔　礼礼忙忙
买买忍忍　妒妒钓钓　爪爪巧巧　凹凹回回　连连迫迫　逐逐夯夯

栈栈戎戎　戒戒囚囚　贱贱笺笺　伐伐仇仇　浅浅仑仑　饯饯溅溅
劫劫房房　贼贼廷廷　囱囱筋筋　圆圆彻彻　固固

2. 将上题的文件夹复制、粘贴到"金山打字通"程序中进行重复练习，直至录入速度为每分钟 15 字以上。

任务十　单 字 录 入

第一部分　相 关 知 识

一、王码"五笔字型"86 版的输入法小结

综合以上各节的内容，可以得出下面的"五笔字型编码流程图"，如图 7-29 所示。

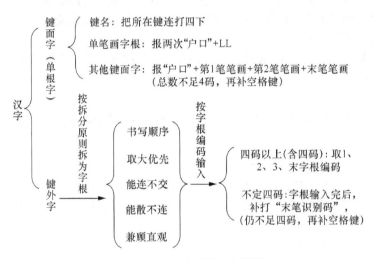

图 7-29　五笔字型编码流程图

二、常用汉字

"五笔字型 86 版"能输入国家标准 GB2312-80《信息交换用汉字编码字符集——基本集》的全部 6 763 个汉字。其中一级字库为常用字，有 3 755 个，二级字库为不常用字，有 3 008 个。一级字库在现代汉语资料中的使用频率在 99%以上。根据出版部门的抽样统计，汉字中最常用的有五百多个字。初学文字录入的人员努力提高常用汉字的录入速度，是提高整体打字速度的有效途径之一。

常用字的录入可在"金山打字通"程序中练习。如使用的是"金山打字通 2003"版本，则在首页单击"五笔打字"，再进入"单字练习"页面后，单击右上角的"课程选择"，在弹出的课程选择对话框中选择"常用字"即可练习，如图 7-30 所示。

如使用的是"金山打字通 2013"版本，则在首页单击"五笔打字"，再进入"单字练习"，在右上角"课程选择"下拉菜单中选择"常用字 1""常用字 2""常用字 3"或"常用字 4"进行练习，如图 7-31 所示。

图 7-30 "金山打字通 2003" 常用字练习界面

图 7-31 "金山打字通 2013" 常用字练习界面

第二部分 任 务 实 训

任务实训 7-19 常用字录入练习一

日期_____ 班级_____ 学号_____ 姓名_____ 成绩_____

1. 新建一个名为"五笔字型练习题"的文件夹，在文件夹内新建一个文本文档，命名为"常用字练习一.tx"，在此文档中输入以下的字（空格不用输入）。

的一是在了　不和有在这　主中人上为　人地个用工　时要动国产
以我到他会　作来分生对　于学下级义　就年阶发成　部民可出能

方进同行面　说种过命度　革而多子后　自社加小机　也经力线本
电高量长党　得实家定深　法表套水理　化争现所二　起政三好十
战无农使性　前等反体合　斗路图把结　第里正新开　论之物从当

2. 将上题的文件夹复制、粘贴到"金山打字通"程序中进行重复练习，直至录入速度为每分钟60字以上。

任务实训 7-20　常用字录入练习二

日期_____班级_____学号_____姓名_____成绩_____

1. 新建一个名为"五笔字型练习题"的文件夹，在文件夹内新建一个文本文档，命名为"常用字练习二.txt"，在此文档中输入以下的字（空格不用输入）。

两些还天资　事队批如应　形想制心样　干都向变关　点育重其思
与间内去因　件日利相由　压员气业代　全组数果期　导平各基月
毛然问比或　展那它最及　外没看治提　五解系林者　米群头意只
明四道马认　次文通但条　较克又公孔　领军流入接　席位情运器
并习原油放　立题质指建　区验活众很　教决特此常　石强极土少

2. 将上题的文件夹复制、粘贴到"金山打字通"程序中进行重复练习，直至录入速度为每分钟60字以上。

任务实训 7-21　常用字录入练习三

日期_____班级_____学号_____姓名_____成绩_____

1. 新建一个名为"五笔字型练习题"的文件夹，在文件夹内新建一个文本文档，命名为"常用字练习三.txt"，在此文档中输入以下的字（空格不用输入）。

已根共直团　统式转别造　切九你取西　持总料连任　志观调么七
山程百报更　见必真保热　委手改管处　己将修支识　病象先老光
专几什六型　具示复安带　每东增则完　风回南广劳　轮科北打积
车计给节做　务被整联步　类集号列温　装即毫轴知　研单色坚据
速防史拉世　设达尔场织　历花受求传　口断况采精　金界品判参

2. 将上题的文件夹复制、粘贴到"金山打字通"程序中进行重复练习，直至录入速度为每分钟60字以上。

任务实训 7-22　常用字录入练习四

日期_____班级_____学号_____姓名_____成绩_____

1. 新建一个名为"五笔字型练习题"的文件夹，在文件夹内新建一个文本文档，命名为"常用字练习四.txt"，在此文档中输入以下的字（空格不用输入）。

层止边清至　万确究书低　术状厂须离　再目海交权　且儿青才证
越际八试规　斯近注办布　门铁需走议　县兵虫固除　般引齿千胜
细影济白格　效置推空配　刀叶率令选　养德话查差　半敌始片施

响收华觉备　名红续均药　标记难存测　士身紧液派　准斤角降维
板许破述技　消底床田势　端感往神便　圆村构照容　非搞亚磨族

2. 将上题的文件夹复制、粘贴到"金山打字通"程序中进行重复练习，直至录入速度为每分钟 60 字以上。

任务十一　词　组　输　入

第一部分　相关知识

为了提高输入速度，五笔字型输入法不仅解决了单字 4 个编码即可输入的问题，还设计了多字词组也是 4 个编码完成输入的功能，可以输入双字词组、三字词组、四字和四字以上词组。

一、双字词组的输入方法

双字词组在汉语中所占的比例非常大，熟练掌握双字词组的输入能大大提高汉字录入速度。双字词组的编码规则是：取每字全码的前 2 码（共 4 码）。举例如下。

汉语：　氵　又　讠　五　（ICYG）
词组：　讠　乙　纟　且　（YNXE）
规则：　二　人　贝　刂　（FWMJ）

二、三字词组的输入方法

三字词组的编码规则是：取前两字全码的第 1 码和最后一字全码的第 1、第 2 码。举例如下。

河南省：　氵　十　小　丿　（IFIT）
运动员：　二　二　口　贝　（FFKM）
集装箱：　亻　丬　灬　木　（WUTS）

三、四字和四字以上词组的输入方法

四字和四字以上词组输入的编码规则是：取第 1、第 2、第 3、末字全码的第 1 码。举例如下。

脚踏实地：　月　口　宀　土　（EKPF）
风调雨顺：　几　讠　雨　川　（MYFK）
新疆维吾尔自治区：　立　弓　纟　匚　（UXXA）

第二部分　任务实训

任务实训 7-23　双字词组练习

日期_____　班级_____　学号_____　姓名_____　成绩_____

1. 新建一个名为"五笔字型练习题"的文件夹，在文件夹内新建一个文本文档，命名为"双字词组练习.txt"，在此文档中输入以下的字（空格不用输入）。

阿姨安详	百货办法	帮助宝库	保留报偿	北极本领	比喻笔记
碧绿标本	表达表示	并列步行	才干采访	参谋操作	测定缠绵
彻底成就	成效吃惊	抽查出来	传授春节	从前粗壮	摧毁错误
打扫代码	待查当时	导弹到达	得当得分	等价调查	叮咛定额
对称对待	罚款法则	法治烦恼	方案防范	放松分开	分钟风波
封锁否定	服装符号	复制改装	感觉感受	岗位高层	高尚告示
格调根本	公开更好	巩固姑娘	关键观察	管辖光顾	规定过去
汉字好感	合作很多	会员机器	积累集体	技巧家具	坚持解放
戒严开创	夸奖理解	明确恰当	亲切情况	确定如果	设计时代
条件听说	突然完成	维修问候	细节现代	销量写出	欣赏许多
学期巡逻	研究意识	音标隐私	原稿远近	阅历责备	珍惜整齐
证据支撑	直接智能	钟情注意	装修准确	总计作风	贡献固然
合资宏观	互相基础	继续尖端	结构进度	竞争局势	捐款觉悟
开放考试	可能课堂	枯燥满意	免费模糊	难题偶像	佩服批准
平等期待	勤俭趋势	权衡认定	任何扫描	声音实际	数学虽然
态度题材	条款推测	无数物理	稀奇喜欢	胸怀宣布	选购学报

2. 将上题的文件夹复制、粘贴到"金山打字通"程序中进行重复练习，直至录入速度为每分钟 40 字以上。

任务实训 7-24 三字词组练习

日期_____ 班级_____ 学号_____ 姓名_____ 成绩_____

1. 新建一个名为"五笔字型练习题"的文件夹，在文件夹内新建一个文本文档，命名为"三字词组练习.txt"，在此文档中输入以下的字（空格不用输入）。

安徽省	奥运会	芭蕾舞	百分比	百家姓	办公室	包装箱
北冰洋	北京市	北美洲	备忘录	比例尺	必修课	必要性
毕业生	闭幕式	编辑部	变压器	辩护人	博物馆	不定期
裁判员	采购员	参考书	长春市	长沙市	超声波	潮乎乎
成交额	出版社	出勤率	出租车	存储器	大部分	大多数
代理人	党支部	档案室	导火线	德智体	登记处	等价物
迪斯科	地下室	地中海	电磁波	东道主	董事长	动植物
二进制	发言人	反作用	方向盘	防疫站	房地产	服务业
辅导员	负责人	附加税	复印机	复杂性	覆盖率	基本功
基金会	吉祥物	计算机	记录本	检察官	建筑物	教育界
老百姓	理事会	立方体	门外汉	平均数	平均值	青霉素
日用品	商业区	沈阳市	审计署	审批权	其至于	生产力
生产率	实验室	收发室	说明书	统计表	投资额	文件夹
无线电	五线谱	信息量	学分制	研究生	一部分	营业额
增值税	信用卡	星期六	业务员	营业员	有效期	自然界

2. 将上题的文件夹复制、粘贴到"金山打字通"程序中进行重复练习，直至录入速度为每分钟 40 字以上。

任务实训 7-25　四字和四字以上词组练习

日期＿＿＿＿＿　班级＿＿＿＿＿　学号＿＿＿＿＿　姓名＿＿＿＿＿　成绩＿＿＿＿＿

1. 新建一个名为"五笔字型练习题"的文件夹，在文件夹内新建一个文本文档，命名为"四字和四字以上词组练习.txt"，在此文档中输入以下的字（空格不用输入）。

安然无恙　奥林匹克　百花齐放　闭门造车　宾至如归　不翼而飞
藏龙卧虎　察言观色　朝气蓬勃　成本核算　诚心诚意　出谋划策
触景生情　触类旁通　触目惊心　大刀阔斧　大显身手　道听途说
得寸进尺　繁荣昌盛　港澳同胞　高深莫测　国民经济　海阔天空
活灵活现　集成电路　精益求精　苦口婆心　来龙去脉　扭亏为盈
平等互利　气势磅礴　日积月累　深谋远虑　实际情况　谈笑风生
完整无缺　唯物主义　文不对题　显而易见　信息处理　斩钉截铁
振兴中华　尊重知识　遵照执行　作茧自缚　作威作福　百尺竿头
百闻不如一见　辩证唯物主义　打破砂锅问到底　更上一层楼
广西壮族自治区　理论联系实际　内蒙古自治区　宁夏回族自治区　全国人民代表大会　人民代表大会　西藏自治区　新疆维吾尔自治区　塔克拉玛干沙漠　喜马拉雅山脉

2. 将上题的文件夹复制、粘贴到"金山打字通"程序中进行重复练习，直至录入速度为每分钟 40 字以上。

任务十二　文 章 录 入

第一部分　相 关 知 识

一、标点符号输入方法

标点符号主要分布在主键盘上。英文的标点符号的输入训练可在"金山打字通"进行。在"金山打字通 2003"中的练习界面是在首页→"英文打字"→"键位练习（初级）"，选择"课程 14——英文标点符号"。在"金山打字通 2013"的练习界面是在首页→"新手入门"→"符号键位"。在练习过程中，屏幕下方有绿色或蓝色小圆泡的手指就是字母所对应的手指。手指在击键后要回归基准键位，要坚持眼睛不看键盘，做到盲打。同时，如果用到上档键，可用另一只手的小拇指按住 Shift 键，再单击相应的键位输入所需的符号，也可用大写锁定键进行切换后直接单击相应的键位。

常用中文标点符号与键位的对照如表 7-7 所示。

表 7-7　　　　　　　　常用中文标点符号与键位的对照表

中文标点符号名称	符号	键位	备注
句号	。	.	
逗号	，	,	
冒号	：	：	

续表

中文标点符号名称	符号	键位	备注
问号	?	?	
分号	;	;	
顿号	、	\	
感叹号	!	!	
省略号	……	^	双符处理
破折号	——	_	双符处理
双引号	" "	"	自动配对
单引号	' '	'	自动配对
左书名号	《〈	<	自动嵌套
右书名号	》〉	>	自动嵌套
间隔号	·	@	
连接号	—	&	
人民币符号	¥	$	

二、数字键区的输入指法

数字键区又称小键盘区，在键盘最右边，它包括 17 个键，主要是为了快速输入数字和进行数学运算。其中 Num Lock 键为数字锁定键。如果键盘右上角的 Num Lock 指示灯不亮，单击 Num Lock 键，Num Lock 指示灯变亮，此时可以输入上档的字符，即可以输入数字。再单击 Num Lock 键，则 Num Lock 指示灯灭，下档字符起作用。

小键盘的基准键位是 4、5、6，分别由右手的食指、中指和无名指负责。在 5 键上，一般有一个小凸起，可供击键后回归触摸定位。在确定基准键位基础上，小键盘其他键的指法为：食指负责左侧的 7、4、1 键；中指负责 /、8、5、2 键；无名指负责 *、9、6、3 键和 . 键；小拇指负责右侧的 –、+、↵键；大拇指负责 0 键，如图 7-32 所示。

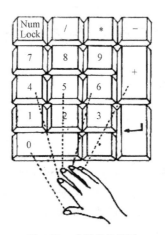

图 7-32　小键盘的指法

小键盘数字的录入训练可在"金山打字通 2003"中的"英文打字"→"键位练习（初级）"→"数字键盘"里练习，如图 7-33 所示。

如使用"金山打字通 2013"版本，则由首页单击"新手入门"，再进入"数字键位练习"页面，单击页面右下角的"主键盘\小键盘"切换按钮，进入"第三关：数字键位（小键位）"界面练习，如图 7-34 所示。

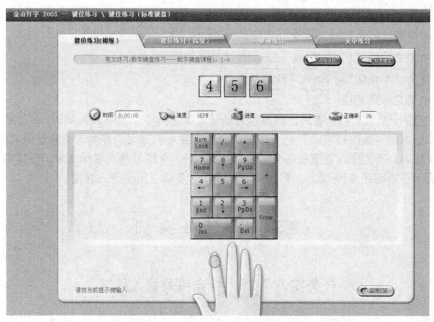

图 7-33 "金山打字通 2003"数字键盘练习界面

图 7-34 "金山打字通 2013"数字键盘练习界面

在练习过程中，屏幕下方有绿色（或蓝色）小圆泡的手指就是字母所对应的手指。手指在击键后要回归基准键位，其位置是靠中指触摸"5"键上的小凸起决定的。练习时要坚持眼睛不看键盘，做到盲打。

三、文章录入

文章一般包含汉字、英文字母、数字和各种标点符号等字符。在进行录入时，须掌握在各种输入法之间进行切换、中英文标点切换、全角半角切换的键盘操作。

① 在已安装的各种输入法之间进行切换：$\boxed{\text{Ctrl}}+\boxed{\text{Shift}}$ 。

② 中英文的快速切换：$\boxed{\text{Ctrl}}+\boxed{\text{Space}}$ 。

③ 全角、半角切换：$\boxed{\text{Shift}}+\boxed{\text{Space}}$ 。

④ 中英文标点切换：$\boxed{\text{Ctrl}}+\boxed{.}$ 。

要注意的是，以上组合键的正确操作方法是先按住第 1 个键不放的同时，单击第 2 个键。

各个版本的"金山打字通"都有多种类型的文章可供练习。初学者可先选择其中的几篇文章反复练习，直至录入速度在每分钟 60 字以上后，再练习录入其他文章。在练习过程中，要注意确保正确率在 99%以上，即在保证正确率的基础上提高录入速度。

第二部分 任 务 实 训

任务实训 7-26 标点符号输入练习

日期_____班级_____学号_____姓名_____成绩_____

1. 打开"金山打字通 2003"，进入"英文打字"→"键位练习（初级）"→选择"课程 14 英文标点符号"重复练习。如在"金山打字通 2013"，则进入"新手入门"→"符号键位"进行过关练习。

2. 打开"金山打字通 2003"，进入"英文打字"→"键位练习（高级）"→选择"课程 14 英文标点符号"重复练习。

任务实训 7-27 数字键输入练习

日期_____班级_____学号_____姓名_____成绩_____

1. 打开"金山打字通 2003"，进入"英文打字"→"键位练习（初级）"→"数字键盘"，从"课程选择"中，依次选择"数字键盘课程 1：1-9""数字键盘课程 2：0""数字键盘课程 3：/* +""数字键盘课程 4：0-3""数字键盘课程 5：4-9"进行重复练习，直到输入速度在 160 字/分钟以上。训练时要注意眼睛不能看键盘，坚持做到盲打。如在"金山打字通 2013"中，则进入"新手入门"→"数字键位练习"（单击"主键盘\小键盘"切换按钮）→"第三关：数字键位（小键位）"进行过关练习。

2. 新建一个名为"数字键录入训练题"的文件夹。在文件夹内新建一个文本文档，命名为"数字键录入练习.txt"，在此文档中输入以下数字。

85 291.20	56 731.20	55 648.50	26 554.00	77 497.00	33 354.20	62 588.50
63 985.25	11 145.20	66 673.58	59 847.61	11 134.20	55 781.00	34 432.00
66 522.10	88 546.30	44 551.20	88 215.36	99 987.63	46 528.80	98 112 556.80
36 958.47	5 678 987.50	6 212 345.20	1 696 523.70	25 874.90	25 617.30	67 843.50
8 324 697.20	7 451 364.80	96 352.12	378 948.90	26 485.40	65 482.90	95 128.60
84 267.70	23 571.21	9 460 621.54	68 427.54	7 633 249.50	33 368.40	5 289 569.20
6 666 778.90	4 874 456.80	77 768.50	9 988.30	66 548.50	6 647.90	62 479.30

95 258.00	95 632.80	235 641.33	98 563.10	68 745.60	65 234.10	55 564.80
33 216.40	77 663.00	22 648.21	22 546.21	96 321.40	78 945.36	95 462.10
12 345.98	6 654.00	25 679.00	5 628.74	2 100.90	45 297.38	62 547.63
9 564.98	65 468.00	75 324.96	65 473.00	15 948.62	65 497.00	68 951.30
65 473.98	25 648.24	65 879.24	65 473.23	65 289.21	96 873.21	35 782.10
63 577.00	95 247.68	86 357.56	52 647.23	65 478.12	95 376.54	17 5684.32
96 325.40	25 467.80	4 589.60	15 967.80	65 873.25	26 548.64	66 632.47
5 573.40	62 571.80	8 040 933.82	5 040 398.23	9 437 680.7	8 551 102.94	8 592 872.44
6 208 227.73	14 426 701.61	9 800 357.28	9 797 427.64	89 436 781.80	62 035.78	2 148 701.35
478 052.16	2 198 065.87	6 523.71	874.93	78 453.69	5 270 301.98	8 697.20
6 897.01	10 258 603.68	86 352.12	165 875.30	26 485.40	482.90	95 128.60
2 457 401.87	574.21	84 621.54	91 427.54	3 573 249.50	6 581 598.98	

3. 将上题的文件夹复制、粘贴到"金山打字通"程序中进行重复练习，直至录入速度为每分钟 180 字以上。

任务实训 7-28 文章录入练习

日期_____ 班级_____ 学号_____ 姓名_____ 成绩_____

1. 打开"金山打字通"程序，进入"五笔练习"→"文章练习"，选择不同的文章进行五笔字型的文章录入练习。在"金山打字通 2003"版本中练习时，可根据需要在"设置"中选择五笔字型"编码提示"（见图 7-16）。在"金山打字通 2013"版本中练习时，可根据需要单击页面右下角的"练习/测试"切换按钮（见图 7-18）。

2. 在"金山打字通 2003"版本中，进入"速度测试"→"屏幕对照"（见图 7-17），依次选择中文普通文章和专业文章进行重复练习。或在"金山打字通 2013"中，从首页进入"打字测试"（见图 7-19），依次选择不同的文章进行重复练习。以上每篇文章要进行重复练习，直至录入速度为每分钟 60 字以上。

项目八 银行柜台服务礼仪

教学目标及重点、难点

本项目要求读者熟悉银行柜台服务礼仪的规范，掌握与客户沟通、提高服务质量的技巧，会用正确的方法处理顾客抱怨和投诉。

教学重点是掌握银行柜台仪态礼仪、柜台服务沟通礼仪。

教学难点是顾客抱怨投诉处理礼仪。

思政目标是塑造良好的职业形象。

任务一 职业形象的塑造

第一部分 相关知识

礼仪是指人们在社会交往中由于受历史传统、风俗习惯、宗教信仰、时代潮流等因素而形成，既为人们所认同，又为人们所遵守，以建立和谐关系为目的的各种符合交往要求的行为准则和规范的总和。从字面来讲，"礼"指的是尊重，即在人际交往中既要尊重自己，也要尊重别人。古人讲"礼者，敬人也"，实际上是一种待人接物的基本要求。"仪"指仪者、仪式，即尊重自己、尊重别人的表现形式。简而言之，礼仪其实就是交往艺术，就是待人接物之道。礼仪就是人们在社会交往活动中应共同遵守的行为规范和准则。

中国素有"礼仪之邦"之称。"礼"在传统社会无时不在，无处不在。婚丧有礼，会客有礼，节日有礼，坐卧有礼，征战有礼等，可谓衣食住行中处处体现一个"礼"字。孔子说"不学礼，无以立"，这句话只有简单的6个字，却含义深刻，意思是做人要有礼貌。没有礼貌，怎么来做人啊！

"仓廪实而知礼节，衣食足而知荣辱。"随着现代社会人们物质生活水平的提高，人们只有通过讲究礼仪，才能建立起良好的合作关系；通过遵守礼仪，个体的自我价值才能得到实现。

银行服务礼仪是指在银行业务活动中通行的、带有金融行业特点的行为规范和交往礼节，是银行柜员在工作岗位上应严格遵循的行业行为规范。具备优质柜台服务礼仪形象的员工，不仅可以使自己产生归属感、成就感，而且可以大大增加顾客对企业的信任度，从而最终提高企业的经济效益。

一、银行柜台的基本仪容

银行柜员岗位是银行对外服务的直接窗口，银行柜员的仪容仪表是顾客首先关注的焦点。因此，银行柜员必须注重自己良好仪容的塑造，要带给顾客亲切、大方、热情、真诚的"第一印象"，体现出银行一线柜员的专业素质。做到个人仪容修饰的基本要求，主要有以下几个方面。

1. 清洁的整体形象

（1）面容的清洁。顾客在柜台办理业务时，首先注意到的是柜员的面部及其表情。因此，清洁的面容及自然的微笑，是塑造美好仪容的关键一步。银行柜员要及时清除面部的油垢、汗渍，特别是要及时清除眼角、口角、鼻孔的分泌物。男柜员要剃干净胡须、剪短鼻毛。女柜员以淡妆为宜，不可浓妆艳抹。

（2）头发的清洁。首先，银行柜员每天要保持头发清洁，不能有异味，不能有头皮屑。其次，银行柜员应选择能给顾客以精神、大方形象并适合自己的发型。总体来说，男士头发以短为宜，鬓发不盖过耳朵；女士头发不得烫异型异色、不得挑染，禁忌披头散发。刘海不过眉毛，长发若过肩则应盘起或束起，不得戴帽。

（3）口腔的清洁。要养成早晚刷牙、饭后漱口的好习惯，时刻保持口腔清新，及时去除口腔异味。上岗前不得吃葱、蒜、韭菜等刺激味重的食物。如有必要，可嚼口香糖去除口腔异味。

（4）手的清洁。养成勤于洗手、定时修剪指甲的好习惯。一般来说，指甲长度不超过 2mm。禁止留长指甲，涂指甲油必须用自然色。禁止涂彩色指甲油，禁止美甲。

（5）面部表情。微笑是最好的名片。微笑传递这样的信息："见到您很高兴，我愿意为您服务。"所以，微笑可以激发服务热情，使柜员更愿意为顾客提供周到的服务。银行柜员应做到离客户 3m 处或当与客户视线接触时，开始微笑并点头致意。微笑时眼光应注视客户两眼之间、鼻梁上方的三角区域。禁止冷笑、讥笑，对客户紧绷着脸或爱理不理。微笑时要与眼睛配合，即面部微笑的时候，眼睛也要"微笑"，这就是所谓的"眼神笑"，否则给顾客的感觉可能是"皮笑肉不笑"。微笑应和语言配合，要微笑着说"早上好""您好，请问办理什么业务？""欢迎光临"等礼貌用语，不要光说不笑，或者只笑不说。

2. 自然的化妆礼仪

（1）化妆的原则。整体来说，女柜员必须淡妆上岗，不得浓妆艳抹，不得使用浓烈香水。化妆的原则是第一要自然，妆成后没有明显的人工美化痕迹，适应与顾客近距离接触和交流；第二要得法，要与自己的脸型和肤色等相协调。此外，还要努力维护妆面的完整性，如用餐、出汗后要及时修补。

（2）化妆的要点。银行柜员的工作妆不能草率完事，银行柜员应该把化妆技能当成必备职业素养加以训练和提升。化妆时，粉底、眼影、腮红、口红的颜色应与人的皮肤、服饰的颜色协调，给人和谐之美感。不宜使用过多胭脂，自然就好。粉底颜色越接近肤色看上去越自然，最好多准备一个深色粉底，作为下颚、鼻梁、额头上打阴影用。涂口红时先用唇线笔画出嘴唇的轮廓，然后用唇刷将唇膏均匀地涂在轮廓内。唇膏的颜色与妆色、眼影及服饰要协调。描眉前要适当修剪眉毛，应该"两头浅，中间深""上面浅，下面深"。香水应选择淡雅清新型，以 1m 能闻到淡香为宜。注意把香水喷洒在自己耳后、脖子、手腕等不易出汗的地方。

二、银行柜台的服饰礼仪

在工作场所穿职业装，这在世界各国都是通行的惯例和礼仪标准。规范统一的职业装不仅能给顾客以美好的感受，同时也能体现个人专业形象。一般来说，银行柜员必须着该行统一行服，衣裤或裙要保持整洁、干净。

1. 男性柜员着装要求

西装是一种国际性服装，也是目前我国各类银行选用的柜员装款式。目前多以深色西装为正式着装。欲使西装穿着得体，须注意搭配和规范这两个方面。

（1）搭配。

① 衬衫搭配。衬衫的下摆要放入裤子里。整装后，衬衣领和袖口均要比外衣长出 1～2cm，不要翻在西装外，不能有任何污垢。

② 皮带搭配。深色西装可配深色皮带，浅色西装则可深可浅进行皮带搭配。此外，皮带的颜色应与皮鞋协调，不能拿夸张的、个性的皮带进行搭配。

③ 鞋袜搭配。一般来说，皮鞋颜色要与西装颜色一致。黑色皮鞋是万能鞋，它能配任何深颜色的西装。灰色的鞋子绝不宜配深色的西装，浅色的鞋也只可配浅色西装。深色袜子可以配深色的西装，也可以配浅色的西装。浅色的袜子能配浅色西装，但不宜配深色西装。忌用白色、彩色袜子配西装。袜子以宁长勿短为原则，保证坐下时小腿皮肤不外露。

④ 领带搭配。领带被称为西装的灵魂，在工作等正规场所必须系领带。银行职业的特性，使领带的选择面较窄，领带多以深色条纹带为主。一般来说，应该首先把注意力集中在领带与西服上衣的搭配上。上衣的颜色应该成为领带的基础色。

（2）规范。

① 西装里除衬衫外还可搭配一件"V"形领毛衣。西装的上衣、衬衫、裤子等口袋尽量不装东西或少装东西。西装上衣外侧下方两个口袋原则上不放东西。

② 袜子不可有破洞，同时要清洁。

③ 穿西装时不宜穿布鞋、凉鞋、旅游鞋。穿皮鞋时要尽量做到"一尘不染、光彩照人"。

④ 系上领带后，以领带的末端正好触及皮带扣中间或上端位置为佳。

⑤ 保持西装挺括、清洁，做到衣裤不起皱、穿前要熨平、穿后要挂起，要熨出裤线。

2. 女性柜员着装要求

在银行工作的女性柜员一般选择与男士西装相对应的西装套裙或套裤，前者比后者更为正式，因为职业套裙可以显示出女性端庄、稳重的气质。

（1）套裙。以冷色调为主，借以体现出着装者的典雅、端庄与稳重。上衣不宜过长，下裙不宜过短。通常套裙之中的上衣最短可以齐腰，袖长以恰恰盖住着装者的手腕为好。而裙子最长则可以达到小腿的中部，且以窄裙为主。裙子下摆恰好抵达着装者小腿肚子最丰满处，是最为标准、最为理想的裙长。要注意上衣或裙子均不可过于肥大或过于紧身。

正式场合穿套裙时，上衣的衣扣必须全部系上，不要将其部分或全部解开，更不要当着别人的面随便将上衣脱下。上衣的领子要完全外翻，不要将上衣披在身上，或者搭在身上。

裙子要穿得端端正正，上下对齐。应将衬衫下摆掖入衬裙裙腰与套裙裙腰之间，切不可将其掖入衬裙裙腰之内。

（2）衬衫。以单色为最佳之选。穿着衬衫还应注意以下事项：衬衫的下摆不要悬垂于外，也不要在腰间打结；衬衫的纽扣除最上面一粒可以不扣外，其他纽扣均应扣好；穿着西装套裙时不要脱下上衣而直接外穿衬衫。

（3）鞋袜。和男士在正式场合穿西装正装相似，女士穿职业套裙不能穿便鞋，一定要裙、袜、鞋相搭配，达到整体协调。一般来说，职业套裙、制式黑色皮鞋和肉色或深色丝袜是比较常见的搭配。

国际上通常认为袜子是内衣的一部分。因此，绝不可露出袜边，一般穿肉色无花纹丝袜为佳。不要将健美裤、九分裤等裤装当成袜子来穿。

保持鞋面清洁。工作时不能穿凉鞋、拖鞋、旅游鞋、休闲鞋、长筒皮靴和其他形态怪异的鞋，同样要做到前不露趾、后不露跟。

3. 配饰礼仪

配饰是指与服装搭配、起到修饰作用的其他物品，体现着佩戴人士的审美品位。一般的职场要求配饰以少为佳。

银行一般规定男性柜员不能佩戴饰物（如手镯）在表面（婚戒、视力眼镜、手表、皮带除外）。柜员可选择金色、银色和黑色的手表佩戴，不要佩戴卡通造型或其他夸张造型的手表。

银行女性柜员不能佩戴夸张醒目的饰物，以及带坠耳环、过大的项链和戒指。精致、典雅的小饰品比较好，太耀眼的饰品让人觉得不够专业。女性柜员可以适当搭配丝巾。

三、银行柜台的仪态礼仪

仪态是指人的姿势、举止和动作，即人们在社会中坐、立、行的姿势，以及表情和肢体动作。仪态有多方面的内容，人们最熟悉也是最基本的内容就是：站如松，坐如钟，卧如弓，行如风。仪态往往能够反映出一个人的内在涵养以及能够被人信任的程度，所以优雅、得体的银行柜员仪态礼仪需要从以下几个方面进行训练。

1. 手势

手势是银行职员服务中常用的一种仪态，其魅力不亚于微笑。手势一定要柔和，但也不能拖泥带水，不能"手舞足蹈"。

在柜员叫号后举手招迎客户时，一般要求举起右手臂，伸直过顶，掌心向前，五指合拢，停留到顾客留意到为止。一般 3~5 秒后，顾客若仍无反应，则重复举手招迎。招迎时要伴随微笑及语言问候。

向客户介绍、引导指明方向时，手指自然并拢，手掌伸平向上微斜，以小肘关节为轴指向目标。禁止用手托腮应答客户，用手指挖耳、抠鼻、剔牙，只简单摆手作答，用手指指点客户等不雅手势。

接收客户存折、钱款等物件时，应双手接过，同时身体略微前倾；返还客户物品时，也应双手返还至顾客可以方便取回的地方。注意物品叠放次序，不得凌乱返还。

2. 站姿

常言道"站如松"，是指人的站立姿势应该挺拔、舒展。基本站姿为双腿自然站立，两脚夹角60°；收腹挺胸，腰部正直；双肩自然放平，稍微向后下沉；双臂自然下垂，中指对准裤缝；头正，眼光平视前方，表情平和且面带微笑。禁止双手叉腰、双臂抱于胸前、手插口袋、身体东倒西歪或身体依靠其他物体。除了基本站姿外，还有叉手站姿、背手站姿、背垂手站姿等，男女也有差别。要掌握这些站姿，就必须经过严格训练，以期形成习惯。

3. 坐姿

常言道"坐如钟"，正确的坐姿应给人以文雅稳重、自然大方的美感。基本坐姿为上体挺直，下颌微收，双目自然平视。男士两腿分开，不超过肩宽，步态为小八字或稍分开；女士入座时，讲究文静、典雅。若是裙装，应用手背从背部腰线处向下归拢裙子，两腿并拢，两脚同时向左放或向右放，同时双手叠放，置于左腿或右腿上。禁止腿脚不停地晃动和就座时双手叉腰或交叉胸前。禁止女士坐下后整理衣裙、跷二郎腿、双腿叉开。女士常用坐姿有正坐式、标准式、双腿内收式、前伸后屈式、叠放式、双脚交叉式；男士常用坐姿有正坐式、标准式、交叉式等。

柜台前坐姿应上身微微前倾，手臂自然弯曲，将前臂 2/3 处搭在柜台面边沿。一般从左侧就座和离座。

4. 行姿

常言道"行如风"，即要求男士行走时姿态要端正稳健，女士行走时姿态要轻盈灵敏，总体上给客户以朝气蓬勃、积极向上的感觉。基本走姿为目视前方，上身自然挺直、挺胸、收腹、立腰，双肩平稳，两臂自然前后摆动，两臂摇摆30°～40°，脚跟先着地。步幅要适当，一般男性步幅为 25cm，女性为 20cm，穿裙装时步幅小些。禁止行走时左顾右盼、回头张望，禁止行走时对客户指指点点、品头论足和长时间上下打量，禁止走路拖泥带水或横冲直撞。两人以上行走不得勾肩搭背或嬉笑追逐。不能在营业大厅奔跑，不与客户抢道。

5. 其他仪态

（1）送水。左手托住杯底，右手扶住杯身，杯子上的标志应正对客户，杯子应双手递出。递水要站在客户侧面，欠身向客户示意并说："您好，请喝水。"拿杯子时，手指不要碰到杯沿。

（2）接递名片。递送名片时，身体微微前倾，低头示意，双手呈上名片。名片正面面向客户。如果名片中有不常用的字，应将自己的名字读一遍，以方便对方称呼。接受名片，食指与拇指轻轻夹住，双手接受。

（3）递交文件。员工递交文件时，应先行鞠躬礼，双手呈递，文件正面朝上顺向递给对方，右手指示签字区域，紧接着递笔给对方，笔柄朝向对方，递于对方右手处。对方签字完毕，也应将文件正面朝上顺向递给员工，再递还笔。员工接过文件，先鞠躬，再后退一步，然后转身离开。

第二部分 任 务 实 训

任务实训 8-1　女士化妆模拟训练

日期_____班级_____学号_____姓名_____成绩_____

要求：女同学按照化妆步骤进行实践，并搜集资料及分组讨论不同脸型的化妆技巧。

任务实训 8-2　女士、男士发型设计模拟训练

日期_____班级_____学号_____姓名_____成绩_____

要求：一般来说，中国人的脸型有瓜子脸、国字脸、圆型脸、瘦型脸、梨型脸等，请按男女分组设计并讨论每种脸型的适合发型。

任务实训 8-3　柜台着装模拟训练

日期_____班级_____学号_____姓名_____成绩_____

要求：男同学按图例要求练习领带的打法，并互相检查和评价。

1. 平结

平结为多数男士选用的领结打法之一，几乎适用于各种材质的领带。要诀：领结下方所形成的凹洞须让两边均匀且对称，如图 8-1 所示。

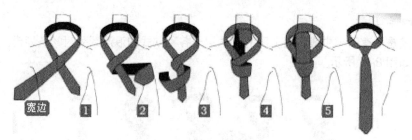

图 8-1 领带平结打法

2. 双交叉结

这样的领结很容易让人有种高雅且隆重的感觉，适合正式活动场合选用，该领结应多运用在素色丝质领带上，如图 8-2 所示。

图 8-2 领带双交叉结打法

3. 双环结

一条质地细致的领带再搭配上双环结颇能营造时尚感，适合年轻的上班族选用。要诀：该领结完成的特色就是第 1 圈会稍露出于第 2 圈之外，可别刻意给盖住了，如图 8-3 所示。

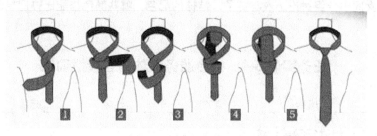

图 8-3 领带双环结打法

4. 温莎结

温莎结是因温莎公爵而得名的领带结，是最正统的领带系法，打出的结成正三角形，饱满有力，适合搭配宽领衬衫，多往横向发展。采用这种打法时，应避免材质过厚的领带，结也勿打得过大。要诀：宽边先预留较长的空间，绕带时的松紧会影响领带结的大小，如图 8-4 所示。

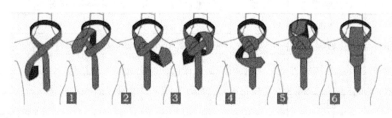

图 8-4 领带温莎结打法

5. 四手结

四手结是所有领结中最容易上手的，适用于各种款式的浪漫系列衬衫及领带。要诀：类同平结，如图8-5所示。

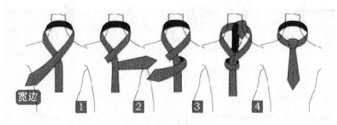

图8-5　领带四手结打法

6. 简式结

简式结适用于质料较厚的领带，最适合打在标准式及扣式领口之衬衫，将其宽边以180°由上往下翻转，并将折叠处隐藏后方，待完成后可再调整其领带长度，如图8-6所示。

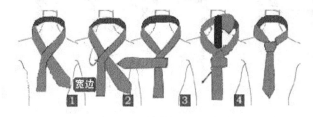

图8-6　领带简式结打法

要求：女同学分组讨论上衣与裤子、鞋袜的配色，哪些颜色搭配比较理想，哪些颜色不能混杂搭配。

任务实训8-4　柜台服务肢体语言模拟训练

日期_____班级_____学号_____姓名_____成绩_____

1. 二对二分组进行微笑训练。
2. 简述形容仪态的词汇有哪些。
3. 按招迎、指引客户、传递物品等工作场景进行手势礼仪训练。
4. 在空地放几把椅子，分男女组按正坐式、交叉式、双腿斜放式进行坐姿训练，并进行评分，如表8-1所示。

表8-1　　　　　　　　　　　　　　坐姿训练评分表1

考核项目	关键点	分值	自评分	小组评分	综合得分	备注
男/女 坐姿 （　）式	头部					
	肩部					
	手部					
	腰部					
	腿部					
	脚部					

5. 按前行、后退、侧行、转身、走直线进行走姿训练，并进行评分，如表8-2所示。

表8-2   坐姿训练评分表2

考核项目	关键点	分值	自评分	小组评分	综合得分	备注
男/女 走姿 （　）式	头部					
	肩部					
	手部					
	腰部					
	腿部					
	脚部					
	步幅					

6. 站姿基本训练，并进行评分，如表8-3所示。

表8-3   坐姿训练评分表3

考核项目	关键点	分值	自评分	小组评分	综合得分	备注
男/女 站姿 （　）式	头部					
	肩部					
	手部					
	腰部					
	腿部					
	脚部					
	臀部					
靠墙顶书训练3分钟						

任务实训8-5 案例分析

日期_____ 班级_____ 学号_____ 姓名_____ 成绩_____

一次某银行招聘柜员，由于待遇优厚，应聘者很多。金融系毕业的小张同学前往面试，她的背景材料可能是最棒的：大学三年，各门功课优秀，连年得一等奖学金，还在3家银行实习过，英语表达也极为流利。小张五官端正，身材高挑、匀称。面试时，招聘者拿着她的材料等她进来。小张穿着迷你裙，露出藕段似的大腿，上身是露脐装，嘴唇上涂着鲜红的唇膏，轻盈地走到一位考官面前，不请自坐，随后跷起二郎腿，笑眯眯地等着问话。孰料，3位招聘者互相交换了一下眼色，主考官说："张小姐，请回去等通知吧。"她喜形于色："好！"挎起小包飞跑出门。

问题：小张能等到录用通知吗？为什么？假如你是小张，你打算怎样准备这次面试？

任务二　沟通与异议处理

第一部分　相　关　知　识

美国大学和雇主协会的一项调查显示，美国公司雇佣大学毕业生最看重的因素排在第1位的不是毕业于什么名牌大学，而是个人素质。大部分雇主都将大学毕业生是否具有非常强的与人沟通能力作为录取与否最主要的考量指标。

有这么一个故事：在美国的一个农村住着一个老人，他的儿子和他住在一起，父子相依为命。突然有一天，一个人找到老人，对他说："尊敬的老人家，我想把你的儿子带到城里去工作。"老人气愤地说："不行，绝对不行！"这个人说："如果我在城里给你的儿子找个对象，可以吗？"老人摇摇头说："不行！"这个人又说："如果我给你儿子找的对象，也就是你未来的儿媳妇是洛克菲勒的女儿呢？"老人想了又想，终于被让儿子当上洛克菲勒的女婿这件事打动了。过了几天，这个人找到了美国首富石油大王洛克菲勒，对他说："尊敬的洛克菲勒先生，我想给你的女儿找个对象。"洛克菲勒说："不行！"这个人又说："如果我给你女儿找的对象，也就是你未来的女婿是世界银行的副总裁，可以吗？"洛克菲勒同意了。又过了几天，这个人找到了世界银行总裁，对他说："尊敬的总裁先生，你应该马上任命一个副总裁！"总裁先生摇头说："不可能，这里这么多副总裁，我为什么还要任命一个副总裁呢，而且必须马上？"这个人说："如果你任命的这个副总裁是洛克菲勒的女婿，可以吗？"总裁先生当然同意了。

这个故事说明沟通不仅可以使工作得以顺畅进行，更可以使复杂的事情变得简单，把不可能的事情变成可能。沟通能力不是先天的，需要后天的训练才能得到提高。银行柜员需要掌握与银行客户的沟通服务技巧，并用正确的方法处理顾客的抱怨和投诉。

一、柜台服务沟通礼仪

1. 沟通的一般原则

与顾客沟通应以对方为中心，先了解其情况，以便下一步有针对性地为顾客解决问题。美国学者布吉林教授等人提出的"3A 法则"是国际交往礼仪的一个基本原则，其基本含义是：沟通能否成功，就看有没有向沟通对象表达出自己尊重、友善、重视之意，即接受对方、重视对方、赞美对方。由于在英文里，"接受"（accept）、"重视"（appreciate）、"赞美"（admire）这 3 个词汇都以"A"字母打头，所以它们又被称作"3A 法则"。

（1）接受对方（accept）。在人际交往中，最不受欢迎的人是以自己为中心的人。人与人之间因为受教育的程度不同、生活的环境不同、性别与年龄不同、人生阅历不同等，导致对待同一件事的观点不同，这是很正常的现象。因此，在服务顾客的过程中，首先要做到宽以待人，接受顾客，尤其不能拿自己的经验去衡量顾客的行为。

（2）重视对方（appreciate）。这要求认真对待顾客并能主动关心顾客。例如，对顾客应做到有求必应、有问必答。对于常客要牢记其姓名。

（3）赞美对方（admire）。这要求服务人员以欣赏的态度肯定顾客，恰到好处地赞美顾客。被别人赞美是每个正常人的心理需要。但赞美别人也要实事求是、恰如其分、适可而止，注意不要弄巧成拙。

2. 沟通的载体

语言表达是人与人之间沟通的主要方式。说话是一门学问，更是一门艺术。说话要恰到好处，和顾客交流时，既要不亢不卑，又要表达出热情、真诚的服务态度，让顾客产生宾至如归的感觉，从而加深顾客对银行的信任。如果关键之处说错一句话，就可能弄巧成拙。下面这个故事最能说明说话要注意词汇的应用。

有个人请客，四个朋友有三人准时到达。只剩下一人迟迟没有来。主人有些着急，不禁脱口而出："该来的怎么还没来呢？"其中有一人听了之后很不高兴，对主人说："你说该来的还没来，意思是我们是不该来的！"说完，就气冲冲地走了。主人急得又冒出一句："真是，不该走的却走了。"剩下的两人，其中有一个生气地说："照你这么讲，该走的是我们啦！"说完也走了。主人急得不知所措。最后剩下的这一个朋友交情较深，就劝说："你说话应该留意一下。"主人很无奈地说："他们全都误会我了，我根本不是说他们。"最后这一朋友听了，脸色大变道："什么！你不是说他们，那就是说我啦！"说完，铁青着脸走了。

银行柜员在招迎顾客阶段、服务顾客阶段、送别客户阶段需要掌握的用语列举如表8-4所示。

表8-4 服务用语与服务禁语

服务场景	服务文明用语	服务禁语
客户进营业厅	(1) 您好！ (2) 您好！需要我帮忙吗？ (3) 您好！请问办理什么业务？ (4) 请。	(1) 喂！ (2) 喂，你来干嘛呢？ (3) 你要办什么呢？
为客户办理业务时	(1) 请出示您的身份证。 (2) 对不起，麻烦您用钢笔（签字笔）填写。 (3) 请把凭证（支票、凭条）××项填上。 (4) 您的凭条（凭证、支票）××项填写有误，麻烦您重填一份好吗？ (5) 您的款项有误，请您复点一遍。 (6) 对不起，您的资料需要核验一下。 (7) 对不起，您的印签不清，请重新办理。 (8) 您好，需要存（取）××元，是吗？ (9) 请您在这里核对后签名。	(1) 把身份证拿来！ (2) 把××项填上去！ (3) 你怎么不用钢笔（签字笔）填呢？重填！ (4) 单写错了，重写！ (5) 钱不对呀，怎么搞的，点清楚了再来！ (6) 对一下你的资料！ (7) 回去把章盖清楚了再来！ (8) 跟你讲没用，找你们财务来！ (9) 你这样存取取，不嫌麻烦吗？ (10) 你怎么回事？一会儿存，一会儿取，快点！ (11) 想好了再存。 (12) 这么散的钱，自己整理好了再存。 (13) 签字！你想签哪就签哪！
需要客户等候时	(1) 请稍候。 (2) 对不起，您的这笔业务特殊，请您再稍等片刻，我（我们）正在尽快为您办理。 (3) 很抱歉，计算机通信线路出现故障，请稍等。 (4) 对不起，让您久等了。 (5) 对不起，耽误了您的时间。 (6) 对不起，我需要离开片刻，请稍等。	(1) 没看见我正忙着呢？ (2) 等一下，我的手也没停呀，急什么！ (3) 计算机坏了，就等着吧，我也没办法。 (4) 等等又怎么啦？ (5) 我正忙着呢，等着！ (6) 不做任何解释离开。

服务场景	服务文明用语	服务禁语
没收客户假钞时	对不起，这张是假钞，根据人民银行的规定必须没收，请您配合。	这张假钞没收了！
当不能正确回答客户问题时	对不起，让我问问我的同事（主管），再回答您好吗？	我不知道。
客户事项办理完毕	（1）谢谢，请走好，再见。 （2）请您收好存折（单、印鉴、支票等），再见。 （3）请您当面点清款项。 （4）还有什么需要我帮忙吗？ （5）请走好，我行的客户经理随后将会与您联系，再见。 （6）请走好，再见。	（1）可以了，走吧。 （2）都办完了，怎么还不走。

除了和缓、热情、自信、规范的语言表达之外，微笑、倾听、优雅的肢体动作、得体的仪表也是沟通的必要载体。这几项载体的同时配合才能创造出良好的沟通效果。例如，当客户走进营业厅时，柜员应在距离对方 3m 左右时用目光迎接客户，当与客户视线接触时，微笑并点头示意；同时使用"早上好""欢迎光临""您好，请问您需要办理什么业务？"等规范礼貌用语；身体微微前倾以 15°鞠躬礼。整个招迎过程要做到主动、热情、自然，不能光说不笑或光笑不说，避免生硬、做作的效果。如果知道客户姓名，在问候时配合上"某某先生""某某女士""某某小姐"等称呼更能拉近双方距离，进而让客户全方位感受到银行优质的柜台服务。

3．电话礼仪

随着现代服务业的信息化发展，银行与顾客的交流很大部分是通过电话进行的。要想把带着微笑的声音传递给顾客，就必须掌握使用电话的礼节和规范。

（1）接听电话。当来电时，接听要迅速，必须在响铃 3 声内接起，并主动自报："您好，×××"，同时报出你的银行和部门。电话交谈时态度谦和、礼貌，声音清晰、简明扼要，内容表述能使对方清楚明了。通话完毕应主动致谢："谢谢，再见。"一般情况下由对方先挂线，挂线时听筒要轻放。交谈时间一般控制在 3～5 分钟为宜，并注意控制语速语调。临柜人员不得当客户面拨打、接听手机和发短信。

（2）致电客户。电话接通后，先自报家门："您好，我是×××"；再表明致电来意。电话交谈时态度谦和、礼貌，声音清晰，长话短说，内容表述使对方清楚明了。通话完毕应主动致谢："谢谢，再见。"一般情况下由对方先挂线；如果是己方先挂线时，应先用手轻按挂断电话，然后放下话筒。

（3）转接、代接电话。转接他人的电话时，不要大声呼叫，应提示对方"请稍等"；他人正在处理事务不能接听电话时，应及时替受话人员代接，答复对方暂时不能接听，请对方稍后打来或留下姓名及联系电话，并回答对方"稍后回复您"；如受话人不在，先礼貌作答再向对方表达给予帮助的意向，如"对不起，他不在，需要我帮忙吗"；如对方拒绝，可以请对方留下名字及联系电话或请对方稍后打来。如果需要将电话转接到别的部门，应告知对方："真对不起，这件事是由×××部门负责的，如果您愿意，我帮您转过去好吗？"

二、顾客抱怨投诉处理礼仪

在柜员对顾客进行服务的过程中，两者意见不合是正常现象。处理得不好，轻则导致激烈的争论，重则形成难以调和的对抗。不论哪种结果，受损的是银行的企业形象。美国前总统威尔逊曾说："如果你握紧一只拳头来见我，哦，很抱歉，我会握紧两只拳头迎接你。但你若是对我说，让我们坐下来谈谈，看看意见分歧的原因在哪里，我们就会发现彼此的分歧并不大，倒是看法一致的地方更多一些；也会发觉只要我们有彼此沟通的愿望、诚心和耐心，我们就会沟通。"那么，当我们面对顾客抱怨和投诉时该如何处理呢？

1. 处理步骤

（1）倾听。卡耐基曾经说过这样一句话："喜欢挑剔的人，甚至是最激烈的批评者，常会在一个有忍耐和同情心的静听者面前，态度变得软起来。"掌握倾听的能力须从几个方面入手。首先，立即将客户请到会客室，然后表现出诚意，用心去听，特别要用身体语言去"听"，例如，正视对方、身体前倾等肢体动作的配合。其次，要有耐心，如不随便打断别人讲话、包容对方观点等。

（2）理解。就是要适时表达出理解对方的观点。抱怨者都希望自己所说的想法能够得到对方的理解和肯定，或者希望对方认可自己的观点和做法。因此，柜员要尽量表示理解对方的观点，不回避事实，鼓励谈话者继续下去，以期取得顾客的信任。不能总说类似"这是行里的规定""你肯定弄错了"的话刺激顾客。对客户的遭遇和不便适时地表示歉意和同情，以缓和客户情绪，避免事态扩大。

（3）分析。在充分倾听的基础上，柜员要迅速分析顾客产生抱怨或投诉的原因，从而找到应对的解决依据和方法。虽然顾客投诉和异议产生的根源多种多样，但主要还是来自主观和客观两个方面。主观原因是顾客自己的原因，包括顾客的偏见和习惯、心态不正等，在这种情况下，多用马斯洛需求层次理论对顾客心理及需求进行深层次分析；客观原因有柜员没有做到礼貌待客，对顾客不能一视同仁、以貌取人，对工作不熟悉、动作缓慢、浪费了顾客时间等。

（4）处理。在完全理解和尊重顾客意见以及分析的基础上，适时提出自己的看法和解决办法。首先，要感谢顾客提出的意见和建议，并表达出将进一步改进和改善工作的诚意，使顾客再一次得到尊重；其次，要以积极态度，提出尽可能专业的解决办法或分散顾客的关注点，但不可随意允诺客户提出的要求，以免其再次抱怨。

在处理抱怨和投诉时要注意技巧。如先处理感情，再处理事情；不能物质满足，就一定对顾客实现精神满足；运用"三明治"法则，所谓"三明治"法则，就是尽量设身处地为对方着想，让顾客感觉自己重要，在赞美中解决问题；不要因害怕投诉而慌张应对，也不要对客户表现得过于无所谓；当自己已经尽力但仍无法解决问题时，一定要向主管说明情况，请其配合解决问题，而不要将问题隐瞒，或试图通过"私了"的方法解决。

2. 基本语言规范

规范的语言体现一个企业的文化，基本语言规范如表8-5所示。

表8-5 基本语言规范

服务场景	服务文明用语	服务禁语
顾客抱怨投诉	（1）不好意思，麻烦您了。 （2）×先生/小姐/女士，不好意思，因为这方面的问题不是我的专业范围，现在还不能给您明确的回答。您能留下联系电话吗？我确认后尽快给您回电/我会请我的同事尽快跟您联系。 （3）对不起，让您久等了！ （4）好的，没问题，那麻烦您了！	（1）这个是我们银行的规定，必须照办。 （2）这不是我们的责任，您应该去问×××××。 （3）你明白我在说什么吗/你懂我的意思吗？ （4）"大概、可能、也许"等模棱两可的话。

续表

服务场景	服务文明用语	服务禁语
顾客抱怨投诉	（5）很抱歉，为了保障您的个人权利，耽误您1分钟时间，与您核对一下个人基本资料。 （6）×先生/小姐/女士，在这里向您解释/说明一下。 （7）不好意思，对于您刚才说的，这里跟您再确认一下。 （8）对不起，我立刻帮您查一下，请稍等。 （9）不好意思，这个问题我还要确认一下，确认后我会尽快给您回复，再打这个电话跟您联系好吗？（若客户答为"不行"）那请您留一个方便联系的电话好吗？ （10）麻烦您记一下传真机号码好吗？我的传真机号码是××××××××，我叫×××。要麻烦您在传真件的每一张纸上都注明我的姓名，因为我们这里的传真比较多，这样便于我及时收到，及时处理。 （11）谢谢您的配合，再见！ （12）×先生/小姐/女士，我们还是非常希望您能成为我行的客户。 （13）感谢您的宝贵意见和建议，我们会马上反馈给分行。 （14）您看这样好不好？ （15）今天由于……给您带来不便，请您多多谅解。 （16）对不起，这项业务政策规定很明确，恐怕难以办理，请您谅解。 （17）不好意思，您的利息没有算错，我慢慢算给您看。 （18）不好意思，您的账务没有什么问题，我向您解释一下。	（5）找主管也没有用的/找主管也一样的。 （6）不可能/不会有这样的事。 （7）我就这样，你投诉去吧！ （8）别的银行好，你还来这儿干嘛？ （9）手续多？邮局、车站手续不多吗？ （10）计算机记账，比人脑准。

第二部分 任 务 实 训

任务实训 8-6 微笑与聆听模拟训练

日期_____班级_____学号_____姓名_____成绩_____

1．微笑训练

① 情绪记忆法：将自己生活中最高兴的事件的情绪储存在记忆里，当需要微笑时，可以想起那件最使你高兴的事，脸上会流露出笑容。练习微笑时，注意使双颊肌肉用力向上抬，嘴里念"一"音，用力抬高口角两端，注意下唇不要过分用力。

② 照镜训练法：对着镜子，做最使自己满意的表情，到离开镜子时也不要改变它。

③ 情绪记忆法：当一个人独处时，深呼吸、唱歌或听愉快的歌曲，忘掉自我和一切的烦恼，让心中充满爱意。

要求：每天训练5分钟。

2. 聆听模拟训练

① 在开始听之前，我心里已经有了底（对客户的意见或对他即将要说的事情的意见）。

② 在开始听之前，或者还未听完整个故事及获得重要细节之前，我就已经胸有成竹了。

③ 聆听是为了解问题。

④ 用一只耳朵还是两只耳朵听结果都一样？（只听一半表示：别人说话时，你在做别的事）

⑤ 别人在说话时，你同时考虑其他事情，你觉得别人发现不了。

⑥ 寻找机会打岔说出你的意见。

⑦ 打岔时用（"但是……可是……不过……"）等语言表达。

⑧ 发问，然后安静、专心地注意听。

⑨ 用眼睛接触并发出聆听随和声（"呃""哎""哟""原来如此""哦"）。

⑩ 没听完整个故事就可以根据自己的经验下结论。

⑪ 聆听应注意细节并能得到结论。

⑫ 聆听不必在意弦外之音，对顾客暗示的事无所谓。

⑬ 开始发言后，应一气呵成，不能沉默。

⑭ 提出问题确定对方该说的或想说的已经都说完了。

⑮ 用托腮等肢体语言让对方知道你在听。

⑯ 当一个以解决问题为导向的听众。

⑰ 对方强词夺理时，可以忽略聆听。

要求：判断以上情形是否具备聆听的能力，是的打"√"。

任务实训 8-7　沟通技巧模拟训练

日期_____班级_____学号_____姓名_____成绩_____

场景 1：受理客户业务时。

场景 2：客户提交现金或凭条、卡（折/单）、单据时。

场景 3：业务处理时间较长时。

场景 4：发现客户填写或提交的单据与银行规定不符时。

场景 5：对客户交代或回答的事项没有听清楚时。

场景 6：受理业务过程中需要短暂（长时间）离开柜台时。

场景 7：办理业务完毕时。

场景 8：向客户送交钱、卡（折/单）、票据、回单（客户留存联）时。

场景 9：如未发现客户已等候在柜台前时。

场景 10：遇到客户办理定期提前支取、外汇取款/转账、快速汇款等业务，应提醒客户会受到利息损失或须向客户收取费用及说明收费标准时。

场景 11：遇到收取或兑换客户的零、损、残钞时。

场景 12：遇到手续不全或制度不允许操作的业务，如没收假钞时。

场景 13：遇到有客户插队到柜台前时。

场景 14：当错过第 1 次叫号的客户过来办理业务时。

场景 15：当客户是老人、孕妇，其要求优先办理业务时。

场景 16：当客户咨询一些我们不熟悉的业务时。

场景 17：当客户咨询一些与工作无关的私人问题（如是否结婚了）时。

场景 18：当客户没有带齐证件就想办理业务时。

场景 19：当客户凭证填写错误时。

场景 20：当业务不在这里办理时。

要求：学生分组对以上场景分角色进行语言表达、仪态动作等全方位模拟演练。

任务实训 8-8　处理顾客抱怨模拟训练

日期_____班级_____学号_____姓名_____成绩_____

场景 1：当网点处于业务高峰时，很多客户须等候较长时间，有客户到柜台前大声指责柜员效率太低时。

场景 2：当客户来存款，柜员发现一张假钞时。

场景 3：当客户多次向柜员提到转账手续费问题，柜员忙于计算机操作，对客户的问题置之不理，客户很愤怒向主管投诉时。

场景 4：当客户抱怨每个月交费和扣款项目很多，但在存折上什么都没有写时。

场景 5：当客户抱怨完，并办完业务准备离柜时。

场景 6：当客户前来网点办理书面挂失，柜员仅仅告诉 7 天后来领卡，客户 7 天后到柜台领卡时，柜员问其有无带客户联和身份证，客户抱怨之前并没有告知，柜员很不屑地让其下次带齐后再来领卡时。

场景 7：当客户已排了半个小时队，因证件不齐回去取，回来被要求重新排队，客户抱怨时。

要求：学生分组对以上场景分角色进行语言表达、仪态动作等全方位模拟演练。

项目九 银行柜员基本技能综合实训

客户到银行办理业务如果等候时间过长，会严重影响银行形象，损害客户利益。为了解决这个问题，银行必须进一步提高服务质量。其中很重要的一点，就是需要柜员提高工作效率，但银行柜员平均每天要办 200 多笔业务，也非常辛苦。因此，银行柜员除了需要熟知业务知识外，更重要的就是苦练业务技能，尤其是点钞、汉字录入、翻打传票、伪币识别等几项基本技能，快捷、准确地完成每一笔业务。

技能综合训练一　点钞和票币计算实训

日期_____　班级_____　学号_____　姓名_____　成绩_____

某企业要给职工发工资，需要取不同面额的人民币。请你用不同面额的练功券，采用手工点钞法按要求点出不同面额的张数，使用计算器或计算机小键盘计算出每种面额的金额，求出金额的合计，如表 9-1 和表 9-2 所示。

表 9-1　　　　　　　　　　　点钞和票币计算（1）　　　　　　　　　　　单位：元

序号	第1题		第2题		第3题		第4题		第5题	
券别	张数	金额	张数	金额	张数	金额	张数	金额	张数	金额
100元	78		62		98		34		12	
50元	85		39		26		13		74	
20元	63		45		73		27		35	
10元	92		13		46		18		39	
5元	54		56		29		29		58	
2元	47		31		57		47		36	
1元	81		25		42		93		23	
5角	56		36		29		39		98	
2角	79		94		55		18		29	
1角	35		83		71		26		44	
5分	24		74		23		52		34	
2分	18		62		94		67		49	
1分	37		56		38		25		18	
	合计		合计		合计		合计		合计	

表 9-2　　　　　　　　　点钞和票币计算（2）　　　　　　　单位：元

序号	第1题		第2题		第3题		第4题		第5题	
券别	张数	金额	张数	金额	张数	金额	张数	金额	张数	金额
100 元	18		64		87		92		87	
50 元	27		13		29		11		52	
20 元	64		42		75		27		31	
10 元	92		18		76		13		89	
5 元	59		85		89		25		28	
2 元	23		39		67		43		36	
1 元	81		27		32		98		24	
5 角	36		46		49		58		96	
2 角	75		91		61		19		23	
1 角	43		85		94		26		58	
5 分	67		79		23		54		31	
2 分	58		68		19		67		76	
1 分	19		96		38		25		95	
	合计		合计		合计		合计		合计	

技能综合训练二　柜台储蓄业务录入与传票计算实训

日期_____　班级_____　学号_____　姓名_____　成绩_____

请按照表 9-3 的样式，在计算机上制作同一张表，要求录入全部内容，并分别用计算器和计算机对金额栏的数据进行合计。

表 9-3　　　　　　　　　柜台储蓄业务录入与传票计算

序号	户名	金额（元）	起息日期	存期	身份证号码	地址	电话号码	凭证号
1	李到青	14 789.78	20100102	04	772527192007214062	寮步区石路 21 弄 8 号	25858045	3
2	兴永法	39.41	20100104	10	168431193706183634	宵斟县马纺镇 197 号	83906785	5
3	安则欣	6 176 348.93	20100104	20	427060196405561223	会苹街工交大楼 46 号	24255705	6
4	寿心且	246 279.81	20100104	15	214672198807264502	斗蹭市健康堡 725 号	28667616	8
5	徐幸乃	540 317.62	20100105	23	714216198714268564	佳趣区关丽花园 430 号	70808235	9
6	陈浩春	369 279.34	20100105	04	202710197032381648	六台市塘北泗路 58 号	50535334	7
7	松斌梧	349 284.56	20100106	09	723261196555833507	星福区旭洋格大厦 3 楼	42573252	11
8	阚毫平	6 249.28	20100106	08	973858195875275165	露桥镇北良泾村 167 号	10791347	15
9	蔺相和	157 246.03	20100106	10	154516197400006821	新园五村 23 幢 3109 室	32856784	61
10	花国湑	34 279.65	20100106	12	676285195483132009	幅耕路盘南公寓 19 号	38521967	23
11	咸毅安	497.82	20100107	16	274531196763613334	淮东市育才小学 37 楼	86113047	59
12	石海涛	89.26	20100107	30	956116197465458121	临常路 507 号 102 室	63281957	85
13	樊墨生	9 279 658.36	20100108	15	604537196518704812	德天路科技楼 68 号	85431932	12
14	百里利	2 279.34	20100109	20	246560197607046124	河巴区堡坎路 84 号	61134718	32
15	龙钢然	347.82	20100110	27	751106193244443083	华农骏角东晖 71 号	30126719	56
16	须翠波	379.21	20100111	31	344448193107430676	关东家 108 弄乙楼 5 号	75313556	78

续表

序号	户名	金额（元）	起息日期	存期	身份证号码	地址	电话号码	凭证号
17	明春学	36 246.81	20100112	19	680858196431125562	蒲汇塘武珞路 54 号	10142218	13
18	单于翠	58 249.56	20100113	05	246215194645637526	棵嵫区肋风道 24 楼 1 号	73600500	14
19	谭金所	346.72	20100114	03	175310197710025734	李塔镇宏波村 623 号	14335667	16
20	李多实	65 279.21	20100115	01	102604195106035719	西城区江边电器厂	85334661	20
21	余明生	268.04	20100116	24	608104196009241924	河寺区小郭庄 2 弄 5 号	44024652	27
22	牧记勇	46.52	20100117	36	450104196009295741	卑竣湾销堡 142 号	41334017	29
23	刘垒生	5 249 308.26	20100118	22	480875193540877207	海咯区愚园路 1 25 号	45714800	34
24	涂歹氖	379 246.25	20100119	21	140378194608193496	府晨侗区化纤路 74 号	43804648	31
25	柏来芬	978 246.36	20100120	19	840304196105286741	琼苑馆堂壤大楼 98 号	92445842	37
26	牛班固	346 249.87	20100121	14	540301196412288534	宝安镇大叶街 62 号	74387054	38
27	廷文武	542.16	20100121	21	384679119561018810	建设路 38 号宜安广场	70535331	40
28	司济堤	6 759.92	20100122	23	494511943082435079	李塔镇江边村 132 号	91432439	42
29	安竖心	2 489.07	20100123	32	702238198504251204	侫寇镇增仂街 29 门	90151364	45
30	须德林	6 379.82	20100124	35	841631193105193634	南宁路国和里 108 号	20255420	43
31	幸乃刈	679.34	20100124	27	168431194206293634	恰烟市杭刑坡 510 号	51714354	47
32	徐永法	54.27	20100125	24	168431195403303634	东单堡啡借街 329 号	77340389	46
33	乌海至	6 546 379.26	20100126	21	168431196111283634	秒镁兵营堡 35 栋 12 号	23238605	48
34	房其龙	6 379.82	20100127	11	120228196904190037	集盛堡埂笮湾 135 号	80707423	49
35	卜其豪	3 149.25	20100129	16	103203197102132106	烊鸡市咯年弄 102 号楼	74145098	50
36	南汲涚	349.26	20100129	13	541219820416318453	芝堡区勒路乡 1 楼 8 号	32856719	51
37	文成溪	628.71	20100130	12	987503199305290169	石河市子兰镇 32 组	12086151	53
38	梁润江	5 498.46	20100131	06	283702195304125709	快笑镇慧业大厦 29 号	16112487	54
39	訾桂心	21 379.85	20100201	09	632401199812179715	香坊区公滨路 841 号	35304667	55
40	訾伟井	649.16	20100202	08	761010196912107348	西南部商贸街 57 号	45513907	59
41	丘瀛仁	49 248.29	20100203	03	810173196005212464	尼百湾焦裉角 29 号	60719084	118
42	鞠招于	39.74	20100204	05	14030119481015697X	空雾乡由略街 7 号	67225672	119
43	淳镤捌	8 246 379.36	20100205	07	730903198909231538	嘉定城中续组 20 号	45741090	120
44	郭小梅	197.21	20100206	09	520104195011200318	振瘟高路桑达大厦	41450987	121
45	钭路诗	349.82	20100208	04	320103194909183769	葱荀区幸福里 31 号	14569874	62
46	话皿舷	978 346.12	20100209	11	522131952082900146	滇椰湾办公大楼 76 号	44334608	63
47	华费新	64 289.36	20100209	13	370228197204150012	筷衬街洪家车站 215 号	23658901	64
48	宓国准	79 379.25	20100210	25	860104196009241957	蜜阼堡缪家屯 99 号	14785236	65
49	宰玉文	46 879.21	20100222	26	420106196108270821	湾东区中山一路 13 号	98745630	68
50	赏敏国	846.27	20100223	24	910804194912177346	广东省树带区赶村 7 组	30215847	69
51	宁桂荣	254.98	20100224	23	710103196305212013	渠锭堡红旗街 52 号	52863401	72
52	松磊蒜	79.26	20100225	24	94030119371019697X	克老区文一路 63 号	87963521	73
53	塑百合	3 524 279.14	20100226	29	730952195402058534	体育东路五街 21 栋	96853201	74
54	松正伟	5 479.24	20100227	31	340308199970273153	盐仓沿路氽翘街 50 号	80123465	78
55	辛振平	6 349.57	20100228	32	420106195303181287	海南市华藏寺巷 6 幢	81023479	79

续表

序号	户名	金额（元）	起息日期	存期	身份证号码	地址	电话号码	凭证号
56	吉桂兰	5 214.95	20100301	33	491622198010053049	黑龙江省大庆市五委村	65120437	80
57	黎桂舣	1 521.46	20100302	01	481323198212151017	四平市大寨村答弄1门	98310416	83
58	陶书领	589.51	20100303	09	810528198410163912	飞刚区杭林路6号	34160528	84
59	禄企新	146 250.98	20100303	02	640301197401253608	共和新路47弄54号	94768502	85
60	严明连	1 652.47	20100304	06	410301196609304484	明海镇公显角188号	13204569	86
61	雷光珍	4 279.24	20100305	12	840301196308288091	和平饭店北楼203室	58470123	89
62	夏离天	62 493.85	20100306	17	390723197403275979	延吉市西故街16号	63250147	92
63	贲友铭	45 729.86	20100307	27	540307197909181953	祖洲区万科大楼377号	64408293	95
64	端木全	379.14	20100308	26	410303200011094884	兵虾堡南京路16号	35401409	96
65	庆惠三	5 104 638.52	20100309	31	460522197170713018	顺义区爱国路28号	70369504	98
66	潜旨昌	5 246.83	20100310	38	240304199910273116	东花市蚌埠路1048号	42687814	100
67	商基水	74 140.69	20100311	39	120106196201051249	深沟寺向上一街51号	48081517	101
68	源东新	58 209.17	20100312	17	394122198110053072	遵仪堡梅亭镇79号	61032898	102
69	晁敏驻	201.98	20100312	40	820704195004220614	文明路幸苦组136号	52147552	103
70	戈逸进	4 279.65	20100313	15	712323197207300556	德胜街天成巷89号	87100430	105
71	蒲兆柳	215.96	20100314	20	412323199879161679	龙靳区船板角2门9号	71101832	106
72	范庆超	60 8279.21	20100315	05	180301195451016l5X	薄枷湾沙河子乡9号	50896345	108
73	董匠光	207.92	20100316	02	242528194612190471	虎炉市铜罗镇新兴路	34626338	109
74	祖凤玲	709.37	20100317	04	520108193806022276	武清县王庆坨二街	48262043	110
75	宗政玉	5 912 408.57	20100318	06	192401195201031468	清远街西捆段216号	62509861	111
76	帅志敏	954 279.24	20100319	08	370704194604220095	鹿固区一曼街215号	70043072	112
77	鄢升愚	4 279.24	20100320	10	912323196700730054	琥珀山庄绿岛大厦北座	55346278	113
78	元瑞发	585.24	20100321	21	615763197809161012	呆瑞区贴咬弄4号	63384825	114
79	牧小红	524.68	20100322	23	650301198510161579	南坊巷附7号209室	72370140	115
80	曰济光	632.54	20100323	24	844252199612260047	万花谷村110栋9E	42571620	122
81	钮福全	54 200.97	20100324	13	323141199807016169	干蜀区撵乎镇5街4号	81207948	123
82	高林碑	68.95	20100325	37	193273199601224578	锦山堡富小区18栋3号	13681726	124
83	山德遵	2 469 581.34	20100326	26	167923199870916412	勤俭路32号楼114室	73151272	126
84	仇励旦	608 950.17	20100326	32	527309195806133485	堂子湾绞捶屯43号	78202621	127
85	戎大纠	6 249.51	20100327	30	401921195701036814	京因镇三环路89号	43057192	128
86	况正和	365.54	20100328	45	453071195912039624	吟湦区董村路75号	23465861	129
87	邑军俟	4 529.15	20100329	07	307162197809149458	售愈镇香花桥居委	87104642	131
88	汪宝山	356.89	20100330	30	754162196510291083	围籽区邮政街328号	23177548	132
89	景凤钗	68 425.13	20100401	28	394162197906273071	小郭庄语骨街416号	84538373	130
90	符国维	605.48	20100402	18	141901198201036824	国门庄德派斯大厦	54437711	133
91	成男华	761 493.81	20100406	10	853452195701257309	府头区都陉角39号	14844305	134
92	讪道玉	35.49	20100407	19	534730196401278952	彪薄县依仁路11号	23314885	136
93	陈正割	2 465 987.15	20100407	05	410752196711080843	裕民路辰鑫大厦103房	32272984	142
94	彭俟昌	26 409.17	20100407	20	912401198601031468	纲滴县欢庆楼8栋4号	22134427	145

续表

序号	户名	金额（元）	起息日期	存期	身份证号码	地址	电话号码	凭证号
95	荣兴衡	624.58	20100408	15	102701199601035203	徐虹北路 51 弄 96 号	34122019	147
96	花义棠	63 154.92	20100409	23	524401194101146803	达靓区玉泉街 378 号	81534110	149
97	寇增良	648 920.31	20100410	17	405307194910015319	黄瓜营小区 18 幢 116 号	14769708	150
98	锡詹延	4 695.72	20100411	19	231890195012172086	合肥市望江路 12 街 3 号	70103737	151
99	马学典	265 149.87	20100412	14	503740193011046307	高山区直萦组 24 号	21858157	152
100	巫群平	59 084.16	20100412	42	971307194107257094	以堡区妙匈路 38 号	20184834	153
合计								

技能综合训练三　银行柜员基本技能综合实训案例

日期＿＿＿＿＿＿　班级＿＿＿＿＿＿　学号＿＿＿＿＿＿　姓名＿＿＿＿＿＿　成绩＿＿＿＿＿＿

一、模拟银行柜员业务操作步骤

因银行业务很多，例如，活期多币种就有有折存款、无折存款、支取、转账等，定期一本通就有开户、有折存款、无折存款、正常到期支取、有折部分提前支取等，其操作步骤会有一定的区别。这里以活期多币种——有折存款为例，说明银行业务的基本操作流程。

基本操作流程：收到客户存折、现金→经办员口述金额→在凭证空白处填写金额→超过 20 万元（含 20 万元）或累计超过 100 万元（含 100 万元），需出示身份证→要求手工认真清点现金，并按券别写配款（券别张数），计算器累加金额（如是否退还金额）→使用"5700"进行业务、交易成功→打印存折、个人业务凭证查看存款、凭证是否正确（如"否"请示主管）→交客户签名确认（如为代办需在凭证上签署"×××代"）→盖业务章、私章，摆好凭证→现金受妥→看准存款，消除计算器金额→将存折交客户。

二、实操案例

要求：以小组为单位，分成不同的角色，轮流扮演储蓄员、审核员、主管、客户等进行实操。

【案例 1】客户刘某 2018 年 7 月 19 日到网点办理活期开户事项，只办理存折，不办理卡，金额为人民币 12 980 元，地址为益田村 230 栋×××，联系电话为 0755-2559×××，凭证号是 14987，交易码是 6202。该客户忘了带身份证。请在计算机上输入相关信息，用手工点钞法清点钞票，用正确的交易办理。

操作步骤如下。

① 经办人员接过客户递给的现金（100 元和 10 元面额的练功券），口述金额，核对身份证与客户是否一致时，发现客户忘了带身份证。经办人员应讲清实名制要求，并礼貌地询问是否有电子身份证，如果没有，则请客户带身份证或其他有效身份证件（如户口本）再来办理，同时把现金退还客户。

② 根据经办人员的要求，储户拿出了自己在某企业的工作证。经办人员应向储户解释："您提交的证件是非有效证件，请您把有效证件带来再办理此业务。您再来时我们可为您优先办理。"

③ 储户取了身份证再次来到柜台，要求续办储蓄业务。经办人员应礼貌地向其他排队客户说明原因："对不起，这位储户之前已经来过。因忘记带身份证没有办成，回去取了身

份证再来续办储蓄业务的，请让他先办。"然后接待刘某，为其续办储蓄业务。

④ 经办人员核对客户刘某身份证号码为 460681198003264261；用手工点钞法清点现金，并按券别写配款单，如表 9-4 所示（券别张数），计算器累加金额。逐张清点钞票时，要查看票面，防止混入假币和票样。清点钞票时发现残券，应予挑出；复点无误后，用纸条扎把，加盖经办人员名章。

表 9-4　　　　　　　　　　　　　　　　配款单

序号	面额（元）	张数	金额	扎捆、把数
1	100	129	12 900.00	1 把
2	10	8	80.00	
合计			12 980.00	

⑤ 进行业务交易，在计算机上必须输入的项目如下。

交易码：6202

户名：刘某

币种：人民币

钞汇标志：钞

存入金额：12 980.00

起息日期：20180719

账户属性：多币种户

印密标志：密码

通兑标志：通存通兑

现转标志：现金

证件类型：身份证

证件号码：460681198003264261

地址：益田村 230 栋×××

电话：0755-2559××××

凭证号：14987

⑥ 打印存折、个人业务凭证，查看存款、凭证是否正确。

⑦ 交客户签名确认（如为代办须在凭证上签署"×××代"）。

⑧ 盖业务章、私章，摆好凭证。

⑨ 现金收妥。

⑩ 看准存款消除计算器金额。

⑪ 将存折交还客户。

【案例2】2018 年 7 月 19 日客户周某持人民币现金 69 500 元和身份证到网点开立 7 天通知存款，身份证号码为 440102194306301711，地址为福田区华富村 1 栋 1 号，联系电话为 3229××××，凭证号是 914612，交易码是 6222，其中混有一张 50 元的假币，应怎样处理？请在计算机上输入相关信息，用手工点钞法清点钞票，用正确的交易方法办理。

操作步骤如下。

① 经办人员接过客户递给的现金（100 元和 50 元面额的练功券）及身份证（或查验电子身份证），口述金额，核对身份证与客户是否一致。

② 用手工点钞法清点现金，并按券别写配款单，如表 9-5 所示（券别张数），计算器累加金额。逐张清点钞票时，发现有一张 50 假币。处理流程如下。

表9-5　　　　　　　　　　　　　　　　　配款单

序号	券别（元）	张数	金额	扎捆、把数
1	100	600	60 000.00	6把
2	50	189	9 450.00	1把
合计			69 450.00	

a. 由该金融机构两名以上工作人员一起当面予以鉴定收缴。在确定是假币的情况下，首先应告之客户："对不起，这张是假币，按照国家有关规定应予以没收，请您配合。"

b. 客户不相信，要求递给他看，经办人员应告知客户："对不起，我们有规定，假币不可以递出柜台，但我可以在柜台内告诉您假币的特征，以免您以后再上当。"然后用假币鉴别仪进行现场检验，并解释没收假币的依据。如果客户吵闹，应礼貌劝说；如果客户继续吵闹，可提交所主任（柜组长）或二线人员处理，避免营业场所吵闹影响不好。

c. 对假人民币50元纸币，应当面加盖"假币"字样的戳记。

d. 经办人填写中国人民银行统一印刷的假币收缴凭证，向客户出具假币收缴凭证，并告知客户：如果对没收的货币真伪有异议的，可以在7天内向中国人民银行当地分支机构或中国人民银行授权的当地鉴定机构申请鉴定。

③ 进行业务交易，在计算机上必须输入的项目如下。

交易码：6222

户名：周某

币种：人民币

钞汇标志：钞

存入金额：69 450.00

起息日期：20180719

通知类型：七天通知

印密标志：密码

通兑标志：通存通兑

现转标志：现金

证件类型：身份证

证件号码：4401021943 06301711

地址：福田区华富村1栋1号

电话：3229××××

普通凭证号　914612

④ 打印存折、个人业务凭证，查看存款、凭证是否正确。

⑤ 交客户签名确认（如为代办须在凭证上签署"×××代"）。

⑥ 盖业务章、私章，摆好凭证。

⑦ 现金收妥。

⑧ 看准存款消除计算器金额。

⑨ 将存折交客户。

【案例3】2018年7月19日客户陈某持人民币现金138 640元和身份证到网点办理定期存单开户，身份证号码为240204196301032445，地址为罗湖区新华路红花公寓B1789号，电话为3232××××，存期为1年，转存期为1年，凭证号是1132551，交易码是6232。其中有一张第五套人民币1999年版100元纸币正面左下角"100"字样被油渍遮盖，该油渍面积约为 1cm²。该张纸币是否适宜流通？应怎样处理？并在计算机上输入相关信息，用手工点钞法清点钞票，用正确的交易方法办理。

操作步骤如下。

① 经办人员接过客户递给的现金（100 元、50 元和 20 元面额的练功券）及身份证（或查验电子身份证），口述金额，核对身份证与客户是否一致。

② 用手工点钞法清点现金，并按券别写配款单，如表 9-6 所示（券别张数），计算器累加金额。逐张清点钞票时，发现有一张 1999 年版 100 元纸币正面左下角"100"字样被油渍遮盖，该油渍面积约为 1cm²。该张纸币不宜流通，纸币票面污渍、涂写字迹面积虽不超过 2cm²，但遮盖了防伪特征。

表 9-6　　　　　　　　　　　　　　　配款单

序号	券别（元）	张数	金额	扎捆、把数
1	100	1 300	130 000.00	1 捆 3 把
2	50	160	8 000.00	1 把
3	20	2	40.00	
4	10	60	600.00	
合计			138 640.00	

③ 按照《中国人民银行残缺污损人民币兑换办法》及《残缺人民币兑换办法内部掌握说明》办理。凡残缺人民币能辨别面额，票面剩余 3/4（含 3/4）以上，其图案、文字能按原样连接的残缺、污损人民币，金融机构应向持有人按原面额全额兑换。

④ 确定可兑换的金额，并当客户面在残损票币上加盖"全额"戳记以及两名银行经办人员的名章后，给予兑换。

⑤ 进行业务交易，在计算机上必须输入的项目如下。

交易码：6232

户名：陈某

币种：人民币

钞汇标志：钞

存入金额：138 640.00

起息日期：20180719

存期：一年

约转存期：一年

印密标志：密码

通兑标志：通存通兑

现转标志：现金

证件类型：身份证

证件号码：2402041963010032445

地址：罗湖区新华路红花公寓 B1789 号

电话：3232×××

普通凭证号：1132551

⑥ 打印存折、个人业务凭证，查看存款、凭证是否正确。

⑦ 交客户签名确认（如为代办须在凭证上签署"×××代"）。

⑧ 盖业务章、私章，摆好凭证。

⑨ 现金收妥。

⑩ 看准存款消除计算器金额。

⑪ 将存单交客户。

【案例4】 日终轧账。请经办人员对全天所经手的上述3笔业务，按照银行规定的下列程序进行日终轧账。

① 经办人员按券别清点整理库存实有现金221 070元（本外币）、有价证券、各种凭证。

② 清点后使用"4141 查询钱箱明细"（如表9-7所示），核对账实。核对无误，使用"4137 柜员现金上缴入库""4139 往出""4140 往入"等交易，分别办理实物交接手续，将面额100元的2整捆200 000元和面额50元的3把15 000元，共计215 000元款项上缴入库。将超限额款项，即剩下的零星数2 900元、2 450元、680元共6 030元装入尾数袋中，缴至合尾柜员，与其他柜员相互交叉清点尾数袋，核对正确并上锁，上缴入库。

表 9-7　　　　　　　　　　　　　钱箱明细表

序号	券别（元）	张数	金额	扎捆、把数、零星数
1	100	2 029	202 900.00	2捆，零星数2 900元
2	50	349	17 450.00	3把，零星数2 450元
3	20	2	40.00	零星数40元
4	10	68	680.00	零星数680元
合计			221 070.00	

③ 使用"4146 查询打印柜员现金日结单"交易，打印《柜员现金日结单》，核对各项现金业务发生额，核实无误后加盖印章。

④ 使用"4133 缴钱箱"交易上缴钱箱，柜员尾箱加封、锁与管库员办理柜员钱箱寄库保管交接手续。

⑤ 使用"4280 柜员轧账"交易，选择"日终轧账"，用计算器计算借方金额、贷方金额录入现金221 070.00元（本外币）、有价单证、其他非现金业务发生额及余额，核算平衡。

⑥ 使用"4338 查询打印柜员轧账表"交易打印柜员轧账单并签章。轧账过程中如确实无法轧平账务，可以使用"4380 查询主机日志"交易查询业务流水。使用"4338 查询打印柜员轧账单"交易经主管柜员授权后，通过授权查询本柜员轧账信息，查清原因后轧平当日账务。

技能综合训练四　银行柜员基本技能综合实训

日期_____班级_____学号_____姓名_____成绩_____

1. 2018年7月19日客户黄某的妻子马某代理其丈夫到网点办理零存整取开户，她只带了现金和黄某的身份证，黄某的身份证号码为44020419360305121X，户名为黄某，存期为1年，每月存款RMB2 000元，地址向阳里B205号，联系电话为8232×××，凭证号是432551，交易码是6242。代理人马某没带本人身份证，后代理人按照要求拿来了自己的身份证，号码为440204193811257326。请写出正确的交易步骤，并在计算机上输入相关信息，用手工点钞法清点钞票。

在计算机上必须输入的项目如下。

交易码：6242

户名：黄某

存入金额：2 000.00

存期：一年

印密标志：密码

通兑标志：通存通兑

现转标志：现金

本人证件类型：身份证

本人证件号码：44020419360305121X

代理人证件类型：身份证

代理人证件号码：440204193811257326

地址：向阳里 B205 号

联系电话：8232××××

凭证号：432551

2. 2018 年 7 月 19 日客户王某持现金 RMB39 150 元和身份证到网点办理定期一本通开户，身份证号码为 460104194203078012，地址为教育局宿舍 A2051 号，联系电话为 5200××××，存期为 1 年，转存期为 1 年，凭证号码为 530051，交易码是 6270。银行柜员在清点时发现 1 张 100 元是假币。请写出正确的交易步骤，并在计算机上输入相关信息，用手工点钞法清点钞票。

在计算机上必须输入的项目如下。

交易码：6270

户名：王某

存款金额：39 150.00

起息日期：20180719

通兑标志：通存通兑

现转标志：现金

存期：一年

约转存期：一年

证件类型：身份证

证件号码：460104194203078012

地址：教育局宿舍 A2051 号

联系电话：5200××××

凭证号：530051

3. 2018 年 7 月 19 日客户刘某持现金人民币 48 250 元和身份证到网点办理灵通卡开户事项，只办理卡，不办理存折，身份证号码为 510204196803078342，地址为泥土村 31 栋 F2，联系电话为 4298××××，灵通卡号为 9558804000211293880，凭证号是 14987，交易码是 6998。银行柜员发现其中有 1 张 50 元撕掉了一半，其图案、文字能按原样连接的残缺券，按银行兑换标准予以兑换，可客户对兑换的结果有异议。请写出正确的交易步骤，并在计算机上输入相关信息，用手工点钞法清点钞票。

在计算机上必须输入的项目如下。

交易码：6998

卡号：9558804000211293880

卡片类型：无折卡片

户名：刘某

币种：人民币

钞汇标志：钞

存入金额：48 250.00

起息日期：20180719

账户属性：多币种户

设置密码方式：客户自留密码

职工卡标志：非本行职工卡

通兑标志：通存通兑

现转标志：现金

证件类型：身份证

证件号码：510204196803078342

家庭地址或工作单位：泥土村 31 栋 F2

电话：4298××××

凭证号：14987

4. 日终轧账。经办人员对全天所经手的上述 3 笔业务，请按照银行规定的程序进行日终轧账。